KB201801

# 인도의
# 판타지
# 백과사전

# 인도의
# 판타지
# 백과사전

도현신 지음

생각비행

인도. 먼 나라지만 우리에게 꽤 친숙한 곳이다. 한국인들은 정신적인 위안이 필요할 때나 명상을 하기 위해 이곳을 즐겨 찾는다. IT 업계에 종사하는 사람들이 사업상 계약이나 협력을 위해 자주 찾는 곳이기도 하다. 우리 정신문화 중 상당한 비중을 차지하는 불교가 이곳에서 생겨났다. 이렇듯 우리가 살아가는 동안 느낄 수 있는 인도 문화의 영향력은 상당한 편이다. 그러므로 인도의 신화와 전설을 제대로 이해하는 것은 우리가 간직한 정신문화의 근원적인 뿌리와 연결된 길이기도 하다.

인도 신화, 즉 브라만교와 힌두교와 불교에서 파생된 다양한 신화는 우리에게 그리 낯설지 않다. 쉽게 읽을 수 있는 책이 많이 출간되어 있을 뿐 아니라 만화나 게임을 비롯한 서브컬처 작품 중에 인도 신화를 소재로 한 것이 많기 때문이다. 그렇지만 나는 인도 신화 개설서 하나를 추가하기 위해 이 책을 쓴 것이 아니다. 인도는 역사가 깊고 영토도 워낙 넓어 한국인인 우리가 그쪽의 문화와 전통을 온전히 이해하기란 쉽지 않다.

그런 의미에서 《인도의 판타지 백과사전》은 인도의 신화나 전설을 단순히 소개하는 데 그치지 않으려고 했다. 인도라는 나라를 한국 독자들이 구체적으로 느낄 기회를 제공하고 싶어 '기묘한 이야기' 항목을 만들고 거기에 인도의 흥미로운 역사적, 문화적 사실들을 수록했다. 원고를 쓰다 보니 불교 쪽 신화나 전설은 충분히 넣지 못했다. 이 부분을 유감스럽게 생각하는 독자도 있을 것이다. 하지만 여기에는 나름대로 이유가 있다.

글을 쓰기 위해 자료를 조사하다 보니 원래 불교에는 신화가 없었는데 (불교의 창시자인 싯다르타는 거의 무신론자였다!) 세월이 흐르면서 브라만교와 힌두교의 교리를 빌려서 만든 신화를 넣은 것이었다. 그러니까 불교 쪽 신화나 전설은 알고 보면 브라만교와 힌두교 쪽의 것이 원형이다. 상황이 이렇다 보니 불교 쪽 신화나 전설보다는 그 뿌리에 해당하는 브라만교와 힌두교의 것을 수록하는 편이 낫겠다고 생각하여 일부러 그렇게 엮었다. 그리스 신화의 내용을 거의 그대로 가져온 로마 신화를 군이 알려고 하는 사람이 많지 않을 것이라는 생각과 닿아 있다고 보면 된다.

《인도의 판타지 백과사전》은 인도의 방대한 신화와 전설을 비롯하여 오랜 세월 겪어온 실제 역사의 부침까지 포괄하고 있다. 이 책을 읽는 독자라면 인도의 판타지 세계뿐만 아니라 인도의 현실 세계에 대해서도 맥을 잡을 수 있을 것이다. 판타지 세계를 좋아하는 독자 여러분이 이 책을 통해 인도의 신화와 전설을 조금이라도 더 깊이 이해하게 된다면 더 바랄 것이 없겠다. 지금부터 즐겁게 책장을 넘겨주시길 바란다.

# 차례

| 책을 펴내며 | 004

## 1. 세상의 시작

| 001 세상을 창조한 신들 | 014 |
| 002 대홍수와 황금빛 물고기 | 017 |

## 2. 신(神)

| 003 신들의 왕, 인드라 | 020 |
| 004 하늘과 바다의 신, 바루나 | 022 |
| 005 태양의 신, 수리야 | 025 |
| 006 달의 신, 찬드라와 소마 | 028 |
| 007 불의 신, 아그니 | 030 |
| 008 바람의 신, 바유 | 033 |
| 009 저승의 신, 야마 | 035 |
| 010 창조의 신, 브라흐마 | 038 |
| 011 유지의 신, 비슈누 | 041 |
| 012 파괴의 신, 시바 | 044 |
| 013 사랑의 신, 카마 | 047 |
| 014 지혜의 신, 가네샤 | 050 |

015 폭풍의 신, 루드라     053

016 전쟁의 신, 스칸다     056

017 풍요의 신, 쿠베라     059

018 지혜의 여신, 사라스바티     062

019 우유 짜는 소녀에서 여신이 된 가야트리     065

020 새벽의 여신, 우샤스     067

021 행운의 여신, 락슈미     069

022 결혼의 여신, 파르바티     072

023 아름다움과 전쟁의 여신, 랄리타     075

024 살육의 여신들, 두르가와 칼리     077

025 강의 여신, 강가     079

026 언어와 예술의 여신, 마탕기     082

027 정의의 여신, 바드라칼리     085

028 신들의 스승, 브리하스파티     088

## 3. 악마

029 하늘에서 쫓겨난 아수라     092

030 사악한 요괴, 락샤사     095

031 무적의 아수라, 히란야카시푸     098

032 락샤사의 왕, 라바나     101

033 인드라를 물리친 메가나다     104

034 라바나의 가족     107

035 마투라의 폭군, 캄사     110

036 돌림병을 옮기는 악귀, 푸타나     112

037 순다와 우파순다 형제     114

038 타라카수라의 세 아들     117

039 인드라의 맞수, 브리트라     120

040 벌레에게 죽은 아루나수라     123

## 4. 영웅

041 캄사를 물리친 크리슈나     128

042 크리슈나의 형, 발라라마     131

043 라바나를 물리친 라마     133

044 원숭이 영웅, 하누만     136

045 브라만 사제를 죽인 판두     139

046 필멸의 용사, 비슈마     142

047 판다바 형제들     145

048 세계 최고의 궁수, 아비만유     148

049 우정을 배신한 드루파다     151

050 멋진 악역, 두리오다나     154

051 두리오다나의 평생 친구, 카르나     157

052 정의로운 비카르나     160

053 죽지 못하는 아슈와타마     163

054 카우라바 군대의 지휘관, 드로나     166

055 크리슈나를 증오한 시슈팔라     169

056  인도를 통일한 찬드라굽타                       172

057  불교로 개종한 아소카 대왕                       175

058  몽골군을 물리친 알라웃딘 칼지                    178

059  무굴 제국을 멸망시킨 시바지                      181

060  로켓으로 대영 제국에 맞선 티푸 술탄               184

061  인도의 잔다르크, 락슈미 바이                     187

# 5. 성자

062  왕가의 대를 이은 비야사                         192

063  천국과 신들을 창조한 비슈와미트라                 195

064  신이 된 사생아, 마탕가                          197

065  바닷물을 삼켜버린 아가스티야                      200

066  불교의 창시자, 싯다르타                          203

067  싯다르타의 라이벌, 데바닷타                       206

068  자이나교의 창시자, 마하비라                       209

069  시크교의 창시자, 나나크                          212

070  가장 아름다운 여인, 아할야                       215

# 6. 괴물, 정령, 귀신

071  뱀 꼬리를 가진 요괴 종족, 나가                    220

072  전설의 바다 괴물, 마카라                         223

073  거대한 날개를 가진 가루다                     225

074  시바의 충직한 부하, 난디                       228

075  보물을 지키는 정령, 야크샤                     230

076  신들의 악사, 간다르바                          233

077  신들의 무용수, 압사라                          236

078  사람을 유혹하는 귀신, 부타                     239

079  악마화된 이방인, 다사                          242

## 7. 기묘한 이야기

080  원래 불교에서는 고기를 먹을 수 있었다          246

081  인도에서 불교가 쇠퇴한 이유                    249

082  고대 인도에 존재했던 그리스 왕국               252

083  눈부시게 화려했던 솜나트 사원                  255

084  400년 넘게 포르투갈의 식민지였던 고아시         258

085  델리의 대량학살자, 나디르 샤                   261

086  인도를 영국 식민지로 만든 아싸에 전투           264

087  영국군도 감탄한 용맹한 시크 군대               267

088  세포이가 반란을 일으킨 이유                    270

089  도적 떼가 된 농부들, 핀다리                    273

090  무장투쟁을 선택한 인도의 독립운동가들           276

091  일본의 인도 침략 야욕                          279

092  인도에 빈번히 일어났던 대기근                  282

093  종교 때문에 분단된 인도와 파키스탄             284

094 피로 얼룩진 인도와 파키스탄의 탄생  287
095 사이클론 때문에 독립한 방글라데시  289
096 허황옥 설화는 허구가 아니었다?  291

# 8. 사후 세계

097 인도 신화의 저승, 야마의 세계  294
098 카르마와 환생  297

# 9. 세상의 끝

099 세상의 종말, 칼리 유가  300
100 종말의 시대를 지배하는 칼리  303

| 책을 닫으며 | 306
| 참고 자료 | 308

# 1
# 세상의 시작

# 001 세상을 창조한 신들

베다 종교와 힌두교를 비롯한 인도 신화에서 창세 설화는 관련 전승이 여럿인 데다 내용도 서로 달라 매우 혼란스럽다.

푸루샤(Purusha)가 창조주라는 전승의 내용은 이렇다. 푸루샤는 1000개의 머리와 눈과 발을 지닌 근원적 존재로, 신들은 그를 희생제물로 삼아 우주를 만들었다. 푸루샤의 눈에서는 태양이, 마음에서는 달이 생겨났고, 입에서는 번개의 신 인드라(Indra)와 불의 신 아그니(Agni)가 태어났다. 그리고 발에서는 땅이, 귀에서는 동서남북의 방향이 생겨났다. 또한 푸루샤의 입은 브라만, 팔은 크샤트리아, 허벅지는 바이샤, 발은 수드라가 되어 카스트 제도의 네 계급을 낳았다.

나라야나(Narayana)가 창조주라는 전승의 내용은 이렇다. 나라야나는 우주의 물 위에 누워 있는 초월적 존재로, 그의 배꼽에서 자라난 연꽃에서 창조의 신 브라흐마(Brahma)가 태어났다. 브라흐마는 명상을 통해 창조 지식을 얻고, 나라야나의 뜻에 따라 세상의 요소들을 창조했다. 나라야나의 입에서는 말이 생겨났고, 침에서는 경전인 베다가 만들어졌다. 또 코에서 하늘이, 눈동자에서 태양과 달이, 귀에서 성지가, 머리카락에서 구름과 비가, 턱수염에서 벼락이, 손톱과 발톱에서 바위가, 뼈에서 산이 만들어졌다.

아트만(Atman)이 창조주라는 전승의 내용은 이렇다. 아트만, 즉 자아는 태초에 홀로 있던 유일한 존재인데, 우주에 자신밖에 없다는 사실을 깨닫고 외로움을 느꼈다. 그래서 자신을 남성과 여성으로 나누고 서로 짝짓기 하여 세상의 모든 생명체를 만들었다.

프라자파티(Prajapati)가 창조주라는 전승도 있는데, '프라자파티'라는 이름 자체가 본래 창조주라는 뜻으로, 특정 신을 지칭한다기보다 브라흐마나 비슈누(Vishnu), 시바(Shiva)를 포함한 여러 창조신의 호칭으로 쓰인다. 어떤 전승에서는 프라자파티가 명상을 통해 딸들을 창조했으며, 그 딸들에게 욕망을 품고 흘린 정액에서 태양과 달, 땅과 생명체 같은 우주의 여러 요소가 태어났다고 전해진다.

브라흐마와 비슈누가 공동 창조주라는 전승의 내용은 이렇다. 태초의 우주는 오직 어둠만이 존재했고, 그 어둠 속에서 비슈누가 잠자고 있었다. 그러다 갑자기 깨어났는데, 그의 배꼽에서 자라난 연꽃 한 송이 속에서 브라흐마가 나타났다. 브라흐마는 명상을 통해 하늘과 땅, 바다, 별, 신, 아수라(Asura), 인간을 만들어냈다.

마지막으로 파괴의 신 시바와 관련한 창조 설화도 있다. 먼 옛날, 거센 바람과 12개의 태양이 나타나 세상을 말리고 불태웠다. 그리고 하늘에 구름이 몰려와 끝없이 비를 쏟아부어 온 세상이 물에 잠겼다. 물속에서 브라흐마와 비슈누, 시바가 모습을 드러냈고, 브라흐마와 비슈누는 시바에게 "당신은 가장 위대한 신이니 하고 싶은 대로 세상을 만드십시오."라고 말했다. 그에 따라 시바는 물속 가장 깊은 곳으로 들어가 수만 년 동안 명상하며 완전한 세상을 창조하고자 했다.

그러나 아무리 기다려도 시바가 돌아오지 않자 조급해진 비슈누는 브라흐마에게 "아무래도 시바가 돌아오지 않을 것 같으니 당신이 먼저 세상을 창조하는 것이 좋겠소."라고 말했다. 그러자 브라흐마는 명상을 통해 신,

아수라, 야크샤(Yaksha), 인간과 같은 생명체 들을 창조했다.

하지만 브라흐마의 창조가 거의 끝나갈 무렵, 깊은 물속에서 명상하던 시바가 나타나 세상의 모습을 보고 "왜 내 동의도 없이 세상을 멋대로 만들었느냐?"라며 화를 냈다. 이에 브라흐마와 비슈누는 시바를 달래며 "그러면 종말의 때인 칼리 유가(Kali Yuga)에 당신이 불로 세상을 소멸하고, 원하는 대로 새로운 세상을 창조하십시오."라고 말했다고 전해진다.

# 002 대홍수와 황금빛 물고기

수메르-바빌론 신화나 노아의 방주 설화, 그리스 신화와 북유럽 신화 같은 다른 지역 신화들처럼 인도에도 대홍수 설화가 있다.

인류의 조상 마누(Manu)는 위대한 현자였는데, 1만 년 동안 고행하면서 창조의 신 브라흐마처럼 성스러운 존재가 되었다. 어느 날 마누는 강가에서 황금빛을 띤 작은 물고기 한 마리를 보았다. 물고기는 마누에게 "저를 살려주시면 나중에 큰 재앙에서 당신을 보호해드리겠습니다."라고 말했다.

물고기가 말하는 것도 신기했지만, 큰 재앙이라는 말에 마누는 "네가 어떻게 나를 큰 재앙에서 보호해준다는 거지?"라고 물었다. 물고기가 대답했다.

"이제 곧 커다란 홍수가 일어날 것입니다. 홍수가 하늘에까지 닿을 것이고, 세상 모든 생명체가 물에 빠져 죽고 말 것입니다. 하지만 당신만은 제가 철저히 지켜드리겠습니다. 그러니 지금 당장 저를 데려가서 다른 물고기에게 잡아먹히지 않도록 지켜주십시오."

마누는 물고기의 말에 호기심을 느껴서 일단 물고기를 두 손 안에 담아 집으로 데려갔다. 그리고 작은 물병 안에 넣어두었는데, 시간이 지나자 물병 안에 담아둘 수 없을 만큼 자랐다. 더 큰 어항으로 옮겼지만 이윽고 물고기는 어항에도 두지 못할 만큼 커졌다. 이에 마누는 물고기를 갠지스강으로 옮겼는데, 어느새 물고기는 강보다 더 크게 자랐다. 할 수 없이 마누는 물고기를 바다에 풀어주었는데, 물고기가 마누에게 말했다.

"빨리 집으로 돌아가 배를 만드십시오. 그리고 배에 7명의 현자와 세상 만물의 씨앗을 실어두십시오. 그러면 곧바로 당신을 지켜드리겠습니다."

마누는 물고기가 알려준 대로 나무를 구해 배를 만들었다. 배를 다 만들고 나자 갑자기 하늘에서 장대보다 굵은 빗줄기가 쏟아졌다. 끝날 줄 모르는 거센 비였다. 어느새 세상은 온통 빗물로 뒤덮여 아무것도 보이지 않았고, 배 밖에는 살아 움직이는 생명체가 하나도 없었다.

불어난 홍수에 배가 이리저리 움직이자 황금빛 물고기가 나타났다. 물고기는 마누에게 자기 머리에 달린 뿔에 밧줄을 묶으라고 외쳤다. 그런 다음 물고기는 배를 끌고 북쪽으로 헤엄쳤고, 배는 히말라야산맥 정상에서 멈추었다. 마누는 정상에 솟아난 나무에 배를 잡아매었다. 물고기는 마누에게 "비가 그치고 물이 빠질 때까지 산 아래로 내려가지 마십시오."라고 당부하고는 뿔에 묶인 밧줄을 풀고 사라졌다.

이윽고 물고기 말대로 비가 그치고 물이 완전히 빠졌다. 마누는 자신을 살려준 물고기의 은혜에 보답하고자 희생제를 올리고 버터와 우유를 물속에 던졌다. 그러자 이다(Ida)라는 아름다운 여자가 나타났다. 이다는 자신이 마누가 바친 버터와 우유에서 태어났으며, 마누와 짝이 되고 싶다고 했다. 그리하여 둘은 인류의 조상이 되었다. 또 물고기가 알려준 대로 배에 실어둔 7명의 현자와 만물의 씨앗을 통해 세상의 지식과 만물을 예전처럼 복원할 수 있었다.

힌두교 전승에 따르면 마누를 구해준 황금빛 물고기는 유지의 신 비슈누의 첫 번째 화신인 마츠야(Matsya)라고 한다. 마츠야는 어마어마하게 커져서 아무리 거센 홍수도 견딜 수 있었다. 다만 마츠야의 정체가 비슈누가 아니라 브라흐마였다는 전승도 있다.

# 2

# 신(神)

# 003 신들의 왕,
## 인드라

베다 종교와 힌두교를 통틀어 인도 신화에서 가장 대표적이고 유력한 신을 꼽으라고 하면 인드라가 빠지지 않는다. 인도의 만신전에서 인드라는 번개와 비를 다스리는 신으로, 번개를 일으키는 무기인 바즈라(Vajra, 金剛杵)를 오른손에 들고 메루(Meru)산에 살면서 신들의 왕으로 군림하는 모습으로 그려진다.

베다 문헌에 따르면, 인드라는 하늘의 신 디야우스(Dyaus)와 땅의 여신 프리티비(Pritivi)의 아들로 태어났다. 인드라가 어머니 뱃속에서 나올 때 그의 강력한 힘 때문에 온 세상이 심하게 요동쳐 신들조차 두려움을 느꼈다고 한다.

인드라의 모습은 시대에 따라 달라졌다. 베다 종교에서 인드라는 두 마리 말이 끄는 전차를 타고서 아수라를 무찌르고 세계의 질서를 확립한 위대한 전사로, 일부 찬가에서는 그 위상이 창조신에 필적하기도 한다.

하지만 후대의 힌두교에서 인드라는 전차 대신에 커다란 하얀 코끼리인 아이라바타(Airavata)를 타고 다니는 모습으로 바뀌었다. 이에 대해 인드라를 비롯한 데바(Deva, 天神) 신앙을 가지고 인도에 침입한 아리아인이 인도에 정착하면서 말이 끄는 전차 대신 코끼리를 타고 다니게 된 변화를 신화적으로 보여주는 장치라고 해석하기도 한다.

한편 힌두교에서 인드라는 특정 신의 이름이 아니라 가장 훌륭한 일을 한 신이나 사람에게 주어지는 칭호라는 주장도 있다. 즉 베다 종교 시대에는 오직 하나의 인드라만 존재했으나 힌두교 시대가 되자 수많은 인드라가 등장했다.

심지어 힌두교에서 인드라는 더 강력한 힘을 가진 아수라와의 싸움에서 번번이 패해 포로로 잡히거나 자신이 다스리던 하늘나라에서 쫓겨나는 등 굴욕을 당하기까지 한다. 그럴 때마다 인드라는 자신의 왕국과 권력을 되찾기 위해 초월적 신인 브라흐마와 비슈누와 시바에게 도와달라고 애걸한다. 다시 말해 힌두교에서 인드라는 신들의 왕이기는 하지만 브라흐마, 비슈누, 시바보다 지위가 낮아졌다. 베다 종교에서는 인드라가 최고신이었지만 힌두교에서는 최고신이 브라흐마, 비슈누, 시바로 바뀐 것이다.

힌두교 신화에서는 인드라가 수도자 가우타마(Gautama)의 아내 아할야(Ahalya)와 간통하다 들켜, 분노한 가우타마의 저주로 온몸에 1000개의 여성 음부가 달렸으나, 죄를 뉘우치자 음부가 눈으로 변해 모든 세상을 볼 수 있게 되었다는 이야기도 전해진다. 최고신이 유부녀와 간통하다 그 남편에게 들키는 망신까지 당했으니, 힌두교로 오면서 인드라의 위상이 얼마나 추락했는지 알 수 있다. 다만 이 이야기는 인도의 이웃인 페르시아 신화에서 1000개의 눈으로 세상을 모두 지켜본다는 태양신 미트라(Mithra)처럼 인드라도 1000개의 눈으로 온 세상을 볼 수 있다며 인드라의 위엄을 강조하던 설정이 후대에 와서 변형된 것인지도 모른다.

불교에서 인드라는 제석천(帝釋天)이라 불리며 동방의 수호신으로 등장한다. 한국 신화와 무속에서도 제석천이 등장하는데, 《삼국유사》를 쓴 승려 일연은 단군왕검의 할아버지가 제석천이라고 주장했다.

# 004 하늘과 바다의 신, 바루나

　인도 신화에서 신들의 왕이라고 하면 대개 번개와 비의 신 인드라를 떠올린다. 비록 힌두교 시대에 와서는 브라흐마, 비슈누, 시바라는 초월적 존재에게 밀려났지만, 여전히 인드라는 천상계를 다스리는 신으로 남아 있었다.

　그런데 인도 신화에서 인드라가 처음부터 가장 높은 신은 아니었다. 힌두교 이전의 베다 종교 초창기, 그러니까 베다 종교를 만든 아리아인이 인도에 침입하던 무렵에 가장 높은 신으로 숭배한 대상은 바루나(Varuna)였다.

　베다 문헌인 《리그베다(Rigveda)》에서 바루나는 하늘의 신이면서 세계의 법과 질서를 지키는 수호자로 묘사된다. 바루나는 죄지은 사람을 처벌하지만, 죄를 뉘우치는 사람에게는 용서를 베푸는 자비로운 신이기도 하다. 《리그베다》는 "모든 신의 중심에 있으며 미트라와도 같다."라며 바루나를 칭송한다. 미트라는 고대 페르시아 신화에서 태양과 정의와 질서의 신으로, 조로아스터교가 등장하기 전 페르시아인들이 가장 위대한 신으로 숭배했다. 이처럼 미트라와 바루나를 나란히 언급한다는 점은 고대 아리아인이 페르시아인과 인도인으로 나뉘기 전 미트라와 바루나가 같은 영역을 담당하는 신이었음을 보여준다. 그런가 하면 프랑스의 신화학자 조르주 뒤메질

(Georges Dumézil)은 바루나가 고대 그리스 신화에 나오는 하늘의 신 우라노스와 기능적으로 유사하다고 보았다.

《리그베다》에 따르면 바루나는 우주의 질서를 지키는 신으로, 하늘에서 비를 내려 땅의 생명이 살아 숨 쉬게 한다. 또 1000개의 기둥과 1000개의 문으로 이루어진 하늘의 황금 궁궐에 살며, 해가 곧 그의 눈이기 때문에 누구도 바루나의 감시를 피할 수 없다. 이러한 묘사는 미트라의 특성과도 일치한다.

아울러 베다 문헌에서 바루나는 아수라의 우두머리로 그려지기도 한다. 인도 신화에서 아수라는 악마처럼 그려지지만 이는 후대의 일이고, 원래 아수라는 인드라 같은 데바들처럼 어엿한 신적 존재였다.

베다 종교 후기로 가면서 바루나는 최고신의 자리를 인드라에게 빼앗긴다. 인드라가 자기 아버지를 죽이고 신들의 왕이 된다는 전승이 이를 반영한다. 흔히 하늘의 신 디아우스가 인드라의 아버지라고 알려져 있지만 바루나라는 주장도 있다.

힌두교가 등장하면서 바루나는 지위가 한층 낮아져 하늘의 신에서 바다의 신으로 변한다. 힌두교에서 바다는 아수라가 사는 부정한 공간으로 여겨지는데, 바루나가 바다에 산다는 설정은 그가 아수라의 우두머리라는 베다 종교 시절의 전승이 다소 왜곡된 것이다.

바다에서 바루나는 사슴의 머리와 다리, 물고기의 꼬리를 가진 괴물인 마카라(Makara)를 타고서 1000마리의 백마를 거느리고 아수라를 감시한다. 또한 거짓말하는 사람이나 죄를 지은 아수라를 밧줄로 체포하는 권한도 있다. 그의 아내는 바루니(Varuni) 또는 가우리(Gauri)라고 알려져 있다.

고대 인도의 서사시 《라마야나(Ramayana)》에서 바루나는 비슈누의 화신이기도 한 영웅 라마(Rama)가 아수라들의 왕인 라바나(Ravana)에게 납치당한 아내 시타(Sita)를 구출하기 위해 바다를 건너려고 할 때 나타나 "나는 평화롭게 살고 싶기에 당신과 라바나의 전쟁에 끼어들고 싶지 않지만, 당신을 방해하지도 않겠소."라고 말하며 라마가 라바나의 본거지인 란카로 건너갈 때 그를 방해하지 않고 내버려두었다.

힌두교 신화에서 바루나는 아름다운 하늘의 요정 우르바시(Urvashi)를 보고 욕정을 느껴 정액을 흘렸는데, 거기서 성자인 아가스티야(Agastya)가 태어났다고 한다. 아가스티야는 하늘에서 쫓겨나 바다로 떨어진 아수라들이 지상의 성자들을 죽이고 베다를 파괴하자 아수라들이 숨은 곳을 드러내기 위해 바닷물을 모두 마셔버렸다.

불교에서 바루나는 서쪽의 수호신이다. 본래 베다 종교에서는 북쪽을 지키는 수호신이었다.

# 005 태양의 신, 수리야

인도 신화에는 여러 태양신이 있는데, 가장 유력한 태양신은 수리야(Surya)다. 베다 종교의 여러 신에게 바치는 노래를 기록한 문헌인《리그베다》는 수리야를 '어둠을 몰아내는 떠오르는 태양', '생명을 불어넣는 자', '진리와 질서를 상징하는 빛' 등으로 찬양하며, 때때로 인간에게 지식과 통찰을 전하는 존재로도 언급한다. 아울러 베다의 찬송가에서 수리야는 아그니와 함께 나타나는데, 수리야는 낮을 다스리는 신으로, 아그니는 밤을 밝혀주는 신으로 찬양받는다.

고대 인도의 서사시《마하바라타(Mahabharata)》에서 수리야는 우주의 눈이자 모든 생명의 기원이며 자유와 영적 해방을 상징하는 칭송의 대상이다. 수리야는 쿤티(Kunti) 공주와의 사이에서 귀걸이와 황금 갑옷을 입고 태어난 영웅 카르나(Karna)를 얻었다. 하지만 쿤티 공주는 결혼하지 않은 몸으로 아들을 낳은 것을 부끄럽게 여겨 갓 태어난 카르나를 바구니에 담아 갠지스강에 띄워 보냈다. 카르나는 전차를 모는 기수인 아디라타(Adhiratha)와 그의 아내 라다(Radha)에게 발견되어 그들의 양아들로 자랐다.

아소카(Asoka, 재위 기원전 268~232) 왕이 다스리던 시절의 고대 불교 예술 작품에서도 수리야는 인기 있는 소재였다. 부다가야의 마하보디

(Mahabodhi) 사원에 새겨진 부조에서 수리야는 새벽을 상징하는 여신 우샤스(Ushas)와 프라티우샤(Pratyusha)를 아내로 거느리고, 그들과 함께 4마리 말이 끄는 전차를 탄 모습으로 묘사되었다. 이러한 부조는 악에 대한 선의 승리를 상징하며, 초기 인도의 불교 예술에서 많이 나타난다.

힌두교에서도 수리야를 중요한 신으로 다루지만 묘사하는 모습이 약간 다르다. 힌두교 예술 작품에서 수리야는 보통 두 손에 연꽃을 들고서 7마리 말이 끄는 전차 위에 서 있는 모습으로 그려진다. 이 7마리 말의 이름은 가야트리(Gayatri), 브리하티(Brihati), 우슈니(Ushnih), 자가티(Jagati), 트리슈투바(Trishtubha), 아누슈투바(Anushtubha), 판크티(Pankti)로, 베다 찬송가의 운율 이름에서 유래했다. 아소카 시절의 불교 예술 작품에서처럼 힌두교 예술 작품에서도 수리야가 탄 전차의 옆자리에는 우샤스와 프라티우샤가 있는데, 그녀들은 어둠에 맞서기 위해 화살을 쏘는 모습으로 묘사된다.

베다 종교 시절부터 이어져온 수리야에 대한 신앙은 10세기부터 14세기까지 이슬람교를 믿는 튀르크족 군벌이 인도 북부를 침략해 수리야를 섬기는 사원들을 대부분 파괴하는 바람에 크게 위축되었다. 사원들은 폐허가 된 채로 방치되었고, 재앙을 면한 일부 사원은 시바를 섬기는 용도로 변경되었다.

하지만 수천 년 넘게 이어져온 수리야 신앙이 완전히 사라진 것은 아니었다. 아직도 인도 남부의 힌두교 사원들은 대부분 주요 입구가 태양이 떠오르는 방향인 동쪽에 있는데, 이는 수리야를 경배하기 위한 장치다. 아울러 힌두교 사원뿐 아니라 인도의 불교 사찰도 주요 입구를 수리야의 방향인 동쪽에 두고 있다.

또한 인도 종교의 영향을 강하게 받은 네팔의 불교 사찰에도 문마다 달의 신 찬드라(Chandra)와 함께 수리야의 태양 빛을 상징하는 붉은색 원이 그려져 있다.

캄보디아의 관광 명소로, 돌로 지은 거대한 사원인 앙코르 와트는 크메르 제국의 위대한 군주 수리야바르만 2세(Suryavarman II, 재위 1113~1150) 시절에 지어졌다. 수리야바르만이라는 이름에서 수리야는 곧 힌두교의 태양신 수리야를 가리키며, 바르만은 '가호를 입다'라는 뜻이다. 즉 수리야바르만은 '수리야의 가호를 받는 사람'이라는 뜻이다. 다만 앙코르 와트는 비슈누를 주신으로 하는 힌두교 사원이다.

이 밖에도 수리야의 상징물로는 스와스티카(Swastika)가 있다. 스와스티카는 원래 고대 아리아인이 행운과 태양의 상징으로 널리 쓰던 부적으로, 영국의 앵글로색슨 왕국 무덤에서도 방패나 술잔에 그려져 있다. 아리아인의 영광에 골몰하던 나치당이 상징으로 삼는 바람에 서구에서는 스와스티카가 기피 대상이 되었지만 동양에서는 여전히 널리 쓰인다. 불교를 상징하는 만(卍) 자가 바로 스와스티카의 변형이다.

# 006 달의 신, 찬드라와 소마

　힌두교에서 달의 신은 찬드라 혹은 소마(Soma)다. 보통 이 둘을 같은 신으로 보지만 간혹 다른 신으로 여기기도 하는데, 힌두교의 전승이 워낙 광범위하고 종파마다 내용도 달라서 어느 주장이 옳다고 단정할 수는 없다.

　찬드라는 산스크리트어로 '빛나는' 또는 '달'이라는 뜻으로, 그 자체로 이미 달의 신을 가리킨다. 찬드라에게는 밝은 물방울(Indu), 밤을 만드는 자(Nishakara), 별들의 주인(Taradhipa) 등 여러 별명이 있다. 힌두교 미술에서 찬드라는 젊고 아름다운 남자로 묘사되는데, 두 팔을 들고 양손에 각각 몽둥이와 연꽃을 든 모습으로 그려진다.

　힌두교 신화에서 찬드라는 수성의 신인 부다(Budha)의 아버지이기도 하다. 달의 신이 어째서 수성의 신의 아버지가 되었을까?

　부다의 어머니는 별들의 여신인 타라(Tara)인데, 타라는 목성의 신이자 신들의 스승이기도 한 브리하스파티(Brihaspati)의 아내였다. 즉 찬드라가 타라와 정식으로 결혼해 부다를 낳은 게 아니었다. 아름다운 타라에게 반한 찬드라가 그녀를 납치해 동침한 결과 부다가 태어난 것이었다. 이에 화가 난 브리하스파티는 찬드라를 상대로 전쟁을 선포했다. 하지만 하늘의 신들이 개입해 전쟁을 멈추게 했고, 타라를 남편에게 돌려보내도록 찬드라를 설득했다. 훗날 부다의 아들 푸루라바스(Pururavas)는 찬드라반시 (Chandravanshi) 왕조를 세운다.

한편 타라를 브리하스파티에게 돌려보낸 뒤 찬드라는 그녀를 사랑하고 있음을 깨닫고 공허한 마음에 무척 괴로워했다. 그러다 괴로움을 이기기 위해 새로운 여자를 만나겠다는 생각으로 창조의 신 브라흐마의 아들이자 브라만 사제인 다크샤(Daksha)의 딸 27명과 모두 결혼했다. 그런데 찬드라는 다크샤의 딸 중 로히니(Rohini)를 가장 사랑하여 다른 딸들을 멀리했고, 이에 다른 26명의 아내는 화가 나 찬드라에게 저주를 걸었다. 이 저주를 풀기 위해 찬드라는 시바에게 기도와 명상으로 경배를 드려야 했다.

부다와 관계없는 다른 전설도 힌두교에 전해진다. 파괴의 신 시바의 아들인 가네샤(Ganesha)는 풍요의 신 쿠베라(Kubera)가 주최한 잔치에서 실컷 포식하고 밤늦게 집으로 돌아오던 길에 자신을 태운 쥐가 뱀을 보고 겁에 질려 도망가는 바람에 땅바닥에 쓰러져 잔치에서 잔뜩 먹은 모닥(modak, 코코넛 가루와 설탕을 반죽한 덩어리를 밀가루로 싼 인도 과자)을 토해 냈다. 이 모습을 지켜보던 찬드라가 가네샤를 비웃자 화가 난 가네샤는 달에 뛰어들어 엄니를 휘두르며 찬드라를 다치게 했다. 또 달을 저주하여 누구도 달을 완전히 볼 수 없도록 만들었는데, 그래서 달이 가려지는 월식이 발생했다고 한다.

이름부터가 달을 뜻하는 찬드라에 비해 소마는 그 신격이 달과는 거리가 멀었다. 소마는 본래 신들이 마시는 신성한 음료로, 마시면 활력과 힘을 얻는다고 여겨졌다. 그러다 세월이 흐르며 소마 자체가 신격화되면서 달의 신이 되었다.

힌두교 미술에서 소마는 흰 피부에 철퇴를 들고 백마가 끄는 수레를 타고 있는 모습으로 묘사된다. 불교에서도 소마는 달의 수호신인 월천(月天)으로 불린다.

# 007 불의 신, 아그니

　인도 신화에서 아그니는 불의 신이다. 불의 신이기 때문에 아그니는 힌두교 의식에서 불에 태워 바치는 모든 제물을 먹고 산다고 전해진다. 아그니는 몸에서 7개의 불꽃을 내뿜고, 7개의 혀로 가장 흔한 제물인 버터를 핥아 먹는데, 7은 고대 힌두교에서 성스러운 숫자다. 또 아그니는 4개의 팔에 각각 도끼, 창, 숟가락, 묵주를 쥐고 있으며, 과일과 꽃으로 장식한 옷을 입은 모습으로 묘사된다.

　힌두교 신화에서 아그니는 남동쪽의 수호신이며, 그런 이유로 아그니의 신상이나 그림은 대개 힌두교 사원의 남동쪽 구석에 자리한다.

　고대 인도·유럽어에서 아그니는 '불을 붙이다'라는 의미였다. 같은 의미의 영어 단어 이그나이트(ignite)와 '불'을 뜻하는 러시아어 오곤(огонь)도 그 뿌리로 거슬러 올라가면 아그니와의 연관성을 찾을 수 있다.

　많은 인도·유럽 신화에서 신들로부터 불을 가져와 인류에게 나눠주는 새가 등장하는데, 베다 종교와 힌두교 문헌에서도 아그니를 '날아다니는 하늘의 새'라고 부르는 대목이 있다.

　한편 《카타카 삼히타(Kathaka Samhita)》나 《마이트라야니 삼히타(Maitrayani Samhita)》 같은 힌두교 문헌을 보면, 태초의 우주에는 낮과 밤이 없었고 아무엇도 시작되지 않았으며, 오직 창조주인 프라자파티 혹은 창조의 신 브라흐마만이 존재했다. 아그니는 프라자파티의 이마에서 갑자기 태어나 빛이 되었고, 그 빛으로 인해 비로소 우주에 낮과 밤이 존재하게 되었다.

베다 문학에서 아그니는 인드라, 소마와 더불어 자주 언급되는 신이다. 아그니는 신들의 입에 인간이 바친 제물을 전달해주는 역할로 그려진다. 신과 인간 사이를 연결해주는 일종의 메신저인 셈이다.

베다 종교 시절 일부 전승에서는 아그니가 신들의 왕이자 번개와 비의 신인 인드라의 쌍둥이 형제처럼 여겨지기도 했다. 또 아그니는 인드라, 수리야와 함께 주신 대우를 받았다. 베다 종교에서 아그니는 인드라 다음가는 중요한 지위를 차지했는데, 《리그베다》에서 아그니를 찬양하는 노래만 해도 200수가 넘는다.

다만 인드라나 초월적 3신인 브라흐마, 비슈누, 시바에 비해 아그니가 직접 등장하는 신화는 많지 않다. 이는 아그니가 인격이 있는 신이면서도 동시에 자연 현상인 불 그 자체로 여겨졌기 때문이다.

베다에서 아그니는 가정에서 음식을 만들 때 사용하는 불, 제단에서 신들에게 희생제물을 바칠 때 타오르는 불, 시체를 불태울 때 타오르는 불, 식물을 불태울 때 타오르는 불, 하늘에서 내리치는 번개에서 발생하는 불, 하늘에서 타오르는 태양의 불 등 세상에 존재하는 모든 불을 가리킬 때 쓰이는 단어이기도 하다. 또한 고대 인도의 철학적 문헌인 우파니샤드(Upanishad)에서 아그니는 어둠을 없애고 불멸의 원리를 깨닫게 하는 힘과 지식을 비유하는 말로 사용된다.

베다에서는 아그니의 부모를 서로 비벼대서 불을 피우는 두 개의 막대기로 묘사한다. 또 방금 태어난 아그니는 연약한 아기여서 사라지지 않게 하려면 사랑과 관심이 필요하다고 언급한다.

후대의 힌두교 전승에 따르면 아그니에게는 원래 세 명의 형이 있었는

데, 인간이 신들에게 바친 제물을 전달하러 가다가 모두 죽었다고 한다. 겁
먹은 아그니는 물과 무화과나무와 대나무 속에 숨었는데, 그때마다 개구리
와 코끼리와 앵무새가 신들에게 아그니의 위치를 알려주었다. 이에 화가
난 아그니는 세 동물에게 저주를 내려 말을 못하게 만들었다. 그러자 신들
은 세 동물에게 밤중에 마음대로 돌아다니며 크게 소리를 지르고 온갖 목
소리를 흉내 낼 수 있는 특권을 주었다고 한다.

# 008 바람의 신, 바유

　힌두교 신화에서 바유(Vayu)는 바람의 신이다. 베다에서는 바유가 하얀 깃발을 들고 있으며 그의 전차가 하얗게 빛난다고 묘사한다. 다른 신화들에 등장하는 바람이나 공기의 신처럼 바유 역시 힌두교 신화에서 강력하고 영웅적인 투사로 그려진다. 후대 해석에서 바유는 창세신 푸루샤의 숨결에서 비롯된 존재로 여겨지기도 한다.

　바유는 뿔이 커다란 붉은 사슴을 타고 다니거나 말 두 마리가 끄는 전차를 타고 다닌다. 때때로 1000마리 말이 끄는 전차를 몰고 폭풍을 일으켜 대지를 휩쓸기도 한다.

　바유는 바람의 신이어서 사람들은 그가 지나가는 소리만 들을 수 있을 뿐 그의 모습을 볼 수는 없다고 알려져 있다. 하지만 사람들이 바유를 아주 못 보는 것은 아니다. 일례로 고대 인도의 서사시 《마하바라타》에 등장하는 쿤티 공주는 브라만 사제로부터 받은 만트라(부적의 일종)로 바유를 불러내고 그와 사랑을 나누어 힘센 용사 비마(Bhima)를 낳았다.

　바유는 힌두교 신화에서 그다지 많이 등장하지는 않지만, 그렇다고 결코 보잘것없는 나약한 신은 아니다. 한번은 바유가 인드라를 비롯한 하늘의 신들이 거주하는 메루산을 공격한 일이 있었다. 자세한 동기는 알려지지 않았으나, 성자인 나라다(Narada)가 바유를 부추겼다는 통설이 있다.

여기서 잠시 메루산에 대해 소개하자면, 메루산은 힌두교 신화에서 세계의 중심에 있는 산으로, 높이가 수십만 킬로미터에 달한다고 전해진다. 메루산은 하늘에서 흐르는 갠지스강으로 에워싸여 있고, 신들이 거주하는 도시들이 산 곳곳에 세워져 있다. 이들 도시는 신들의 힘과 지위에 따라 위치가 정해지는데, 신들의 왕인 인드라는 가장 높은 곳에 있는 도시에 산다.

여하튼 바유가 거센 바람을 일으켜 메루산을 공격했으나, 메루산을 지키는 신들의 문지기이자 비슈누의 하인이기도 한 거대한 독수리 가루다(Garuda)가 두 날개를 펼쳐 바유가 보낸 바람을 막아냈다고 한다.

하지만 1년간 바유와 대결을 벌이던 가루다는 주인인 비슈누의 호출을 받고 메루산을 떠나야 했다. 이 사실을 나라다에게 전해 들은 바유는 더욱 거센 바람으로 메루산을 공격했고 마침내 산 정상을 떼어 먼바다로 내던졌는데, 그것이 오늘날의 스리랑카가 되었다고 전해진다. 거대한 산을 토막 내 바다로 던질 정도였으니 바유의 힘이 얼마나 강력했는지 짐작할 수 있다.

바유는 《마하바라타》의 영웅인 비마와 《라마야나》의 원숭이 영웅 하누만(Hanuman)처럼 강력한 아들을 두었다고 전해진다.

한편 불교에서 바유는 세계의 방위를 지키는 12명의 수호신인 12천(十二天) 중에서 서북쪽을 다스리는 바람의 신인 풍천(風天)으로 불린다.

# 009 저승의 신, 야마

인도 신화에서 야마(Yama)는 저승을 다스리는 죽음의 신이다. 야마는 죽은 사람의 영혼을 저승으로 불러 모아 그가 살아생전 한 일을 모두 판단해 사람이나 동물로 다시 태어나는 것을 결정하는 심판관이다.

야마는 불교의 전파 과정을 따라 인도 동쪽의 중국과 한국과 일본으로 전해지면서 염라대왕(閻羅大王)이 되었다. 그렇다면 불교와 염라대왕이 전해지기 전 동아시아의 저승관은 어떠했을까? 단정할 수는 없지만, 죽은 사람이 사람이나 동물로 다시 태어난다는 환생이나 죽어서 누군가에게 심판을 받는다는 식의 믿음은 없었을 것이다. 아마 저승에서도 이승에서처럼 똑같이 살아간다고 믿지 않았을까? 실제로 한국 신화에서 바리데기 공주는 아버지의 병을 고치기 위해 저승으로 가서 그곳에 사는 무장생과 결혼해 아이를 낳았다고 전해지는데, 이는 환생이나 염라대왕의 심판 같은 불교 교리와 전혀 다르다. 우리 조상들은 저승에서도 이승에서와 같이 결혼하고 출산하며 삶을 계속 이어나갈 수 있다고 믿었다.

야마의 지위는 베다 종교와 힌두교의 교리에 따라 조금씩 달라졌다.《리그베다》에 따르면 야마는 원래 신이 아니라 인간이었다. 물론 평범한 인간은 아니고 누이동생인 야미(Yami)와 함께 세상에 나타난 최초의 인류였다.

야마와 야미 남매의 아버지는 태양신 중 하나인 비바스바트(Vivasvat)였고, 어머니는 기술과 발명의 신 트바슈트리(Tvashtri)의 딸인 사라뉴(Saranyu)였다. 야마와 야미가 최초의 인류였기 때문에 신들은 두 남매가 결혼하고 아이들을 낳아 인류를 번성시켜야 한다고 했다. 하지만 야마는 친누이인 야미와 결혼하는 것을 패륜으로 여겨 거부했다고 한다.

이후 야마가 죽자 야미는 깊은 슬픔에 빠졌다. 신들은 야미를 불쌍히 여겨 그녀가 편히 잠들 수 있도록 세상에 어둠이 깔리는 밤을 만들었다. 어두운 밤이 오면 야미는 피로를 느껴 잠들었고, 그 순간에는 슬픔을 잊을 수 있었다. 그래서 인도 신화에서는 야마의 죽음으로 비로소 낮과 밤이 구별되었다고 전해진다.

최초의 인간인 야마는 사후 세계로 간 최초의 인간이기도 했다. 《리그베다》 같은 베다 문헌에서는 야마가 죽은 뒤 신들이 머무는 하늘로 올라가 하얗게 빛나는 옷을 입고 날아다니는 수레를 타며 신과 같은 존재가 되었다고 한다. 이후 그의 후손인 죽은 자들의 영혼이 하늘로 올라오면 야마가 그들을 반갑게 맞이했다고도 전해진다. 다만 모든 영혼이 융숭한 대우를 받았던 것은 아니고, 사악한 자들의 영혼은 야마로부터 벌을 받아 가장 고통스러운 나락으로 떨어졌다.

그런데 세월이 흘러 힌두교 시대가 되자 야마의 거주지는 하늘이 아니라 어두컴컴한 지하 세계인 저승으로 변했다. 야마는 모든 사람의 수명이 적힌 책을 갖고 있으며, 그 책에 따라 부하인 저승사자들을 이승으로 보내 죽음이 가까운 사람들의 영혼을 저승으로 데려온다. 이러한 설정이 동아시아 국가로 전해지면서 염라대왕이 사람들의 수명이 기록된 생사부를 갖고 있다는 전승이 생겨났다.

인도 신화에서 야마는 저승과 죽은 자들을 다스리는 신이지만, 기독교의 사탄처럼 사악한 존재로 여겨지지는 않는다. 오히려 빈부의 차이나 권력의 유무와 상관없이 죽은 자들을 공평하게 다스리는 자비로운 재판관에 가깝다.

# 010 창조의 신, 브라흐마

인도 신화를 소재로 한 만화나 게임 등을 보면 우주를 창조한 신으로 브라흐마가 등장한다. 원래 브라흐마는 베다 종교 시대 후기에 이르러서야 처음으로 이름이 언급되는데, 힌두교 시대에 들어서는 신들의 왕인 인드라보다 지위가 높은 초월적 신이 되었다. 힌두교에서 브라흐마는 유지의 신 비슈누, 파괴의 신 시바와 함께 우주의 속성을 상징하는 최고의 신이다.

브라흐마의 창조 신화는 다음과 같다.

"끝도 없는 어둠만이 존재하던 태초에 우주의 물 위에 누워 있는 절대적 존재인 나라야나의 배꼽에서 연꽃이 자라났고, 그 연꽃에서 브라흐마가 태어났다. 브라흐마는 명상을 통해 여러 생명체를 창조했다. 가장 먼저 태어난 존재는 어둠의 여신이었고, 이어서 락샤사(Rakshasa)와 야크샤, 아수라가 태어났다. 이 밖에도 브라흐마는 하늘과 땅과 바다를 만들어 세상을 완성했다."

여기서 절대적 존재는 전승에 따라 비슈누로 대체되기도 한다. 그래서 힌두교 신들을 묘사한 그림 중에는 머리가 1000개인 뱀 셰샤(Shesha) 위에 누위 잠든 비슈누의 배꼽에서 피어난 연꽃 속에서 브라흐마가 가부좌를 틀고 있는 그림도 있다.

다른 전승에 따르면 브라흐마가 명상의 힘으로 수많은 생명체를 만들었는데, 창조주인 브라흐마가 절대 죽지 않는 불멸의 신이었기 때문에 그가 만든 생명체들도 죽지 않았다고 한다. 그 결과 우주 전체가 온갖 생명체들로 넘쳐나 도저히 옴짝달싹할 수도 없는 지경에 이르자 분노한 브라흐마는 눈과 코와 입과 귀에서 불을 뿜어 모든 생명체를 태워 죽이려 했다. 그러자 폭풍의 신 루드라(Rudra)가 찾아와 "저 생명체들은 모두 당신이 만들었는데, 화가 난다고 죽여 없애려 하는 것은 온당치 못합니다."라고 간곡히 설득했다. 결국 브라흐마는 분노를 거둬들이고 대신 죽음의 여신을 만들어서 모든 생명체를 죽게 하는 동시에 그들에게 환생의 기회를 주기로 타협했다.

힌두교 신화에서 브라흐마는 신들의 왕인 인드라조차 가르침을 구하러 머리를 숙여야 할 만큼 초월적인 신이며, 여러 신과 존재의 조상으로 여겨진다. 또 브라흐마는 설령 사악한 아수라라고 해도 그가 진심으로 힘든 수행, 즉 고행을 한다면 그에 대한 보상으로 소원을 들어주는 역할을 한다. 고행의 대가로 브라흐마에게 강력한 힘을 선물 받은 아수라에게 인드라가 다스리는 신들이 패배하여 곤경에 처하는 일은 힌두교 신화에서 반복되는 구조다.

다만 오늘날 힌두교 신자들에게 브라흐마는 별로 인기가 없어서 인도에서 브라흐마를 숭배하는 사원은 매우 드물다. 명색이 최고의 신인데 왜 이렇게 브라흐마를 홀대할까? 이에 대해서는 여러 가지 추측이 있는데, 브라흐마가 너무 추상적인 신이어서 인도인들이 중요시하지 않았다거나 브라흐마를 숭배하는 교단이 비슈누나 시바를 숭배하는 교단보다 세력이 약했기 때문이라는 설명이 있다.

불교에서 브라흐마는 범천(梵天)이라고 불리는데, 하늘의 신이라는 뜻이다. 불교 신화에 따르면, 브라흐마는 보리수 밑에서 수행하다 깨달음을 얻은 석가모니에게 나타나 "나에게도 당신이 깨달은 진리를 가르쳐주십시오."라고 부탁해 가르침을 듣고 이후 불교를 지키는 수호신이 되었다고 한다.

힌두교 미술에서 브라흐마는 머리가 5개이고 팔이 4개인 모습으로 묘사된다. 머리가 4개만 있는 모습도 있는데 이는 시바를 숭배하는 교단에서 만들어낸 것으로, 브라흐마가 시바의 노여움을 사서 그의 부하에게 머리 하나를 잘렸기 때문이라고 한다.

# 011 유지의 신, 비슈누

    창조의 신 브라흐마, 파괴의 신 시바와 함께 힌두교의 3주신 중 하나가 바로 유지의 신 비슈누다. 힌두교에서 브라흐마는 별로 인기가 없기에 사실상 비슈누가 시바와 더불어 힌두교의 최고신이라고 할 수 있다.

    하지만 인도 신화에서 비슈누가 원래부터 최고신이었던 것은 아니다. 힌두교의 뿌리인 베다 종교 시절에 비슈누는 태양의 궤적을 상징하는 우주적 존재로 여겨졌으며, 베다 종교에서 최고신으로 숭배받던 바루나나 인드라에 비해 존재감이 희박했다.

    그러다 힌두교가 등장하면서 베다 종교에서 최고신으로 숭배받던 바루나는 하늘의 신에서 바다의 신으로 지위가 하락했고, 인드라조차 신들의 왕에서 '뛰어난 공덕을 쌓은 사람이나 신에게 주어지는 호칭'이라는 말이 나올 만큼 위상이 격하되었다. 반면 비슈누의 입지는 완전히 달라져 바루나와 인드라를 대신하여 최고의 신이 되었다. 심지어 인드라 같은 신들에게 가르침을 주거나 명령을 내리는 초월적 신의 자리에 오르게 되었다.

    아울러 힌두교에서 비슈누는 아수라의 위협으로 멸망의 위기에 처한 인류와 세계를 구하기 위해서 열 번이나 모습을 바꿔 인간 세상에 나타난 구세주로 그려진다. 다음은 비슈누가 모습을 바꾼 존재들, 곧 비슈누의 화신들의 목록이다.

1. 마츠야(Matsya): 인류의 조상인 마누를 대홍수로부터 구하기 위해 비슈누는 뿔이 달린 물고기 마츠야로 나타났다. 마츠야는 마누가 탄 배를 자신의 뿔에 밧줄로 묶은 채 히말라야산맥으로 끌고 가 마누를 살렸다.

2. 쿠르마(Kurma): 신들과 아수라들이 불사의 음료를 얻기 위해 우유 바다를 휘젓는 과정에서 산을 떠받치기 위해 비슈누는 커다란 거북이인 쿠르마의 모습으로 나타났다.

3. 바라하(Varaha): 거대한 검은색 멧돼지로, 그 높이가 수천 킬로미터에 달할 만큼 몸집이 장대했다. 비슈누는 오랜 고행의 대가로 브라흐마에게 강력한 힘을 받은 아수라 히란야크샤(Hiranyaksha)를 죽이기 위해 바라하로 변신했다.

4. 나라심하(Narasimha): 세계를 정복한 뒤 신들에 대한 숭배를 금지하고 오직 자신만 숭배하도록 강요한 아수라 히란야카시푸(Hiranyakashipu)가 비슈누를 모독하자 분노한 비슈누는 인간의 몸과 사자의 머리를 가진 반인반수의 모습으로 나타났다. 히란야카시푸는 어떤 신이나 인간이나 동물에게도 죽지 않는 영원한 생명을 지녔으나, 비슈누가 변한 사자인간은 인간도 동물도 아니었기에 히란야카시푸를 찢어 죽였다.

5. 바마나(Vamana): 세계를 정복한 아수라 발리(Bali)를 제압하기 위해 비슈누가 난쟁이의 모습으로 나타난 바마나는 발리에게 세 발자국만큼의 땅을 달라고 요청했다. 발리가 요청을 받아들이자 바마나는 거인으로 변신해 두 걸음 만에 모든 땅과 하늘을 뒤덮었고, 마지막 걸음으로 발리를 지하 세계로 떨어뜨렸다.

6. 파라슈라마(Parashurama): 크샤트리아들이 브라만들을 억압하자 비슈누는 젊은 브라만 전사인 파라슈라마의 모습으로 나타나 도끼로 모든 크샤

트리아를 죽였다.

7. 라마찬드라(Ramachandra): 신들을 굴복시킨 아수라의 왕 라바나를 죽이기 위해 비슈누는 인간 용사인 라마찬드라(라마)의 모습으로 나타났다.

8. 크리슈나(Krishna): 마투라(Mathura)의 폭군이자 아수라의 아들인 캄사(Kamsa) 왕을 죽이기 위해 비슈누는 인간 영웅인 크리슈나의 모습으로 나타났다.

9. 붓다(Buddha): '깨달은 자'라는 뜻으로, 놀랍게도 불교의 창시자인 석가모니도 힌두교에서는 비슈누의 화신으로 여겨진다. 힌두교에서는 아수라들이 베다의 진리를 따르지 못하도록 하기 위해 비슈누가 붓다의 모습으로 나타나 그들에게 거짓된 가르침을 주었다고 한다.

10. 칼키(Kalki): 말세가 다가오면 비슈누가 백마를 타고 나타나 모든 사악한 인간을 처벌하고 세상을 정화해 새로운 시대를 연다고 한다.

이처럼 비슈누는 곧잘 인간의 모습으로 나타나 사악한 아수라들을 물리치고 세상을 지켜주는 구세주이기에 오늘날에도 힌두교 신자들 사이에서 가장 인기가 높은 신이다.

힌두교 미술에서 비슈누는 보통 피부가 검고 팔이 4개인 젊은 남자의 모습으로 묘사되며, 각각의 손에 곤봉, 소라고둥, 연꽃, 원반을 들고 있다. 이 중 원반은 수다르샤나 차크라(Sudarshana Chakra)라고 불리며, 모든 적을 제압하는 무기로 쓰인다.

# 012 파괴의 신, 시바

시바는 창조(브라흐마), 유지(비슈누)와 더불어 우주를 구성하는 원리인 '파괴'를 다스리는 신이다. 시바는 브라흐마, 비슈누와 함께 힌두교의 최고 신 중 하나다.

인도 신화를 다룬 여러 대중 예술 작품을 보면, 시바를 세상을 멸망시키려는 사악한 신으로 묘사하는 경우가 많다. 이는 시바의 속성인 파괴를 단편적으로 해석한 결과로, 힌두교 전통과는 부합하지 않는다. 힌두교에서 시바는 사악한 신이 아니라 세상을 어지럽히는 아수라를 물리쳐 인류와 세상을 지켜주는 위대하고 정의로운 구세주다. 다만 시바는 비슈누처럼 세상을 구원하고자 일부러 다른 모습으로 나타나지는 않는다.

베다에서는 시바라는 이름이 직접 언급되지 않는다. 일부 학자들은 시바가 인도에 침입해 베다를 만든 아리아인의 신이 아니라 인도의 토착민인 드라비다인이 믿던 신에서 유래했을 가능성을 제기하기도 한다.

대신 베다에서는 폭풍의 신 루드라가 언급된다. 루드라는 베다 종교 시절에는 인드라와 같은 신으로 여겨졌으나, 힌두교가 등장하면서 시바와 동일시되었다. 그래서 오늘날 많은 힌두교 신자들은 시바를 루드라라고 믿는다.

시바는 이마에 또 하나의 눈이 달려 있다. 세 번째 눈은 힌두교나 불교 미술에서 자주 쓰이는 소재로 깨달음을 상징한다. 그래서 시바는 대부분의 시간을 명상과 수행으로 보내는 수도승으로 그려진다. 시바는 매우 화가 날 때만 세 번째 눈을 뜨는데, 그러면 뜨거운 불이 뿜어져 나와 모든 것을 태워 없애버린다. 이 세 번째 눈에서 나오는 불은 시바가 신들을 위협하는 아수라를 물리칠 때 자주 사용한다.

시바의 목은 푸른색으로 물들어 있는데, 이는 세상이 처음 창조될 때 우유의 바다에서 나온 푸른색 독을 마셔 자신의 목 안에 보관하고 있기 때문이다. 푸른색 독은 굉장히 치명적이어서 만약 삼킨다면 시바 역시 죽고 마는데, 그 독으로부터 다른 신과 인간을 보호하기 위해 일부러 마셨다고 한다.

힌두교에서 시바는 사람처럼 생긴 모습보다는 주로 기다란 타원형 돌인 '링가(linga)'의 모습으로 숭배받는다. 시바가 링가 형태로 숭배받게 된 이유에 대해서는 다양한 이야기가 전해지는데, 일부 전승에서는 다음과 같이 설명한다.

어느 날 브라흐마의 아들이자 성자인 브리구(Bhrigu)가 마땅히 숭배해야 하는 가장 위대한 신이 누구인지 알아보기 위해 시바를 찾아갔는데, 시바의 부하이자 시바가 타고 다니는 황소인 난디(Nandi)에게 시바와의 만남을 거부당했다. 화가 난 브리구는 "당신은 앞으로 링가의 모습으로만 숭배를 받을 것이오."라며 시바를 저주했다. 인간이 신에게 저주를 내린다는 것이 이상하게 느껴질 수도 있지만, 힌두교에서 완전한 깨달음을 얻은 성자는 신과 동등하게 여겨지기에 충분히 가능한 일이다. 심지어 신을 만들어낼 수도 있다고 한다.

그렇다고 힌두교에서 시바의 위상이 하찮은 것은 아니다. 비슈누와 더불어 시바는 힌두교 신 중에서 가장 많은 신도를 거느리고 있다. 시바가 브라흐마보다 더 위대한 신이라는 힌두교 전승도 있다. 한 예로 다음과 같은 이야기가 전해진다. 어느 날 브라흐마와 비슈누는 누가 더 위대한 신인지를 두고 치열하게 말다툼을 벌였다. 시바가 나타나 이를 중재하려 하자 브라흐마는 시바에게 "너는 나의 아들이니 어서 내 앞에 엎드려라!"라고 말했다. 그러자 분노한 시바가 부하인 바이라바(Bhairava)를 시켜 브라흐마의 다섯 번째 머리를 잘라버렸다고 한다.

불교에서 시바는 대천(大天) 혹은 대흑천(大黑天)이라는 이름으로 불린다. 하지만 불교에서 시바는 좋은 대우를 받지 못한다. 불교 경전인《금강정경(金剛頂經)》에 따르면, 여래(석가모니)의 가르침을 따르기를 거부한 시바와 그의 아내 우마(Uma) 여신은 여래와 금강살타(金剛薩埵, 불교의 수호신 중 하나)에게 죽임을 당한다. 나중에 여래가 둘을 되살려내지만, 이후 시바와 우마는 불교의 수호신 중 하나인 항삼세명왕(降三世明王)의 발에 짓밟히고 만다.

이는 불교 신자들이 힌두교 신들을 다분히 폄하하는 내용이다. 시바를 섬기던 힌두교 신자들은 이런 이유로 불교가 신들을 모독하는 나쁜 종교라며 미워하지 않았을까?

# 013 사랑의 신, 카마

그리스 신화에서 사랑의 여신 아프로디테와 전쟁의 신 아레스 사이에서 태어난 사랑의 신 에로스는 누구든지 맞기만 하면 사랑에 빠져버리는 사랑의 화살을 쏘는 것으로 유명하다. 인도 신화에도 그와 비슷한 사랑의 신이 있는데, 바로 카마(Kama)다.

힌두교 신화에서 카마는 앵무새 수카(Suka)를 타고 하늘을 날아다니며 다섯 가지 향기로운 꽃(백련, 아소카나무꽃, 망고나무꽃, 재스민꽃, 푸른 연꽃)으로 만든 화살을 사탕수수로 만든 활을 사용해 자신이 노리는 상대에게 쏜다. 그 화살에 맞으면 신이든 인간이든 모두 사랑에 빠져버린다.

카마는 창조의 신 브라흐마의 아들인 다크샤의 딸이자 열정의 여신인 라티(Rati)와 결혼했다. 카마는 친구인 봄의 여신 바산타(Vasanta)와 라티를 데리고 사랑을 전파하기 위해 세상을 누빈다. 그래서 힌두교 결혼식에 가면 신부의 발에 카마의 앵무새인 수카의 그림이 그려져 있다.

다만 이러한 설정은 힌두교 시대에 들어서 생겨난 것으로, 베다 종교 시절에는 카마가 애욕의 충동을 불러일으키는 말썽꾸러기가 아니라 우주의 창조와 관련된 위대한 신이었다. 《리그베다》 같은 베다 문헌에서 카마는 태초의 우주에서 최초로 탄생한 욕망이자 창조 원리로 묘사된다. 후대 힌두교 문헌에서 카마는 사랑과 욕망의 신으로 발전하는데, 이 또한 그리스 신화에서 에로스가 초기에는 창조 원리로 묘사되다가 후대에 사랑의 신으로 변화한 것과 유사하다.

한편 힌두교 문헌 《마츠야 푸라나(Matsya Purana)》에는 카마가 시바의 노여움을 사 죽었다가 부활하는 이야기가 실려 있다. 강력한 아수라인 타라카수라(Tarakasura)는 오랫동안 힘들게 수행한 대가로 브라흐마로부터 시바의 아들 이외에는 어떤 상대와 싸워도 죽지 않는 축복을 받았다. 타라카수라는 인드라를 비롯한 신들과 싸워 보물을 빼앗고, 태양과 달과 별도 마음대로 지배하는 등 막강한 권력을 누렸다. 고통을 견디다 못한 신들이 브라흐마에게 자신들이 겪는 어려움을 호소하자 브라흐마는 "시바와 그의 아내 파르바티(Parvati)의 자손만이 타라카수라를 물리칠 수 있다."라고 알려주었다. 그러나 그 무렵 시바는 혼자 카일라사산에 틀어박혀 명상하느라 파르바티를 거들떠보지도 않았다.

이에 인드라는 카마에게 시바를 찾아가 명상을 중단시키고, 그가 파르바티와 아이를 낳을 수 있도록 욕망을 불러일으키라고 명령했다. 카마는 카일라사산으로 가서 남쪽에서 불어오는 향기로운 바람으로 둔갑해 시바의 부하인 황소 난디의 감시를 피해 시바가 명상하는 거처로 숨어 들어갔다. 마침 파르바티가 시바를 향해 오는 도중이어서 카마는 시바의 가슴에 화살을 쏘았다. 카마의 화살을 맞은 시바는 파르바티를 보고 애욕을 느끼자 곧바로 이것이 카마의 짓임을 깨달았다. 시바는 자신의 명상을 방해한 것에 화가 나 세 번째 눈을 떠 카마를 태워 죽였다. 하지만 카마의 화살을 맞은 시바는 애욕의 결과로 정액을 흘렸고, 거기에서 전쟁의 신 카르티케야(Kartikeya)가 태어나 신들의 군대를 이끌고 타라카수라를 물리쳤다.

졸지에 남편을 잃은 라티는 파르바티에게 억울함을 호소했고, 파르바티는 카마가 비슈누와 락슈미(Lakshmi)의 인간 화신인 크리슈나와 룩미니

(Rukmini)의 아들 프라듐나(Pradyumna)로 다시 태어날 것이라고 알려주었다. 아울러 성자 나라다는 라티에게 "장차 남편과 다시 만나려면 아수라 삼바라(Sambara)와 결혼하고 남편을 다시 만날 때까지 기다리시오."라고 충고했다. 나라다의 말대로 라티는 마야바티(Mayavati)라는 이름의 인간 여자로 변장해 삼바라의 궁전에 머물렀다.

삼바라는 프라듐나가 자신을 죽일 거라는 나라다의 예언을 듣고 크리슈나의 집에 몰래 들어가 갓 태어난 프라듐나를 납치해 바다에 빠뜨렸다. 그러나 커다란 물고기가 프라듐나를 삼켰고, 어부가 그 물고기를 잡아 삼바라에게 바쳤다. 삼바라는 마야바티에게 물고기를 요리하라고 했고, 마야바티가 칼로 물고기의 배를 가르자 프라듐나가 살아 나왔다. 마야바티는 몰래 프라듐나를 기르다가 그가 어른이 되자 자초지종을 설명했다. 프라듐나는 삼바라를 죽이고, 자신의 아내였던 마야바티와 다시 결혼해 하늘로 올라가 행복하게 살았다고 전해진다.

# 014 지혜의 신, 가네샤

    가네샤는 힌두교 신화에서 파괴의 신 시바와 그의 아내 파르바티 사이에서 태어난 아들로, 코끼리의 머리를 하고 있는 것이 특징이다. 가네샤는 일반적으로 지혜와 학문의 신으로 알려져 있으며, 코끼리가 기다란 코를 이용해 물건을 치우듯이 장애물을 없애주는 신으로도 숭배받는다.

    가네샤가 태어난 계기에 대해서는 다양한 전승이 있다. 그중 하나는 다음과 같다. 파르바티는 시바 없이 혼자 아들을 만들기로 마음먹고, 목욕하다 나온 때로 남자의 형상을 만들어 신성한 강인 갠지스강에서 가져온 물을 끼얹었다. 그러자 그 형상이 생명을 얻어 가네샤가 되었다. 파르바티는 가네샤에게 자신이 목욕하는 동안 아무도 들어오지 못하게 목욕탕 밖에서 지키고 있으라고 명령했다.

    잠시 뒤 외출했던 시바가 돌아와서 목욕탕 안으로 들어가려 하자 가네샤가 막아섰다. 아마도 가네샤는 태어난 지 얼마 안 되어 시바가 파르바티의 남편이라는 사실을 몰랐을 것이다. 화가 난 시바는 가네샤의 목을 베고 목욕탕으로 들어가 파르바티에게 "나를 막아서던 그 녀석은 대체 누구요? 하도 괘씸해 내가 죽여버렸소."라고 말했다. 파르바티가 슬퍼하며 자초지종을 설명하자 시바는 안타까워하며 하인들에게 밖에 나가 가장 먼저 마주친 동물의 머리를 가져오라고 했다. 하인들이 집 밖에서 처음 만난 동물인 코끼리의 머리를 가져오자 시바는 그것을 가네샤의 떨어져 나간 머리 대신 목에 붙여서 그를 살려냈다.

또 다른 이야기는 앞의 전승과 조금 다르다. 아들을 갖고 싶은 파르바티를 위로하려고 시바가 그녀의 옷자락을 잘라 인형을 만들었는데, 그 인형이 저절로 살아 움직이며 가네샤가 되었다. 하지만 하필 인도 신화에서 죽음을 상징하는 불길한 별인 토성이 가네샤를 보는 바람에 가네샤는 얼마 못 가 죽고 말았다. 슬프게 우는 파르바티를 달래주려고 시바는 하인인 난디를 시켜 번개의 신 인드라가 타고 다니는 코끼리 아이라바타의 머리를 잘라 가져오라고 지시했다. 난디가 들이닥쳐 아이라바타의 머리를 자르려고 하자 인드라가 막아서며 싸움이 벌어졌다. 하지만 시간이 지날수록 인드라가 불리해졌고, 결국 인드라를 때려눕힌 난디가 아이라바타의 머리를 잘라 시바에게 가져갔다. 시바가 그 머리를 가네샤의 목에 붙이자 가네샤는 다시 살아 움직였다.

힌두교 미술에서 가네샤는 일반적으로 4개의 팔을 가진 모습으로 묘사되며, 손에는 여러 상징적인 물건을 들고 있다. 가네샤의 상아는 한쪽이 부러진 모습으로 표현되기도 하는데, 이에 대해서는 다음과 같은 일화가 전해진다.

어느 날 비슈누의 화신 중 하나인 브라만 전사 파라슈라마가 시바를 찾아왔다. 마침 시바는 깊은 명상에 잠겨 있었다. 파라슈라마가 문을 지키고 있던 가네샤에게 시바를 깨워달라고 요청했지만, 가네샤는 아버지가 쉬고 있다며 이를 거부했다. 이에 격분한 파라슈라마가 도끼를 던져 가네샤의 한쪽 상아를 부러뜨렸다. 한편 훗날 성자 비야사(Vyasa)가 《마하바라타》를 구전할 때 가네샤가 이때 부러진 상아로 그 내용을 기록했다는 전승도 존재한다.

가네샤는 아버지 시바의 군대인 가나(Gana)를 이끄는 존재로 여겨진다. 또한 가네샤는 희생제에서 바쳐진 각종 제물을 즐겨 먹는다고 전해지는데, 그의 배가 항아리처럼 불룩 나온 이유도 이 때문이라고 한다.

가네샤는 쥐를 타고 다니는데, 덩치가 큰 가네샤가 작은 쥐를 타고 다니는 모습이 흥미롭다. 그래서 가네샤를 모시는 사원에서는 쥐를 신성한 동물로 여겨 죽이지 않고, 음식을 주거나 사원 내에서 자유롭게 돌아다니도록 두기도 한다.

# 015 폭풍의 신, 루드라

인도 신화에서 루드라는 폭풍의 신이다. 루드라라는 이름은 '울다' 혹은 '울부짖다'라는 뜻을 담고 있는데, 이는 그의 격렬하고 사나운 성격을 반영한다.

루드라는 사납게 불어닥치며 세상을 휩쓰는 강력한 폭풍을 신격화한 존재다. 실제로 베다 종교의 경전인 《리그베다》에서 루드라는 '세상의 모든 존재 중 가장 강력한 자'로 찬양받는데, 이는 고대 인도인들이 거칠고 파괴적인 폭풍의 위력을 얼마나 두려워했는지를 보여준다.

그렇다고 루드라에게 부정적인 이미지만 있는 것은 아니다. 《리그베다》에는 루드라에게 자비를 호소하는 내용이 등장하며, 루드라는 온갖 질병을 치료하는 신으로 숭배받는다. 그래서 인도인들은 병에 걸렸을 때 루드라에게 제물을 바치며 치유를 기원했다. 루드라는 수천 가지 의약품과 치료법을 지닌 최고의 의사로도 묘사된다.

《리그베다》에서 루드라는 빨리 날아가는 화살을 가진 궁수로 불린다. 루드라의 화살은 하늘과 땅을 가로질러 날아가고, 그 화살을 맞은 사람이나 동물은 모두 병에 걸리거나 죽는다. 이러한 이유로 그는 돌림병을 퍼뜨리는 동시에 치료하는 신으로도 여겨졌다. 병을 옮기는 자는 그 병을 치료할 수도 있기 때문이다.

루드라의 별명 중 하나인 사르바(Sarva)는 '모든 것' 또는 '전부를 포괄하는 자'라는 뜻의 산스크리트어 사르바에서 유래했다. 이는 루드라의 파괴적이고 전면적인 속성을 반영하는데, 후대에 시바의 별칭으로도 사용되었다. 그래서 힌두교에서는 루드라를 시바의 초기 형태로 보고 둘을 동일시하기도 한다.

힌두교 미술에서 루드라는 검붉은 피부, 4개의 머리와 4개의 팔을 지닌 모습으로 묘사된다. 일부 민속 전승에서는 삼지창을 들고 호랑이 가죽을 허리에 두른 채 수컷 멧돼지를 타고 있는 모습으로도 그려지는데, 이러한 특징 또한 삼지창을 무기로 쓰고 호랑이 가죽을 걸친 시바와 많이 닮았다. 또 《리그베다》에서 루드라는 잔인한 야성과 자비로운 본성을 동시에 지닌 신으로 묘사되는데, 이는 파괴와 자비라는 상반된 속성을 가진 시바의 성격과도 일치한다.

힌두교 신화에서 루드라는 인드라 같은 다른 신들에 비해 출현 횟수가 적으나 나타날 때마다 매우 강력한 존재감을 드러낸다.

아득히 먼 옛날, 창조의 신 브라흐마는 자신이 만든 모든 생명체가 자신의 속성을 따라 영원히 죽지 않는 불멸의 존재인 탓에 우주 전체가 생명체로 가득 차서 비좁아지자 모두를 불태워 없애려 했다. 바로 그때 루드라가 나타나 브라흐마에게 "저 생명체들은 모두 당신이 만들었는데, 화가 난다고 죽여 없애려 하는 것은 온당치 못합니다. 그들의 생명도 모두 귀중하고 존중받아야 할 대상이니 완전히 파괴하지 마십시오."라고 간곡히 설득했다고 한다.

시바를 최고신으로 숭배하면서 루드라를 시바와 동일시하는 시바파에는 다음과 같은 신화도 전해진다. 아무것도 없던 태초의 우주에 홀로 존재하던 시바가 브라흐마를 비롯한 신들을 창조했다. 그런데 브라흐마가 시바에게 "당신이 제 아들이 되어주십시오."라고 청하자 시바는 "매우 건방진 소원이지만 그래도 들어주마." 하고 허락했다. 그 후 세상의 모든 존재가 브라흐마를 숭배했으나 시바는 그러지 않았다. 언짢아진 브라흐마가 시바에게 "내가 너를 루드라라고 불렀으니 어서 내게 절하라!"라고 요구하자 시바는 격노하며 브라흐마의 다섯 번째 머리를 잘라버렸다고 한다.

# 016 전쟁의 신, 스칸다

스칸다(Skanda)는 카르티케야라고도 불리며, 힌두교에서 전쟁의 신으로 숭배된다. 스칸다는 불교를 통해 중국에 전파되면서 사건타(私建陀)가 되었다. 스칸다의 부모는 시바와 파르바티로 알려져 있으나, 그의 아버지가 불의 신 아그니라는 전승도 있다. 이렇게 스칸다의 계보가 복잡해진 데에는 나름의 사연이 있다.

스칸다가 아그니의 아들이라는 전승은 다음과 같다. 먼 옛날 신들과 아수라들이 전쟁을 벌였는데, 아수라들이 신들을 무찌르고 인드라를 비롯한 신들을 천국에서 쫓아냈다. 인드라는 자신의 군대가 패배한 이유가 군대를 제대로 지휘할 장군이 부족했기 때문이라고 생각해 훌륭한 장군을 찾아 나섰다.

그 무렵 창조의 신 브라흐마의 아들이자 브라만 사제인 다크샤의 두 딸 데바세나(Devasena, '신들의 군대'라는 뜻)와 다이티야세나(Daityasena, '악마들의 군대'라는 뜻)는 마나사 호수에서 여가를 즐기고 있었는데, 아수라 케시(Keshi)가 나타나 자신과 결혼해달라며 두 자매를 납치했다. 다이티야세나는 케시의 요구를 따랐지만 데바세나는 거부했다. 화가 난 케시가 데바세나를 겁탈하려고 했는데, 그녀의 비명을 들은 인드라가 달려와 번개로 케시를 응징했고, 케시는 다이티야세나를 데리고 도망쳤다.

데바세나는 인드라에게 자신을 지켜주고 아수라들을 물리칠 남편감을 찾아달라고 부탁했다. 인드라는 그녀의 할아버지인 브라흐마와 상의한 뒤 아그니의 아들이 데바세나의 남편이자 신들의 군대를 지휘할 사령관으로 적합하다고 판단했다.

때마침 아그니는 다크샤의 다른 딸인 스와하(Swaha)와 사랑에 빠졌는데, 여섯 번의 사랑을 나누어 정액을 흘렸다. 이것을 갠지스강의 황금 저수지에 가져가자 6개의 머리와 12개의 눈을 가진 스칸다가 태어났다. 스칸다는 인드라와 함께 신들의 군대를 이끌어 아수라들을 천국에서 몰아내고 데바세나와 결혼했다.

한편 스칸다가 시바와 파르바티의 아들이라는 전승은 다음과 같다. 아수라인 타라카수라는 오랫동안 고행한 대가로 브라흐마로부터 시바의 아들만이 그를 죽일 수 있다는 조건부 불사성을 선물 받았다. 이렇게 강력한 힘으로 무장한 타라카수라가 신들을 마음껏 공격하자 인드라를 비롯한 어떤 신도 타라카수라와 싸워 이길 수 없었다. 타라카수라는 신들을 굴복시켜 노예로 삼고, 신들의 보물을 모두 빼앗았다. 심지어 타라카수라는 태양에게 뜨거운 열기를 내뿜지 말라고 하고, 달에게는 항상 보름달 상태로 있으라고 명령하는 횡포까지 부렸다.

타라카수라의 압제에 신음하던 신들은 브라흐마에게 어려움을 호소했다. 브라흐마는 시바가 결혼해 아들을 낳아야만 타라카수라를 물리칠 수 있다고 알려주었다. 하지만 그 무렵 시바는 첫 번째 부인 사티(Sati)가 시바를 무시하는 아버지 다크샤에게 항의하며 불에 뛰어들어 죽은 뒤로 아내가 없었다. 그는 아내를 잃은 슬픔을 달래기 위해 명상과 수행에만 몰두하고 있었다. 한편 사티는 히말라야 산신의 딸인 파르바티로 환생했고, 우여곡절 끝에 둘은 결혼에 이르렀다.

그러나 시바는 수도자 생활에 너무 몰두해 파르바티와 동침하지 않았다. 이를 답답하게 여긴 신들은 사랑의 신 카마를 보내 시바의 욕정을 깨우려 했고, 아그니가 시바의 정액을 갠지스강으로 옮기자 스칸다가 태어났다. 스칸다는 인드라로부터 넘겨받은 신들의 군대를 지휘해 타라카수라를 죽이고 천국을 해방시켰다.

이토록 영웅적인 스칸다에게도 부정적인 측면이 있는데, 힌두교 후기 민속 전승에서는 스칸다가 질병이나 재난과 연관되기도 했다. 또 달리기가 매우 빠른 스칸다가 도둑들이 체포되지 않고 도망갈 수 있도록 도와준다고 하여 도둑들의 수호신으로 여겨지기도 했다.

# 017 풍요의 신,
쿠베라

쿠베라는 힌두교 신화에서 부와 번영의 신이며, 보물을 지키는 숲과 초원의 정령인 야크샤들의 왕이다. 쿠베라는 세상에 가득한 보물들의 주인으로, 돈이 든 항아리를 갖고 있고 통통한 몸은 보석으로 장식되어 있다. 부와 번영의 신이니만큼 쿠베라는 상인들의 수호신이다. 또 힌두교 신화에서 쿠베라는 팔방에서 세계를 지키는 수호신들인 로카팔라(Lokapala) 중 하나이자 북쪽의 수호신으로 여겨진다.

불교 신화에서는 쿠베라를 바이스라바나(Vaisravana)라고 부르며, 한자로 비사문천왕(毘沙門天王) 또는 다문천왕(多聞天王)이라고 한다. 힌두교에서처럼 불교에서도 쿠베라를 북방과 부의 수호신이자 정의로운 사람들을 지키는 신으로 여긴다.

그러나 쿠베라가 원래부터 신이었던 것은 아니다. 베다 종교 시절 쿠베라는 어둠과 그림자 속에서 살아가는 사악한 악령들의 대장이었다. 힌두교가 등장한 이후에야 쿠베라는 신의 대열에 오르게 되었다. 악령이었던 쿠베라가 어떻게 신이 되었는지 확실히 알려진 바는 없으나 이에 대해 흥미로운 일화가 전해진다.

이 전승에 따르면 본래 쿠베라는 악령도 신도 아닌 평범한 인간이자 사원에 몰래 들어가 값비싼 보물을 훔치던 도둑이었다. 어느 날 그가 시바의 사원에 들어가 도둑질을 하고 있었는데, 한밤중이라 주위가 무척 어두워 초에 불을 붙였다. 그런데 그만 불이 꺼졌고, 쿠베라는 열 번이나 다시 초에 불을 붙이려 했다. 그런데 이를 본 시바가 자신을 지극정성으로 숭배하는 기특한 모습으로 여겨 그를 신으로 만들어주었다고 한다. 자신의 사원에 든 도둑을 신이 축복했다는 말이 이상하게 들릴지 모르나, 인도 신화에서 시바는 도둑들의 수호신이기도 하다. 일설에 따르면 쿠베라는 신이 된 뒤 도둑과 범죄자의 수호신이 되었다고 전한다.

상인과 도둑이라는 전혀 다른 두 부류가 어떻게 쿠베라를 자신들의 수호신으로 여기는지 의아하게 생각할 수도 있다. 하지만 그리스 신화에서 헤르메스도 상인과 도둑의 수호신이다. 애초에 상인이든 도둑이든 남의 재물을 가져와 자신들의 배를 채우니 고대에는 이 둘을 같은 부류로 여겼는지도 모르겠다.

힌두교 미술에서 쿠베라는 다리가 3개, 치아가 8개, 눈이 하나인 배 나온 난쟁이로 그려진다. 또 손에 철퇴와 석류 또는 돈이 가득 든 가방을 쥐고 있는 모습으로 묘사된다. 치아가 부러진 모습도 있는데, 이는 후기 힌두교 문헌과 미술에서만 나타난다.

쿠베라의 눈이 하나뿐인 이유에 대해서는 흥미로운 일화가 있다. 어느 날 쿠베라는 시바의 아내인 파르바티를 질투 어린 눈으로 바라봤는데, 이에 분노한 파르바티가 저주를 내려 오른쪽 눈을 멀게 하고 왼쪽 눈은 노랗게 변하게 했다고 한다. 그래서 힌두교 신화에서 쿠베라는 '노란 눈이 하나인 사람'이라는 뜻의 에카크시핑갈라(Ekaksipingala)라고도 불린다.

고대 인도의 서사시 《라마야나》에 따르면, 쿠베라는 브라흐마로부터 축복을 받아 하늘을 나는 전차인 비마나(Vimana)를 선물 받고, 오늘날의 스리랑카에 해당하는 란카 왕국을 다스렸다. 그러다 동생이자 락샤사(식인귀)들의 왕인 라바나에게 전부 빼앗기고, 시바가 사는 히말라야산맥의 카일라스산 근처로 달아났다. 이후 쿠베라는 잃어버린 왕국과 비마나를 되찾기 위해 라바나의 적이자 비슈누의 화신인 라마를 적극적으로 도왔다. 쿠베라는 라바나의 차지가 된 란카로 라마를 인도해 라바나를 타도하는 데 큰 공을 세웠다.

한편 티베트 등지의 불교 미술에서 쿠베라는 뱀들의 천적인 몽구스를 들고 다니는 모습으로 그려지는데, 이는 인도 신화에서 지하 세계에 묻힌 보물들의 수호자로 알려진 뱀 종족 나가(Naga)들에 맞서 싸워 이겼다는 상징이다.

# 018 지혜의 여신, 사라스바티

사라스바티(Sarasvati)는 힌두교에서 지식, 음악, 예술, 지혜, 학습을 관장하는 여신이다. 그녀는 창조의 신 브라흐마의 아내이며, 유지의 신 비슈누의 아내인 락슈미, 파괴의 신 시바의 아내인 파르바티와 함께 최고 여신의 삼위일체인 트리데비(Tridevi)를 이룬다.

사라스바티라는 이름은 연못과 호수를 뜻하는 산스크리트어 사라스(saras)에서 유래했으며, '연못이나 호수를 가진 자'라는 뜻을 담고 있다. 여기서 사라스바티가 원래는 강의 여신이었다고 추정해볼 수 있다. 실제로 《리그베다》에서는 사라스바티를 '최고의 어머니, 최고의 강, 최고의 여신'이라 칭하며 "풍부하게 흐르는 물로 정화하는 힘을 가진 여신이시여, 우리를 깨끗하게 해주십시오. 당신은 더럽혀지지 않기 때문에 내가 깨끗해질 수 있습니다."라고 찬양한다.

시간이 흐르면서 사라스바티는 강의 여신에서 지식과 예술, 음악의 신으로 변해갔다. 《리그베다》 10권에서는 사라스바티를 '지식을 가진 자'라고 부른다. 또한 강의 여신으로서 정화의 기능을 맡고 있었기에 음악과 예술의 신 역할도 하게 되었을 것으로 보인다.

고대 힌두교 문헌에서는 사라스바티를 여러 별명으로 부른다. 브라흐마니(Brahmani, 브라흐마의 힘), 브라흐미(Brahmi, 과학의 여신), 바니(Vani, 음악의 흐름), 바치(Vachi, 웅변과 언어의 여신), 바르네스바리(Varnesvari, 문자의 여신), 카비지흐바그라바시니(Kavijihvagravasini, 시인의 혀에 사는 존재), 비디야다트리(Vidyadatri, 지식을 제공하는 여신), 비나바디니(Veenavadini, 비나를 연주하는 여신), 푸스타크다리니(Pustakdharini, 책을 들고 있는 여신), 한사바히니(Hansavahini, 백조 위에 앉아 있는 여신) 등이 사라스바티를 가리키는 별칭이다.

오늘날 힌두교도들은 힌두교 달력으로 봄의 다섯 번째 날에 바산트 판차미(Vasant Panchami) 축제를 열어 어린아이들이 글 쓰는 법을 배우도록 돕는 행사를 진행하며 학문의 여신인 사라스바티가 인류에게 문자를 가르쳐준 일을 기념한다.

고대 인도의 서사시《마하바라타》에서 사라스바티는 베다의 어머니이자 브라흐마가 우주를 창조할 때 등장한 하늘의 음악으로 묘사된다. 또 8세기경에 편찬된《사라다 틸라카(Sarada Tilaka)》에는 "연설의 여신이 가능한 모든 웅변을 얻을 수 있기를 바란다. 자물쇠의 여신인 그녀는 어린 달을 잠그고, 빛나는 흰 연꽃에 기대어 앉아 있으며, 진홍색 손으로 글쓰기 도구와 책을 쥐고 있다."라고 기록되어 있다.

힌두교 신화에서 사라스바티는 순백의 옷을 입고 하얀 연꽃 위에 앉은 젊고 아름다운 여인으로 묘사된다. 인도 문화에서는 흰색을 신성한 색으로 여긴다. 그래서 카스트 제도의 최고 계급인 브라만은 이마에 흰색을 칠한다. 사라스바티를 상징하는 흰 연꽃, 백조, 흰옷 또한 그녀의 성스러움을 잘 나타낸다.

일반적으로 사라스바티는 팔이 4개지만, 때로는 2개만 있는 모습으로도 그려진다. 보통 팔이 4개인 모습에서는 각 손에 푸스타카(pustaka, 책), 말라(mala, 묵주), 주전자, 비나(인도의 민속 현악기)를 들고 있다. 책은 베다 경전을, 묵주는 영성을, 주전자는 정화를, 비나는 음악과 예술을 상징한다.

사라스바티의 4개의 손은 마나스(manas, 마음), 부디(buddhi, 지성), 시타(citta, 상상력), 아함카라(ahamkara, 자아)를 나타내는데, 이는 브라흐마의 4개의 머리를 반영한다. 브라흐마가 추상을 상징한다면, 사라스바티는 행동과 현실을 상징하는 신이라고 볼 수도 있다.

사라스바티는 공작새를 타고 있는 모습으로도 묘사된다. 힌두교 신화에서 공작새는 독사를 삼켜 인간을 구하고, 뱀의 독을 먹어서 빛나는 깃털로 바꾸는 신성한 동물로 여겨지기에 사라스바티의 탈것이 되었다. 또한 사라스바티의 발 근처에는 백조가 있는데, 힌두교에서는 백조 역시 성스러운 새로 여긴다.

# 019  우유 짜는 소녀에서
여신이 된 가야트리

　힌두교의 여신 가야트리(Gayatri)는 브라흐마의 아내로 여겨지기도 하지만 사라스바티와 동일한 존재인지에 대해서는 전승에 따라 차이가 있다. 일부 전승에서는 사라스바티의 또 다른 형태로 간주하지만, 일반적으로는 별개의 여신으로 취급한다.

　가야트리의 기원에 대해서는 여러 가지 설이 존재한다. 가야트리는 고대 베다 종교 시대의 태양신 사비트르(Savitr)와 관련이 깊으며, 일부 전승에서는 사비트르의 여성형이자 또 다른 태양신으로 묘사되기도 한다. 한편으로는 베다가 신격화된 존재라는 해석도 있다.

　힌두교 문헌에서는 가야트리를 여러 모습으로 묘사한다. 보통은 5개의 머리와 10개의 팔을 지닌 형상으로, 손에는 칼, 연꽃, 삼지창, 원반, 두개골, 막대기, 올가미, 문서, 항아리 등을 들고 있다. 이 중 삼지창은 시바와 관련이 있으며, 원반은 비슈누와 연관이 있다.

　힌두교 문헌 《스칸다 푸라나(Skanda Purana)》에서는 가야트리가 사라스바티와 동일한 존재이며 브라흐마의 아내라고 설명한다. 반면 다른 전승에서는 가야트리를 사라스바티와 구별되는 여신으로 간주한다. 이 전승에 따르면, 브라흐마가 다른 신들을 데리고 희생제를 지내려 했으나 아내인 사라스바티가 아직 몸치장이 끝나지 않았다는 이유로 참석하지 않았다. 희생제에는 제사를 지내는 주인의 아내가 반드시 참석해야 했기에 브라흐마는 인드라에게 "거리로 나가서 나의 새 아내로 적합한 여자를 골라 당장 여기로 데려오라."라고 명령했다. 거리로 나간 인드라는 마침 금방 짠 우유를 항아리에 담고 거리를 지나던 한 소녀를 발견해 데려왔는데, 그 소녀가 바로 가야트리였다고 한다.

브라흐마는 즉시 가야트리를 자신의 아내로 삼고 무사히 희생제를 마쳤다. 하지만 이에 분노한 사라스바티는 신들에게 다음과 같은 저주를 내렸다.

첫째, 브라흐마는 일 년에 단 한 번, 오직 한 곳에서만 숭배를 받을 것이다.
둘째, 인드라는 아수라들에게 패배해 천상의 왕국을 잃게 될 것이다.
셋째, 비슈누는 인간으로 태어나 지저분한 일을 하는 목동이 되고, 그의 아내 락슈미는 적들에게 납치되어 겁탈당할 것이다.
넷째, 시바(혹은 루드라)는 인간성을 잃을 것이다.
다섯째, 모든 여신은 아이를 낳지 못하는 괴로움을 겪을 것이다.

이러한 저주에 신들이 당혹스러워하자 가야트리는 자신이 브라흐마에게 받은 축복을 이용해 저주를 풀었다. 인드라는 결국 왕국을 되찾았고, 비슈누는 적을 물리쳤으며, 락슈미도 납치되긴 했지만 겁탈은 피했다. 또 시바는 인간성을 잃었지만 링가의 형태로 숭배받았고, 여신들은 아이를 낳지 못하는 대신 출산의 고통을 면했다. 다만 사라스바티가 브라흐마에게 내린 저주는 풀리지 않았다.

훗날 사라스바티는 분노를 거두고 가야트리를 받아들였으며, 이후 두 여신은 화목하게 지냈다고 전해진다.

# 020 새벽의 여신, 우샤스

인도 신화에서 우샤스는 새벽의 여신이다. 우샤스의 이름은 '새벽'을 의미하는 단어 우사(Usa)에서 유래했다. 우사는 인도·유럽어족에서 새벽을 뜻하는 어근 에우소스(eusos)에서 파생되었는데, 같은 어족에 속하는 그리스 신화에서는 새벽의 여신을 에오스(Eos)라고 부른다. 로마 신화의 아우로라(Aurora)와 리투아니아 신화의 오스트린(Ausrine)도 모두 어원이 같다.

우샤스는 《리그베다》에서 여러 차례 언급된다. 《리그베다》에서 우샤스는 매일 새벽 빛을 발하며, 세상에 광명을 가져오고, 어둠과 악을 몰아내며, 모든 생명체에 활력을 불어넣는 존재로 찬양받는다.

우샤스는 《리그베다》에서 가장 중요한 여신으로, 남신인 아그니, 소마, 인드라 다음으로 중요한 위치를 차지한다. 우샤스의 이름이 등장하는 찬가는 총 40수로, 이는 베다의 대다수 신보다 많은 양이다.

《리그베다》1권 48수에서 우샤스는 매일 빛나는 하얀 전차를 타고 하늘을 가로지르며 모든 생명체를 깨우고 인간에게 의무를 부여하는 존재로 묘사된다. 1권 113수에서는 혼돈의 세력을 몰아내고 질서를 회복하는 역할을 한다고 찬양받는다. 3권 61수와 8권 47수에서는 빛을 가져오고 악을 쫓아내는 여신으로 그려지며, 6권 64수와 7권 78수, 10권 172수에는 어둠을 몰아낸 우샤스에게 감사하는 내용이 담겨 있다.

《리그베다》에서 우샤스는 황금빛을 띤 붉은 말 또는 소가 끄는 빛나는 전차를 타고 있으며, 보석으로 몸을 치장한 아름다운 처녀로 묘사된다. 그녀는 미소만으로도 사람들을 매혹하며, 그녀를 바라보는 모든 이가 환호한다고 전해진다.

우샤스의 아버지는 하늘의 신 디야우스이며, 여동생은 밤의 여신 라트리(Ratri)이고, 남편은 태양신 수리야다. 또 다른 새벽의 여신인 프라티우샤도 수리야의 아내로 언급되는데, 우샤스와 프라티우샤는 별개의 여신으로 취급되지만 일부 전승에서는 동일한 존재로 보기도 한다.

우샤스와 친밀한 관계로 묘사되는 신으로는 지혜의 여신 사라스바티와 의학의 신 아슈빈(Ashvin)이 있다. 일부 전승에서는 불의 신 아그니가 우샤스의 연인으로 등장하기도 한다.

우샤스와 인드라의 관계는 전승에 따라 다르게 묘사된다. 어떤 전승에서는 인드라가 우샤스를 창조한 신으로 나오지만, 다른 전승에서는 인드라가 우샤스의 전차를 번개로 파괴했다는 부정적인 내용도 있다.

베다 종교와 힌두교 전승에서 우샤스는 죽은 자의 영혼을 먼저 거두어 태양으로 보내는 역할을 맡기도 한다. 다만 힌두교 신화에서는 우샤스에 대한 언급이 상대적으로 적다. 우샤스가 워낙 오래된 신인 데다 새벽의 여신이라는 특성상 실생활과의 접점이 적고 추상적인 이미지여서 다른 신들의 활약에 밀려난 것으로 보인다.

오늘날 인도 북동부 비하르와 네팔에서는 차트 푸자(Chhath Puja) 축제가 열리는데, 이때 우샤스를 기리는 의식을 성대하게 거행한다.

# 021 행운의 여신, 락슈미

인도 신화에서 락슈미는 행운, 사랑, 아름다움을 다스리는 여신으로, 황금빛 피부에 4개의 팔을 가지고 연꽃 위에 앉아 있는 모습으로 묘사된다. 락슈미는 힌두교의 최고신 중 하나인 비슈누의 아내로 알려져 있는데, 그녀가 어떻게 비슈누와 결혼하게 되었는지에 대해 고대 인도의 서사시 《라마야나》는 다음과 같이 전한다.

아득히 먼 옛날, 태초의 세상 대부분을 차지하던 우유로 이루어진 원시 바다에서 신들과 아수라들이 힘을 합쳐 커다란 뱀 바수키(Vasuki)를 밧줄 삼아 휘젓자 우유 바다에서 락슈미가 태어났다. 그녀가 나타나자 세상 모든 생명체가 그녀의 아름다움에 매료되었고, 하늘에 사는 성자들은 락슈미를 찬양하는 노래를 부르며 환영했다. 하늘의 강들은 그녀가 자신들에게 들어와 목욕하기를 원했고, 코끼리 4마리가 물을 뿌려 그녀를 씻겼다. 아수라들은 락슈미가 자신들에게 오기를 원했으나, 락슈미는 비슈누의 왼쪽 무릎 위에 앉아 영원히 그의 아내가 될 것을 다짐했고, 그 소원대로 이루어졌다.

나중에 비슈누가 인간을 구원하기 위해 인간 영웅인 라마와 크리슈나로 지상에 태어나자 락슈미도 남편을 따라 인간 여인인 시타와 룩미니로 태어났다. 그녀는 전생의 남편인 비슈누와 함께 세상을 떠도는 모험을 하며 수많은 위협과 유혹에도 굴복하지 않고 끝끝내 비슈누에 대한 사랑을 지켰다.

이처럼 락슈미는 남편인 비슈누가 가는 곳이면 어디든지 따라가는 지고 지순한 사랑의 여신이었다. 그래서 고대 인도의 여러 경전에서는 모든 여성을 락슈미의 화신으로 간주하고, 아내와 남편의 관계를 락슈미와 비슈누의 결혼에 비유하며 서로를 아끼고 사랑해야 한다고 가르쳤다.

오늘날 힌두교 사원에는 락슈미가 남편 비슈누의 화신인 크리슈나와 함께 모셔져 있는 경우가 많다. 이는 락슈미가 사람과 비슈누 사이에서 중재자 역할을 한다고 믿기 때문이다. 그래서 비슈누를 최고신으로 섬기는 힌두교 신자들은 비슈누에게 은혜나 용서를 구할 때 먼저 락슈미를 찾아가 자신들의 뜻이 비슈누에게 전달될 수 있도록 기도한다.

힌두교 미술에서 락슈미는 연꽃 위에 앉아 있거나 손에 연꽃을 든 모습으로 그려진다. 힌두교나 불교 같은 인도 종교에서 연꽃은 성스러운 식물로 여겨지는데, 더러운 물 위에서 아름다운 꽃이 피어난다는 점에서 더럽고 나쁜 환경 속에서도 악에 물들지 않고 깨끗하고 좋은 정신을 가질 수 있음을 상징하기 때문이다. 불교를 창시한 석가모니가 연꽃 위에 앉아 있는 모습으로 자주 나타나는 이유도 마찬가지다.

락슈미는 코끼리와 올빼미를 애완동물로 거느린다. 코끼리는 번영과 물, 비, 생식, 힘을 상징하며, 올빼미는 어두운 밤에도 물체를 똑바로 볼 수 있다는 점에서 지혜와 지식을 상징한다.

힌두교 미술에서 락슈미는 황금 실로 수놓은 붉은색 옷을 입은 모습으로 묘사되는데, 이는 그녀가 풍요와 부의 여신임을 보여준다. 풍요와 부를 얻으려면 노력뿐만 아니라 운도 따라야 하기 때문에 행운의 여신인 락슈미를 부의 여신으로 여기는 것은 지극히 자연스럽다. 이러한 속성 때문에 오늘날 인도의 평범한 서민들에게 가장 인기 있는 신은 락슈미다. 인도인들은 락슈미를 지극히 숭배하면 그녀가 행운의 축복을 내려 부자가 되게 해준다고 믿는다. 그래서 갑자기 부자가 된 사람을 보고 "저 사람 집에 락슈미 여신이 다녀갔다!"라고 한다.

그렇다고 락슈미를 숭배하는 신도들이 그저 탐욕스럽게 돈만 밝히는 것은 아니다. 락슈미는 동정심과 자선을 상징하는 여신이기도 해서 락슈미의 신도들은 부자가 된 뒤 "이것은 내가 잘나서가 아니라 락슈미 여신께서 나를 불쌍히 여기셔서 축복을 내려주셨기 때문이다. 그러니 나도 여신께서 주신 축복을 다른 사람과 나누어야 한다."라며 재산의 일부를 가난한 이들에게 기부하거나 자선을 베풀곤 한다.

락슈미는 비슈누와의 사이에서 사랑의 신 카마를 낳았다. 카마가 앵무새를 타고 사탕수수로 만든 활에 꽃으로 만든 화살을 물려 자신이 노리는 상대에게 쏘면, 그 화살에 맞은 존재는 신이건 인간이건 간에 모두 사랑에 빠지고 만다.

# 022 결혼의 여신, 파르바티

파르바티는 힌두교 신화에서 다산, 사랑, 아름다움, 결혼을 다스리는 여신이다. 또한 어린이를 보호하는 신이기도 하다. 보통 힌두교 신화에서 파르바티는 최고신 중 하나인 파괴의 신 시바의 아내이며, 그런 이유로 창조의 신 브라흐마의 아내 사라스바티, 유지의 신 비슈누의 아내 락슈미와 더불어 트리데비를 이룬다. 다만 힌두교에서 브라흐마는 그다지 숭배하지 않기에 비슈누와 시바를 숭배하는 종파가 대부분이다. 그래서 사실상 파르바티와 락슈미가 힌두교의 어머니 여신으로 숭배받는다.

힌두교에서 파르바티를 부르는 이름은 굉장히 많은데, 그중에는 두르가(Durga)와 칼리(Kali)도 있다. 힌두교 전승이나 문헌에서는 두르가와 칼리가 파르바티의 다른 이름이므로 동일한 신으로 간주하지만, 일부에서는 두 여신을 파르바티와 다른 존재로 보기도 한다.

힌두교 전승에 따르면 파르바티는 원래 브라흐마의 아들이자 브라만 사제인 다크샤의 딸 사티였으며, 시바가 그녀를 아내로 맞이했다. 그러나 시바와 사티는 다크샤에게 인사를 제대로 올리지 않았고, 화가 난 다크샤는 모든 신을 초대하는 성대한 희생제에 시바와 사티만 부르지 않았다. 그래서 시바는 가지 않고 사티 혼자 희생제에 참석했는데, 다크샤는 사티에게

"부르지도 않았는데 왜 왔느냐?"라며 화를 냈다. 이에 분노한 사티는 "당신 딸로 태어난 것을 후회하고 있으니 이제 내 몸을 버리겠습니다."라고 외치며 희생제의 불 속으로 뛰어들어 스스로 목숨을 끊었다.

아내가 죽었다는 소식에 화가 난 시바는 부하들을 보내 다크샤를 죽였고, 이후 사티는 히말라야의 신 히마바트(Himavat)와 그의 아내 마이나바티(Mainavati)의 딸인 파르바티로 다시 태어났다.

파르바티는 전생에서처럼 시바와 결혼하고 싶었다. 하지만 당시 시바는 아내를 잃은 슬픔을 달래려고 히말라야 산속에 틀어박혀 명상과 수행에 몰두하고 있었기에 어떤 여자도 거들떠보지 않았다.

그 무렵 신들은 강력한 아수라인 타라카수라가 이끄는 아수라들과의 전쟁에서 밀리고 있었다. 타라카수라는 브라흐마에게 받은 강력한 힘으로 신들을 압도하여 하늘에서 신들을 쫓아내고 그들의 아내를 빼앗는 등 포악한 행동을 일삼았다. 곤경에 처한 신들은 브라흐마에게 해결책을 구했고, 브라흐마는 "시바와 파르바티 사이에서 태어난 아들만이 타라카수라를 물리칠 수 있다."라고 알려주었다.

하지만 시바는 여전히 명상에 빠져 있었기에 인드라는 사랑의 신 카마를 시바에게 보내 파르바티에 대한 애정을 일으키려 했다. 그러나 카마의 화살에 명상을 방해받은 시바는 화가 나 카마를 죽여버렸다.

그런 와중에도 시바에 대한 애정을 계속 간직하고 있던 파르바티는 히말라야로 찾아가 시바와 함께 명상하며 먹지도 자지도 않고 오직 시바에 대한 사랑만으로 수행에 전념했다. 마침내 그녀의 정성에 감동한 시바는 명상에서 깨어나 파르바티와 결혼해 아들 카르티케야(또는 스칸다)와 가네샤를 얻었다. 카르티케야는 신들의 군대를 지휘해 타라카수라를 물리쳤고, 그리하여 신들은 평화를 되찾을 수 있었다.

힌두교 문헌에서 파르바티는 공정하고 아름다우며 자비로운 여신으로 그려진다. 힌두교 미술에서 파르바티는 빨간 사리(sari, 인도 여성들이 입는 겉옷)를 입고 머리띠를 이마에 두른 모습으로 묘사된다. 시바와 함께 있을 때는 팔이 2개인 모습으로 묘사되지만, 혼자 있을 때는 팔이 4개인 모습으로 묘사된다. 손에는 삼지창, 거울, 묵주, 연꽃 등을 들고 있다.

# 023 아름다움과 전쟁의 여신, 랄리타

랄리타(Lalita)는 인도 남부에서 숭배받는 여신이다. 랄리타에게는 300개에서 1000개에 이르는 다양한 이름이 있다. 그래서 랄리타를 숭배하는 신도들은 '랄리타 사하스라나마(Lalita Sahasranama)'와 '트리사티(Trisati)'라는 주문을 외우는데, 이 주문에 랄리타의 여러 이름이 포함되어 있기 때문이다.

랄리타는 팔이 4개인 젊고 아름다운 여성으로 묘사된다. 황금 왕관을 쓰고 손에는 사탕수수 줄기, 화살, 가축을 모는 지팡이, 올가미를 들고 있다. 랄리타의 신상 앞에서 매일 그녀를 숭배하는 의식을 치르는 사람은 원하는 모든 소원을 이룰 수 있다고 전해진다.

랄리타가 손에 든 사탕수수 줄기는 활을 상징하고, 화살은 그녀의 징벌을 상징한다. 또 올가미는 단단한 사랑을 상징하고, 가축을 모는 지팡이는 처벌을 상징한다. 랄리타를 숭배하는 신도들은 "우리가 랄리타를 잊으면 올가미로 우리를 묶어 단단히 붙잡을 것이고, 잘못을 저지르면 지팡이로 벌할 것이며, 기력이 쇠하면 화살을 쏘아 힘을 불어넣을 것이다."라고 믿는다.

힌두교 문헌 《브라흐만다 푸라나(Brahmanda Purana)》에 따르면, 랄리타는 인드라가 희생제를 올리는 동안 제물이 바쳐진 구덩이에서 빛을 내뿜는 원반의 한가운데에서 태어났다고 한다. 그녀는 무척이나 젊고 아름다워 수많은 신의 호감을 샀고, 결국 시바와 결혼했다. 그래서 랄리타는 시바의 아내인 파르바티와 동일한 신으로 여겨지기도 한다.

그러나 랄리타는 단순히 아름답기만 한 여신이 아니었다. 랄리타는 피와 살로 이루어진 도시 소니타푸라(Sonitapura)에 살던 사악한 아수라인 반다수라(Bhandasura)가 신들을 위협하자 직접 전쟁을 벌여 그를 처치하고 소니타푸라까지 완전히 파괴했다. 이 승리를 통해 랄리타는 용맹하고 강력한 전쟁의 여신으로서의 면모를 입증했다.

신들은 랄리타의 공적을 기리기 위해 건축과 발명의 신 비슈바카르마(Vishvakarma)에게 그녀가 머무를 도시를 짓도록 했다. 이에 따라 메루산 위에 스리푸라(Sripura)라는 호화롭고 찬란한 도시가 들어섰고, 랄리타는 그곳에서 시바와 함께 영원한 행복을 누리며 살았다.

랄리타와 파르바티가 동일한 여신인지에 대해서는 힌두교 내에서도 의견이 분분하다. 파르바티의 다른 신격이 랄리타로 형상화된 것이라는 견해가 우세하지만, 원래 둘은 별개의 신인데 시간이 흐르면서 동일시되었다는 의견도 있다.

개인적인 의견을 덧붙이자면, 랄리타는 원래 인도 남부의 드라비다인들이 숭배하던 여신이었을 가능성이 높다. 이후 힌두교 신자들과의 교류 과정에서 갈등을 줄이기 위해 "우리가 섬기는 랄리타와 당신들이 섬기는 파르바티는 본래 같은 신이다!"라고 합의를 보았을 것으로 추측한다.

이와 유사한 사례는 고대에 비일비재했다. 예컨대 그리스 신 제우스와 이집트 신 아몬은 원래 완전히 다른 신이었지만, 이집트로 이주하는 그리스인이 많아지면서 둘 사이에 교류가 잦아졌고, 서로 간의 갈등을 없애기 위해 제우스와 아몬이 같은 신의 다른 이름이라는 인식이 퍼지게 되었다.

# 024 살육의 여신들, 두르가와 칼리

보통 신화에서 여신들은 자비롭고 상냥한 모습으로 등장한다. 하지만 예외도 있는데, 인도 신화에서 시바의 아내들인 두르가와 칼리는 피에 굶주려 살육을 즐기는 잔인무도한 모습으로 묘사된다.

두르가는 '패배할 수 없는' 또는 '무적'이라는 뜻으로, 5세기경에 기록된 힌두교 경전 《데비 마하트미야(Devi Mahatmya)》에 그 이름이 등장한다. 이는 두르가가 비교적 후기의 힌두교에서 등장한 신이라는 사실을 보여준다. 인도의 역사학자 라마프라사드 찬다(Ramaprasad Chanda, 1873~1942)에 따르면, 두르가는 원래 히말라야산맥의 원주민들이 숭배하던 산의 여신이었는데, 시간이 흐르면서 힌두교에 흡수되어 전쟁의 여신이 되었다고 한다.

힌두교 미술에서 두르가는 사자나 호랑이를 타고, 10개의 손에 각각 비슈누의 원반, 바루나의 조개껍데기, 바유의 활, 수리야의 화살, 아그니의 창, 인드라의 바즈라, 야마의 철퇴, 쿠베라의 몽둥이와 밧줄과 방패 같은 무기를 든 모습으로 묘사된다. 이 무기들은 신들이 그녀에게 준 선물이다.

두르가는 신들을 위협하는 강력한 아수라들과 싸웠다. 그녀가 처음 상대한 아수라는 들소의 머리와 인간의 몸을 가진 마히샤수라(Mahishasura)였다.

고행 끝에 브라흐마에게서 '모든 남성과 싸워 이길 수 있는 힘'을 축복으로 받은 마히샤수라는 아수라들의 왕이 되어 인드라가 이끄는 신들과 전쟁을 벌이고 신들을 물리쳤다. 이에 신들은 브라흐마, 비슈누, 시바에게 가서 도움을 청했고, 분노한 신들의 입에서 불이 뿜어나와 하나로 뭉쳐지더니 두르가로 변했다. 두르가는 모든 신의 힘이 합쳐져 탄생한 존재였기에 그 어떤 신보다도 강력했다. 결국 마히샤수라는 두르가가 가진 신들의 무기에 목이 잘려 죽고 말았다.

오늘날 두르가는 인도, 방글라데시, 네팔에서 널리 숭배되며, 특히 아삼과 비하르 지역에서 인기가 높다. 매년 9~10월에는 두르가를 기리는 두르가 푸자(Durga Puja)라는 행사가 9일 동안 열리는데, 이 기간에는 노래와 춤, 기도가 이어지는 성대한 축제가 펼쳐진다.

칼리도 두르가처럼 5세기경 등장해 이후 힌두교에서 본격적으로 숭배된 것으로 보인다. 힌두교 미술에서 칼리는 푸른 피부와 검은 머리에 사람들의 머리를 꿰어 만든 목걸이를 걸고, 잘린 팔들로 만든 치마를 입고서 길게 혀를 내밀며 피를 탐하는 모습으로 묘사된다.

무시무시한 모습처럼 칼리는 아수라들과의 전쟁에서 지독할 정도로 무자비하고 포악했다. 전승에 따르면, 찬다(Chanda)와 문다(Munda)라는 두 아수라가 두르가를 공격하자 분노한 두르가의 이마에서 칼리가 태어나 곧바로 찬다와 문다를 잡아먹었다고 한다.

그 후 칼리는 아수라 락타비자(Raktabija)와 싸웠는데, 락타비자는 자신의 피 한 방울이 땅에 떨어질 때마다 새로운 분신이 태어나는 능력이 있었다. 그래서 칼리는 락타비자의 피가 땅에 닿기 전에 모두 마셔버렸고, 그의 분신들까지 모조리 잡아먹어 결국 락타비자를 죽였다. 승리에 도취한 칼리는 마구 날뛰었고, 그녀를 진정시키기 위해 남편인 시바가 일부러 그녀의 발밑에 누웠다고 전해진다.

# 025 강의 여신,
강가

　강가(Ganga)는 인도의 갠지스강이 신격화된 여신이다. 힌두교에서 갠지스강은 모든 강 중에서 가장 성스러운 강으로 여겨지는데, 그리하여 갠지스강의 여신인 강가가 탄생했다. 강가는 순수하고 신성한 물인 갠지스강에서 목욕하면 죄를 용서받고 생명과 죽음의 굴레인 윤회에서 해방된다고 믿는 수많은 힌두교도가 숭배하는 신이다. 매년 갠지스강으로 몰려드는 힌두교도들은 가족이나 친척을 화장한 재를 강에 뿌려 그들의 영혼이 더 나은 세상에서 태어나기를 기원한다.

　인도 동부의 바라나시와 알라하바드는 강가 여신을 숭배하는 성지로 알려져 있다. 인도 외에 힌두교 문화가 강한 다른 나라들에서도 강가를 숭배한다. 태국의 로이 크라통(Loy Krathong) 축제에서는 불교의 창시자인 싯다르타와 강가에게 죄의 용서를 빌고 행운을 기원하기 위해 촛불을 강에 띄워 보내는 의식을 치른다.

　힌두교 미술에서 강가는 하얀 왕관을 쓰고 악어 위에 앉아 있는 모습으로 그려진다. 강가의 팔은 그림마다 다른데, 팔이 2개일 때는 오른손에 수련을 들고 왼손에 류트(현악기의 일종)를 든 모습으로, 팔이 4개일 때는 주전자, 연꽃, 묵주, 항아리를 든 모습으로 묘사된다.

힌두교 문헌 《브라흐마 바이바르타 푸라나(Brahma Vaivarta Purana)》에서는 강가가 악어의 머리와 돌고래의 꼬리를 가진 마카라(Makara)라는 동물로 묘사된다. 대개 마카라는 강가 그 자체라기보다는 그녀가 타고 다니는 괴물로 그려진다. 이와 유사한 사례로, 고대 시리아 북부의 우가리트 신화에서는 바다와 혼돈의 신인 얌(Yam)과 로탄(Lotan)이라는 바다 괴물이 등장한다. 로탄은 머리가 7개인 거대한 용(또는 뱀)처럼 생겼는데, 얌의 부하이면서 얌과 동일시되기도 한다.

강가의 탄생에 관한 힌두교 신화는 다음과 같다. 유지의 신 비슈누는 아수라 발리를 쫓아내기 위해 난쟁이 바마나로 태어나서는 발리에게 다가가 거인으로 변해 그의 머리를 짓밟아 지하 세계로 떨어뜨렸다. 그때 비슈누가 우주를 측정하기 위해 왼발을 우주의 끝까지 뻗고 엄지손톱으로 우주에 구멍을 뚫자 하늘의 갠지스강이 그 구멍을 통해 흘러들어왔다. 갠지스강의 물이 비슈누의 발을 씻자 그곳에서 강가가 태어났다.

강가와 관련한 힌두교 신화는 그리 많지 않은데, 유명한 이야기가 하나 있다. 옛날 인도에 사가라(Sagara)라는 왕이 있었는데, 그에게는 케시니(Keshini)와 수마티(Sumati)라는 두 왕비가 있었다. 사가라는 케시니와의 사이에서 아사만자(Asamanja)라는 아들을 두었고, 수마티와의 사이에서는 무려 6만 명의 아들을 낳았다. 어느 날 사가라는 신들에게 말을 희생제물로 바치는 의식인 마사제(馬司祭)를 지내기 위해 1년 동안 말을 풀어서 기르게 하고 왕자들에게 이를 지키도록 했다. 마사제는 고대 아리아인이 인도에 침입했을 때부터 이어온 유서 깊은 의식이었다.

그런데 마사제에 쓸 말이 사라져 사가라는 왕자들에게 말을 찾아오라고 명령했다. 왕자들은 말을 찾아 헤매다가 지하 세계에서 명상 중인 현자 카필(Kapil)을 만났는데, 그 옆에서 말을 발견했다. 왕자들은 그가 말을 훔쳤다고 생각해 그를 모욕하고 죽이려 했다. 그러자 분노한 카필이 몇 년 만에

처음으로 눈을 뜨고 쳐다보자 왕자들은 모두 불에 타 죽었다. 그들은 장례
도 치르지 못한 탓에 유령이 되어 세상을 떠돌았다.

아무리 기다려도 말과 왕자들이 돌아오지 않자 사가라는 아사만자의 아
들 안슈만(Anshuman)에게 말과 왕자들을 찾아오라고 지시했다. 안슈만은
아버지와 숙부들이 그랬듯 세상을 헤매다가 지하 세계로 내려가 카필을 만
나고 말을 찾았다. 하지만 왕자들은 이미 죽었으며, 강가가 하늘에서 내리
는 성스러운 물로 재를 정화해야만 영혼이 천국에 갈 수 있다는 말을 들었
다. 안슈만과 그의 아들 딜립(Dilip)이 강가의 물이 지하 세계로 내려오도록
청원했으나 실패했다. 그 후 사가라가 바드라(Bhadra)와의 사이에서 얻은
아들 바기라타(Bhagiratha)가 시바에게 기도한 결과 강가의 물이 비로소 지
하 세계로 떨어졌고, 그제야 왕자들의 영혼은 정화되어 천국으로 올라갔다
고 한다.

# 026 언어와 예술의 여신, 마탕기

마탕기(Matangi)는 힌두교 신화에서 언어, 음악, 지식, 예술을 지배하는 여신이다. 마탕기를 숭배하는 이들은 그녀가 초자연적 힘과 적에 대한 통제력, 예술적 능력, 최고의 지식을 선사한다고 믿는다.

마탕기는 오염과 부조리를 상징하며, 힌두교 사회에서 천민 계급에 속하는 찬달라(Chandala)로 묘사된다. 찬달라는 브라만 계급의 여성과 낮은 계급의 남성 사이에서 태어난 사람으로, 힌두교 사회에서 가장 낮은 계급으로 여겨진다. 다른 계급 사람들은 찬달라를 쳐다봐서도 안 되고, 찬달라는 자신들만의 마을에서 살아야 한다. 그들은 죽은 사람의 옷을 입으며, 가족 없이 죽은 이의 시체를 묻어주는 등 가장 불결한 일을 하는 비참한 천민들이다.

힌두교 미술에서 마탕기는 녹색 몸에 3개의 눈과 4개의 팔을 지닌 모습으로 묘사된다. 각 손에는 올가미, 칼, 막대기, 몽둥이를 들고 있으며, 때로는 루비가 박힌 비나를 연주하며 앵무새를 데리고 있는 모습으로 그려진다. 앵무새는 마탕기가 총애하는 동물이다.

한편 마탕기의 신봉자들은 붉은색 보석으로 장식한 붉은색 옷을 입고, 다양한 꽃으로 만든 화환을 머리에 쓴 채 시체 위에 앉아 있는 모습으로 마탕기를 그리기도 한다. 또 그녀를 허리가 가늘고 머리카락이 긴 아름다운 16세 처녀로 묘사하며, 손에 사람의 두개골, 칼, 올가미, 막대기, 사탕수수, 활과 화살을 든 모습으로 표현한다. 마탕기는 신도들이 바치는 음식을 먹고 살아간다고도 한다.

마탕기의 몸이 녹색인 이유는 인도 문화에서 녹색이 지식을 상징하는 색이기 때문이다. 인도의 점성술에서는 정보를 지배하는 별인 수성의 수호신 부다의 상징색도 녹색이다.

마탕기가 앵무새를 기르는 이유는 인도 문화에서 앵무새가 여러 언어를 흉내 낼 수 있는 영리한 동물로 여겨지기 때문이다. 이는 마탕기가 언어와 웅변의 여신으로 숭배되는 것과 관련이 있다. 또 마탕기가 비나를 연주하는 모습은 그녀가 음악을 지배하는 여신이라는 점을 강조하는 요소다.

마탕기의 탄생과 관련한 전승은 여러 가지가 있다. 한 전승에 따르면, 비슈누와 락슈미 부부가 시바와 파르바티 부부와 진수성찬을 즐기고 있었는데, 그때 그들을 찾아온 브라흐마의 아내 사라스바티는 그 음식을 탐냈다. 그러자 사라스바티의 몸에서 아름다운 처녀가 분리되어 나와 마탕기가 되었다. 신들은 자신들이 먹다가 땅에 떨어뜨린 음식 부스러기와 남은 음식을 마탕기에게 주었다. 이 전승은 브라만 계급이 자신들이 먹다 남은 음식을 하층 계급 천민들에게 나누어주던 전통과도 연결된다.

다른 전승에서는 마탕기의 탄생이 파르바티의 불륜과 관련되어 있다. 파르바티가 히말라야 산신인 아버지 히마바트와 어머니 마이나바티를 방문했을 때 시바가 그녀의 사랑을 시험해보기 위해 장신구 상인으로 변장하고 나타났다. 시바는 파르바티에게 조개 장신구를 주는 대가로 자신과 동침할 것을 요구했다. 파르바티는 처음에는 거부했으나 장신구에 대한 욕망이 강해 결국 그 요구를 받아들였다. 하지만 이후 명상을 통해 장신구 상인의 정체를 깨닫고, 한순간이나마 불륜을 저지를 마음을 먹었다는 사실에 부끄러움을 느꼈다. 그러자 시바는 찬달라 계급의 사냥꾼으로 변장했고, 파르바티에게도 속죄를 위해 찬달라의 모습으로 변하라고 했다. 그렇게 해서 파르바티가 찬달라의 모습으로 나타난 존재가 바로 마탕기였다고 전해진다.

# 027 정의의 여신, 바드라칼리

바드라칼리(Bhadrakali)는 힌두교의 여신을 숭배하는 샤크티파(Shaktism)에서 섬기는 여신 중 하나다. 바드라칼리는 주로 인도 남서부 케랄라 지역에서 행운과 정의를 지키는 여신으로 인기리에 숭배받는데, 케랄라의 초타니카라(Chottanikkara) 사원이 숭배의 중심지다.

힌두교 미술에서 바드라칼리는 초록색 몸에 3개의 눈과 4개의 팔을 지닌 모습으로 표현되는데, 간혹 팔의 개수가 16개에서 18개로 늘어나기도 한다. 그녀는 손에 여러 무기를 들고 있으며, 머리에는 불꽃이 피어오르고 작은 송곳니가 튀어나온 모습으로 묘사된다.

바드라칼리에게는 다루카지트(Darukajit, 아수라 다리카의 정복자), 마히샤지트(Mahishajit, 아수라 마히샤수라의 정복자), 루루지트(Rurujit, 아수라 루루의 정복자) 등의 별명이 있다. 이들 별명에는 나름의 사연이 있다.

바드라칼리의 기원에 관한 여러 이야기 중에서 가장 유명한 이야기는 그녀가 아수라 다리카(Darika)를 죽였다는 전승이다. 다리카에게는 마노다리(Manodari)라는 아내가 있었는데, 그녀는 순결을 지키면 남편이 영원토록 무적의 힘을 유지할 수 있는 특별한 만트라가 있었다. 다리카는 그 힘을 앞세워 신들과 싸워 승리했고, 신들을 하늘에서 쫓아내고 천국을 빼앗았다.

달아난 신들이 파괴의 신 시바를 찾아가 자초지종을 설명하자 시바는 크게 화가 나서 이마에 있는 세 번째 눈을 떴는데, 거기서 바드라칼리가 태어났다. 시바는 바드라칼리에게 사악한 아수라 다리카를 파괴하라고 명령했다.

바드라칼리는 마노다리에게 만트라가 있는 한 다리카는 무적이기 때문에 그를 죽일 수 없다는 사실을 깨달았다. 이에 바드라칼리는 꾀를 내어 자신의 몸을 용감한 전사와 평범한 여자로 나누었다. 용감한 전사는 다리카와 싸우고, 평범한 여자는 마노다리를 찾아가 자신을 다리카를 위해 싸우는 군인의 아내라고 소개하며 만트라를 보여달라고 부탁했다. 마노다리가 경계심을 풀고 만트라를 보여주자 바드라칼리는 재빨리 만트라를 부수고 마노다리도 죽였다. 그러자 다리카는 즉시 모든 힘을 잃었고, 바드라칼리의 공격을 받아 땅에 쓰러졌다.

겁에 질린 다리카는 최후의 수단으로 바드라칼리에게 "제발 저를 불쌍히 여겨 살려주십시오."라며 목숨을 구걸했다. 그러나 다른 신들이 와서 "저 사악한 자의 말을 믿지 마시오. 그는 매우 잔혹하니 어서 빨리 죽이시오."라고 재촉했다. 바드라칼리는 다리카의 목을 베고 왼손으로 다리카의 머리를 움켜쥔 채 춤추며 승리를 기뻐했다. 이때 바드라칼리가 너무나 난폭하게 춤추며 날뛰었기 때문에 시바는 우는 아기의 모습으로 둔갑해 그녀의 발밑에 누웠다. 그 모습에 모성애를 느낀 바드라칼리가 분노를 거두자 세상은 평화로워졌다.

다른 전승에 따르면, 아수라 락타비자와 카우시키(Kaushiki, 혹은 두르가) 여신이 전투를 벌이는 동안 카우시키의 이마에서 그녀의 분노를 생명의 원천으로 삼아 바드라칼리가 태어나 락타비자를 죽였다고 한다. 또 바드라칼리는 들소의 모습을 한 아수라인 마히샤수라도 죽였다고 한다. 그러나 일반적으로 락타비자를 죽인 여신은 칼리이고, 마히샤수라를 죽인 여신은 두르가라고 알려져 있다.

《바라하 푸라나(Varaha Purana)》에 따르면, 파르바티와 같은 여신으로 알려진 로우드리(Roudri)가 닐리산 기슭에서 명상하던 중 아수라 루루(Ruru)의 잔혹함을 견디지 못하고 도망친 신들을 보고 화가 나 바드라칼리를 만들었고, 그녀에게 루루를 죽이도록 했다. 그래서 바드라칼리는 루루를 죽인 공로로 '루루의 정복자'라는 뜻의 루루지트라는 이름을 얻었다고 한다.

케랄라 지역의 전통에서 바드라칼리는 시바의 딸로, 자신을 믿는 사람들을 깨끗하게 해주고 출생과 죽음을 반복하는 윤회의 고리에서 해방해준다고 전해진다. 또한 그녀는 여성의 명예를 보호하고, 모든 영적 지식을 전달하는 역할을 한다.

# 028 신들의 스승, 브리하스파티

브리하스파티는 다소 특이한 위치에 있는 신이다. 브리하스파티는 힌두교 신화에서 신들을 위한 희생제를 지내는 신이자 신들의 왕인 인드라에게 현명한 조언을 해주는 스승이다. 브리하스파티는 목성의 수호신이기도 한데, 일부 문헌에서는 브리하스파티가 목성이 신격화된 것이라고 한다. 실제로 브리하스파티에게는 '별들의 왕'이라는 별명이 있는데, 이는 목성을 부르는 고대 인도의 호칭이었다.

힌두교 신화에서 브리하스파티는 인드라나 브라흐마, 비슈누, 시바처럼 강력한 권능은 없지만, 신들에게 위기가 닥치면 현명한 지혜로 그들에게 힘을 불어넣어 어려움을 극복하도록 돕는다.

아주 먼 옛날, 신들과 아수라들 사이에 전쟁이 벌어졌을 때 그들은 창조의 신 브라흐마에게 누가 승리할지 물었다. 브라흐마는 누구든 인간들의 왕 라지(Raji)의 도움을 받아야 이길 수 있다고 알려주었다. 그래서 신들과 아수라들이 라지를 찾아가자 라지는 "나를 왕으로 섬기는 쪽을 돕겠소."라고 제안했다. 아수라들은 이를 거부했지만, 다급한 상황에 처한 인드라는 자신의 왕위를 라지에게 넘겨주었다. 결국 라지가 지휘하는 신들의 군대는 아수라들을 물리쳤다.

전쟁이 끝난 뒤 인드라와 다른 신들은 라지를 계속 왕으로 모시려 했지만, 라지는 왕위를 인드라에게 돌려주고 지상의 왕위로 돌아갔다. 그러나 라지가 죽은 뒤 그의 아들들은 아버지가 맡았던 신들의 왕위를 자신들이 차지해야 한다고 요구했다. 당황한 인드라는 브리하스파티에게 도움을 청했고, 브리하스파티는 인드라를 더욱 강력하게 만드는 희생제를 지냈다. 덕분에 인드라는 라지의 아들들을 몰아내고 왕위를 지킬 수 있었다.

고대 인도의 서사시 《마하바라타》에 따르면, 인드라는 신비한 힘을 가진 브라만 사제 비스바루파(Visvarupa)를 죽였고, 그의 시체에서 태어난 강력한 아수라 브리트라(Vritra)의 도전을 받아 고전하다가 간신히 승리해 세상을 안정시켰다. 그러나 고대 인도 사회에서 브라만 사제를 죽이는 일은 가장 큰 죄악이었으므로, 그 잘못을 씻기 위해 인드라는 왕위를 버리고 어둠 속으로 사라져버렸다.

인드라가 행방을 감추자 신들은 새로운 왕을 선출하기 위해 고민하다가 예전의 라지처럼 인간들의 왕인 나후사(Nahusa)를 선택했다. 그러나 나후사는 게으르고 탐욕스러운 인물이어서 신들의 왕으로서의 의무를 전혀 다하지 않았다. 오히려 그는 인드라의 아내 사치(Sachi) 여신을 탐내어 그녀와 결혼하려 했다. 겁에 질린 사치는 브리하스파티에게로 달아나 그의 보호를 받으며 숨어 지냈다. 신들은 나후사의 요구에 반대했으나 나후사는 사치에 대한 집착을 포기하지 않고 사치를 찾아내라며 신들을 윽박질렀다.

결국 신들이 브리하스파티를 찾아가자 그는 "무슨 일이 있어도 사치를 보호할 것이다."라고 단호하게 말했다. 브리하스파티는 인드라를 위한 희생제를 지냈으며, 그로 인해 비스바루파를 죽인 죄가 씻기고 인드라는 더욱 강력해졌다. 돌아온 인드라는 나후사를 몰아내고 다시 신들의 왕이 되었다.

힌두교 전승에 따르면 브리하스파티는 하늘의 별들이 신격화한 여신 타

라와 결혼했다. 어떤 이야기에서는 타라가 달의 신 찬드라에게 납치당해
아들 부다(수성의 수호신)를 낳았다고 한다.

# 3

# 악마

# 029 하늘에서 쫓겨난 아수라

인도 신화를 다루는 국내 서적에서 흔히 '악마'라고 번역되는 종족이 바로 아수라다. '아수라'라는 단어가 어떤 뜻인지를 놓고 의견이 분분한데, 그중에는 '주인님' 또는 '지배자'를 뜻하는 우랄어 아세라(asera)에서 유래했다는 주장도 있다. 아마도 베다 종교를 창시한 아리아인이 인도로 들어오기 전부터 존재하던 고대 어휘로 추정된다.

아수라는 인도 신화에서 데바의 적으로 등장하는데, 이는 같은 인도·유럽어족 계통 신화인 그리스 신화에서 올림포스 신들(디오스)의 적인 기간테스(Gigantes), 북유럽 신화에서 에시르(Aesir) 신들의 적인 요툰(Jotun), 켈트족 신화에서 투아하 데 다난(Tuatha Dé Danann) 신들의 적인 포모르(Fomoire)와 비슷하다.

다만 인도 신화에서 아수라는 기독교의 사탄처럼 절대적인 악으로 묘사되지 않으며, 여러 성격을 지닌 복합적 존재로 나타난다. 베다 종교 초기에는 아수라가 선함과 악함을 모두 지닌 강력한 초인적 존재로 묘사된다. 아디티야스(Adityas)라고 불리는 선한 아수라는 하늘의 지배자인 바루나가 다스리고, 다나바스(Danavas)라고 불리는 사악한 아수라는 거대한 용인 브리트라가 다스린다. 또 《리그베다》에서는 베다 종교 시대의 태양신인 사비트르를 '친절한 지도자인 아수라'라고 언급하는데, 이는 아수라가 초기 베다 시대에 신의 이름 그 자체로도 사용되었음을 보여준다.

이러한 변화와 혼란은 아수라의 성격에 대해 베다 종교 안에서 여러 의견이 충돌한 결과로, 아수라가 점차 부정적인 존재로 변화했음을 알 수 있다. 실제로 베다 종교 초기에는 인드라와 아그니 같은 신들도 아수라라고 불리다가 베다 종교 후기에는 신들이 데바라고 불리고, 이들 데바의 적이 아수라라고 불렸다.

아수라의 운명은 그리스 신화의 티탄족과 유사하다. 그리스 신화에서 티탄족은 제우스를 우두머리로 하는 올림포스 신들 이전에 세계를 지배한 존재로, 티타노마키아(Titanomachia)에서 패배해 하늘에서 땅속으로 쫓겨났고, 이후 신들의 무리에서 타락한 낮은 신들로 여겨졌다. 마찬가지로 아수라역시 원래 하늘에 살던 신들이었으나 데바와 벌인 태초의 전쟁에서 패배한뒤 땅속으로 쫓겨났고, 그로 인해 신이 아닌 사악한 악마로 간주되었다.

베다 문헌에서 아수라와 데바는 원래 같은 아버지인 프라자파티에게서 태어났고, 같은 공간인 로카(Loka, 하늘)에서 살았다. 그러나 태초의 바다에서 흘러나온 영원히 살게 해주는 신비한 음료인 암리타(Amrita)를 두고 아수라와 데바 사이에 치열한 전쟁이 벌어졌고, 결국 데바가 승리했다. 패배한 아수라는 하늘에서 쫓겨나 바다로 떨어졌다가 다시 땅속으로 도망쳤다. 이런 이유로 인도 신화에서 아수라는 자신들이 잃어버린 권력과 받지 못한 영생에 집착해 폭력을 휘두르는 모습으로 그려진다.

아수라는 결코 데바처럼 불사신이 될 수 없다. 아수라는 일시적으로 데바보다 강해질 수는 있지만 결국에는 패배하고 마는 비극적 운명이다. 어떤 아수라가 혹독한 고행을 통해 브라흐마나 비슈누에게 불사에 가까운 힘을 얻더라도 반드시 특정 조건에서만 유효하다는 제약이 따라붙어 결국 죽음을 맞이하게 된다. 어찌 보면 신들이 비겁하고 교활하게 느껴지기도 하는데, 이런 모습은 인도 신화의 먼 친척이라고 할 수 있는 북유럽 신화에서 에시르 신들이 그들의 적인 요툰들에게 약속한 혜택을 주기 싫어 꼼수를 부리는 모습과도 일맥상통한다.

아수라는 데바와 마찬가지로 전체적으로 사람과 비슷한 모습이지만, 머리와 손이 여러 개인 모습으로 등장하기도 한다.

# 030 사악한 요괴, 락샤사

락샤사는 인도 신화에 등장하는 요괴다. 락샤사는 대부분 인간과 비슷한 모습을 하고 있지만 얼굴과 팔이 여러 개인 형태로 묘사되기도 한다. 남성과 여성으로 성별이 나뉘어 남성은 락샤사, 여성은 락샤시(Rakshasi)라고 불린다. 락샤사는 인도 신화에서 아수라처럼 신들과 영웅들에게 맞서는 역할을 하지만, 원래 신이었던 아수라와 달리 처음부터 사악한 요괴였다. 다만 문헌에 따라서는 락샤사와 아수라를 동일시하기도 한다.

인도 신화에서 락샤사의 기원에 대한 전승은 다음과 같다. 태초에 창조의 신 브라흐마는 깊은 잠에서 깨어나 세상을 만들기로 마음먹었는데, 사방이 어둠으로 가득한 것을 보고 문득 두려움을 느꼈다. 그때 그가 내쉰 숨에서 락샤사들이 태어났는데, 그들은 창조되자마자 피와 살을 탐하며 날카로운 이빨로 브라흐마를 공격했다. 고통받던 브라흐마는 "락샤마(Rakshama)!"라고 외쳤는데, 이는 "나를 지켜달라!"라는 뜻이었다. 이 외침에서 락샤사라는 이름이 유래했다. 이후 유지의 신 비슈누가 나타나 락샤사들을 땅으로 내쫓았고, 그들은 땅에서 인간과 짐승을 잡아먹으며 살아가게 되었다.

《리그베다》 10권 87수를 보면, 락샤사는 고기를 먹는 신화적 존재인 야투다나스(Yatudhanas)로 분류된다. 이러한 특징 때문에 불교가 인도에서 동아시아로 전파될 때 락샤사는 중국과 한국에서 사람을 잡아먹는 귀신인 식인귀(食人鬼) 또는 나찰(羅刹)로 불리게 되었다. 나찰은 락샤사를 한자로 음역한 명칭이다.

락샤사는 입 위로 송곳니가 튀어나와 있으며 날카로운 손톱과 발톱을 가진 험악한 외모로 묘사된다. 그들은 짐승처럼 으르렁거리며 멀리서도 피와 살의 냄새를 맡을 수 있다. 특히 사람을 잡아먹기를 즐기는데, 아무리 많은 사람을 잡아먹어도 결코 만족하지 못하는 탐욕스러운 요괴로 그려진다. 붉게 이글거리는 눈과 긴 머리카락을 가진 가장 흉포한 락샤사는 사람의 머리를 잘라 그 피를 마시기도 한다. 이러한 모습은 유럽의 전설에 등장하는 흡혈귀인 뱀파이어와도 유사한 면이 있다.

락샤사는 강력한 마법적 힘인 마야(Maya)를 사용할 수 있어서 하늘을 날거나 갑자기 모습을 감출 수 있다. 또한 자신의 몸을 크게 늘리거나 작게 줄일 수도 있으며, 모든 생물의 모습으로 자유자재로 변신할 수도 있다.

그러나 시간이 흐르면서 모든 락샤사가 사악하기만 한 것은 아니라는 설정도 등장했다. 물론 대다수 락샤사는 여전히 사납고 무서운 요괴로 그려지지만, 간혹 선량한 락샤사도 존재한다는 식으로 전승이 확장되었다.

고대 인도의 서사시인 《라마야나》와 《마하바라타》에서 락샤사들은 거대한 무리를 이루는 요괴로 등장한다. 선한 락샤사와 악한 락샤사가 나뉘어 각각 선과 악의 군대에 합류해 전투를 벌인다.

《라마야나》에서는 비슈누의 화신인 라마의 주요 적으로 락샤사의 왕 라바나가 등장하는 한편, 라바나의 동생인 비비샤나(Vibhishana)는 라마를 돕는 조언자 역할을 한다.

《마하바라타》에서는 주인공 중 한 명인 영웅 비마가 숲속에 사는 락샤사들과 천적이자 연인이라는 이야기가 전해진다. 비마가 숲에서 자고 있을 때, 그곳에 살던 히딤바(Hidimba)라는 락샤사는 비마를 잡아먹으려고 여동생 히딤비(Hidimbi)를 정찰차 보냈다. 그런데 히딤비는 잘생긴 비마를 보고 사랑에 빠졌고, 이에 분노한 히딤바는 여동생을 죽이려 했다. 하지만 비마가 히딤바를 쓰러뜨렸고, 이후 비마는 히딤비와 결혼해 가토트카차(Ghatotkacha)라는 아들을 얻었다.

가토트카차는 어머니로부터 하늘을 날고 변신하는 능력을 물려받았으며, 아버지처럼 철퇴를 들고 싸우는 용사가 되었다. 《마하바라타》 후반부에서 가토트카차는 아버지 비마를 따라 참전했다가 카르나의 화살에 맞아 전사하고 만다.

# 031 무적의 아수라, 히란야카시푸

히란야카시푸는 비슈누의 화신인 나라심하(사자인간)에게 죽임을 당한 아수라들의 왕이다. 힌두교 전승에 따르면 원래 히란야카시푸는 비슈누의 저택을 지키는 문지기였으나 잘못을 저질러 비슈누의 노여움을 샀고, 그 벌로 아수라로 태어나게 되었다.

히란야카시푸는 땅의 여신이자 아수라들의 어머니인 디티(Diti)의 아들로 태어났다. 갓난아기 때부터 베다를 외웠고, 어른이 된 뒤에는 혹독한 고행을 계속해 브라흐마를 감동시켰다. 브라흐마가 소원이 무엇이냐고 묻자 히란야카시푸는 "어떤 신이나 아수라나 인간이나 동물도 나를 죽이거나 이길 수 없게 해주십시오. 그리고 내가 아침이나 저녁에도, 집 안에서나 밖에서도 죽지 않도록 해주십시오."라고 말했다. 브라흐마가 소원을 들어주자 히란야카시푸는 무적의 존재가 되었다.

강력한 힘을 얻은 히란야카시푸는 신들에게 싸움을 걸었고, 브라흐마의 축복 덕에 패배하지 않았다. 신들이 하늘에서 땅으로 달아나자 히란야카시푸는 땅으로도 쳐들어가 모든 나라와 인간들을 굴복시켰다. 이에 신들은 그에게 발각되지 않기 위해 인간의 모습으로 숨어 지냈다. 히란야카시푸는 죽은 자들이 사는 지하 세계까지 정복해 저승의 신 야마와 죽은 영혼들마

저 굴복시켰다.

　세계를 정복한 히란야카시푸는 오직 자신만을 유일신으로 숭배하라고 모두에게 명령했다. 하지만 그의 어린 아들 프라흘라다(Prahlada)는 아버지의 명령을 따르지 않았다. 프라흘라다는 인도의 왕족처럼 브라만 사제에게 교육을 받았는데, 히란야카시푸가 교육을 마치고 돌아온 아들에게 무엇을 배웠는지 물었다. 그러자 프라흘라다는 "비슈누야말로 어디에나 존재하며 모든 것을 아는 최고의 신입니다. 그러니 아버지도 저와 함께 비슈누를 숭배하십시오."라고 대답했다.

　히란야카시푸는 크게 분노하며 "나는 모든 신과 싸워 이길 수 있고 누구에게도 죽지 않는다. 이런 내가 왜 비슈누 따위를 숭배해야 하느냐?"라며 아들의 요구를 일축했다. 하지만 프라흘라다는 계속해서 비슈누야말로 우주의 진정한 주인이고, 히란야카시푸가 가진 불사의 힘조차 비슈누가 마음만 먹으면 언제든 없애버릴 수 있다고 주장하며 비슈누를 섬겨야 한다고 권유했다.

　아들의 고집에 크게 화가 난 히란야카시푸는 아들을 죽이려 했다. 그는 독사들을 풀어 아들을 물어 죽이도록 했지만 프라흘라다는 비슈누의 보호를 받아 무사했다. 다음으로 거대한 코끼리들을 시켜 엄니로 찌르게 했으나 오히려 코끼리들의 엄니만 부러졌다. 마지막으로 프라흘라다를 깊은 바다에 빠뜨렸지만 그는 무사히 육지로 돌아왔다.

　그러던 어느 날, 히란야카시푸는 석양 무렵 아들을 궁전 출입구로 불러 "비슈누가 정말 모든 곳에 있다면 이 기둥 속에도 있느냐?"라고 조롱하며 기둥을 발로 찼다. 그러자 기둥이 갈라지며 사자와 사람이 합쳐진 모습에 100개의 팔을 가진 비슈누의 화신 나라심하가 나타나 히란야카시푸를 갈기갈기 찢어 죽였다.

　나라심하는 브라흐마가 히란야카시푸에게 내린 축복의 조건을 교묘히 벗어났다. 그는 신도 아수라도 인간도 동물도 아닌 반인반수였고, 석양 무렵은 아침도 저녁도 아닌 때였으며, 출입구는 집 안도 밖도 아닌 공간이었기 때문이다.

# 032 락샤사의 왕, 라바나

라바나는 인도 신화에서 신들의 강력한 적으로 등장하는 락샤사 종족의 우두머리다. 라바나는 《라마야나》에서 비슈누의 화신인 인간 영웅 라마와 맞서 싸우는 악역으로 등장하는데, 단순한 마귀 정도가 아니라 뛰어난 힘과 지혜로 신들에게 맞서는 위엄 있는 모습으로 묘사된다.

라바나는 현자 비슈라바(Vishrava)와 다이티야(Daitya)의 공주 카이케시(Kaikesi) 사이에서 태어난 아들이다. 비슈라바의 아버지는 현자 풀라스티야(Pulastya)인데, 그는 창조의 신 브라흐마의 아들 열 명 중 하나였다. 촌수로 따지면 라바나는 브라흐마의 증손자인 셈이다. 또한 비슈라바는 북방의 수호신이자 풍요의 신인 쿠베라의 아버지이기도 하다. 다만 쿠베라의 어머니는 카이케시가 아니라 현자 바라드바자(Bharadvaja) 혹은 트리나빈두(Trinabindu)의 딸인 일라비다(Ilavida)다. 따라서 라바나는 쿠베라의 이복형제다.

라바나는 자신과 같은 부모에게서 태어난 비비샤나와 쿰바카르나(Kumbhakarna)와 함께 아버지 비슈라바로부터 베다를 배웠으며, 1만 1000년 동안 고카르나산에서 고행을 했다. 세 형제 중 특히 라바나가 돋보였다. 라바나는 머리가 10개이고 팔이 20개인데, 평소 자신의 증조부 브라흐마를 지극정성으로 숭배해 1000년 동안 하나의 머리로 물구나무서기를 하는 방식으로 고행을 했고, 1000년이 끝날 때마다 머리를 하나씩 잘라 불 속에 던져 브라흐마에게 바쳤다.

그러한 고행을 1만 년간 계속한 뒤 라바나가 마지막 남은 머리마저 자르려 하자 브라흐마가 나타나 "무엇 때문에 그렇게 자신의 몸을 괴롭히며 고행을 하느냐?"라고 물었다. 라바나가 죽지 않고 영원히 살고 싶다고 하자 브라흐마는 그것은 자신도 불가능한 일이니 다른 소원을 말하라고 했다. 고민 끝에 라바나는 "그러면 인간을 제외한 모든 종족에게 죽지 않도록 축복을 내려주십시오."라고 대답했다. 브라흐마가 그 소원을 들어주어 라바나는 어떤 신이나 아수라나 락샤사와 싸워도 이길 수 있는 무적의 전사가 되었다. 또 라바나는 다른 사람이나 동물로 변신할 수 있는 능력과 더불어 브라흐마의 강력한 무기와 전차도 선물 받았다.

그렇게 조건부로나마 죽지 않는 몸이 된 라바나는 인드라를 비롯한 여러 신과 싸워 모조리 승리했으며, 신들의 보물을 빼앗고 그들을 전부 노예로 만들어 마음껏 부려먹었다. 심지어 자신의 형 쿠베라가 다스리던 란카 왕국도 빼앗아 다스리며 부귀영화를 누렸다.

그러자 라바나의 횡포를 더는 견딜 수 없던 신들이 라바나를 죽일 방법을 고민한 끝에 유지의 신 비슈누가 인간으로 태어나 라바나를 물리치기로 했다. 비슈누는 자신의 몸을 4개로 나누어 아요디야(Ayodhya) 왕국을 다스리는 다샤라타(Dasharatha) 왕의 네 아들인 라마(Rama), 락슈마나(Lakshmana), 샤트루그나(Shatrughna), 바라타(Bharata)로 태어났다. 이 라마 형제들이 어른이 되어 라바나를 상대로 큰 전쟁을 벌인 끝에 마침내 라바나를 죽이고 세계 질서를 회복한다는 내용을 담은 고대 인도의 서사시가 바로 《라마야나》다.

하지만 인도가 워낙 넓다 보니 라바나가 사악한 마귀가 아니라 위대한 신이라고 믿는 지역도 있다. 인도 중부의 곤디인(Gondi)들은 자신들이 라바나의 후손이라고 주장하며, 그와 그의 아내 만도다리(Mandodari) 그리고 그들의 아들인 메가나다(Meghanada)를 섬기는 사원을 세웠다. 이들은 또 라바나가 고대 곤디인의 왕이었다고 주장한다. 매년 9월과 10월에 열리는 두세라(Dussehra) 축제에서 파라스와디 마을의 곤디인들은 코끼리를 타고 있는 라바나의 커다란 인형을 내세운다.

# 033 인드라를 물리친 메가나다

신들을 정복한 마왕 라바나의 아들 또한 비범했다. 라바나의 아들인 메가나다는 신들의 왕인 인드라를 물리치고 비슈누의 화신인 라마와도 맞서 싸운 강력한 용사였다. 메가나다는 라바나와 그의 아내 만도다리 사이에서 태어난 장남이다. 태어날 때 울음소리가 천둥과 같아서 '천둥의 울음'이라는 뜻의 메가나다라는 이름을 얻었다.

라바나는 메가나다가 누구에게도 지지 않는 전사가 되기를 원했다. 뛰어난 점성술사이기도 했던 라바나는 아들의 별자리를 조정하면 영원한 생명을 줄 수 있다고 믿었다. 그래서 메가나다가 태어날 때 모든 별에게 자신이 원하는 위치에 정렬해 있으라고 명령했다. 별들은 라바나의 위세에 눌려 순종했지만, 오직 토성만이 그 명령을 거부해 메가나다는 결국 영원한 생명을 얻지 못했다. 참고로 인도 신화에서 토성은 죽음을 상징하는 불길한 별로 여겨진다.

시간이 흘러 메가나다는 훌륭한 전사로 성장했고, 아버지를 따라 신들과의 전쟁에 참전했다. 그는 인드라와 싸워 이겼고, 인드라를 사로잡아 아버지의 나라인 란카 왕국으로 끌고 갔다. 그때 브라흐마가 나타나 메가나다에게 인드라를 풀어달라고 요청했다. 메가나다는 그 대가로 '12년 동안 잠을 자지 않은 자만이 자신을 죽일 수 있는 운명'과 브라흐마의 강력한 무기인 브라흐마스트라(Brahmastra)를 받아냈다. 또한 인드라를 물리친 공로를 인정받아 '인드라를 정복한 자'라는 뜻의 인드라지트(Indrajit)라는 이름을 얻었다. 그뿐만 아니라 메가나다는 비슈누아스트라(Vishnuastra)와 파슈파타스트라(Pashupatastra) 같은 신들의 무기까지 손에 넣었다.

한편 라마가 라바나에게 납치당한 아내 시타를 되찾으려 군대를 이끌고 쳐들어오자 메가나다는 아버지를 지키기 위해 라마 군대와 맞섰다. 전투가 벌어진 첫날, 메가나다는 100만 마리의 뱀으로 이루어진 함정 나가파샤(Nagapasha)를 이용해 라마와 그의 동생 락슈마나를 포획했다. 그러나 비슈누의 부하인 독수리 가루다가 그들을 구출했다.

둘째 날, 메가나다는 라마나 락슈마나 중 적어도 한 명은 반드시 죽이겠다고 맹세하고 전력을 다해 싸웠다. 그는 마법으로 모습을 감추고 뒤에서 공격하는 등 라마 군대를 혼란에 빠뜨렸다. 결국 그는 바사비 사크티(Vasavi Sakthi)라는 강력한 무기로 락슈마나를 쓰러뜨렸다. 하지만 락슈마나는 히말라야에서 가져온 마법의 약초 산지바니(Sanjivani)의 힘으로 다시 살아났다.

셋째 날, 메가나다는 라마 군대에 합류한 숙부 비비샤나를 보고는 배신자를 처단하겠다고 맹세했다. 그러나 라마 군대가 그의 비밀 의식인 야그나(Yagna)를 방해하면서 메가나다의 힘이 약해졌다.

그런데도 메가나다는 끝까지 저항했다. 그는 신들에게 얻은 무기를 사용하며 맹렬히 싸웠다. 격렬한 저항에 부딪힌 라마 군대는 메가나다를 제압할 방법을 고민하다가 12년 동안 잠을 자지 않은 자만이 메가나다를 죽일 수 있다는 사실을 알아냈다. 락슈마나는 12년 동안 망명 생활을 하며 잠을 자지 않았으므로 그 조건에 부합했다. 이에 라마 군대는 인드라의 무기 안잘리카스트라(Anjalikastra)를 빌려와 락슈마나에게 주었다.

마침내 락슈마나는 안잘리카스트라를 메가나다에게 날렸고, 안잘리카스트라는 그의 목을 꿰뚫었다. 메가나다가 죽자 나가(뱀 정령)들의 왕 셰샤 나가(Shesha Naga)의 딸 술로차나(Sulochana)는 남편의 시신을 태우는 불 속으로 뛰어들어 스스로 목숨을 끊었다.

# 034 라바나의 가족

라바나의 형 쿠베라는 북쪽을 지키는 수호신이다. 쿠베라는 라바나의 이복형제로, 라바나의 사악함을 혐오하며 그의 만행에 동참하지 않았다.

라바나의 동생 비비샤나는 라바나에게 시타를 남편 라마에게 돌려보내라고 조언했으나 라바나는 이를 무시하고 그를 왕국에서 쫓아냈다. 결국 비비샤나는 라마에게 투항해 라바나를 무찌를 수 있도록 정보를 제공했다.

쿰바카르나는 라바나의 동생으로, 몸집이 거대한 거인이었다. 그의 몸은 산처럼 컸고, 숨소리는 태풍과 같았으며, 목소리는 천둥처럼 우렁찼다. 쿰바카르나는 라바나처럼 오랜 수행 끝에 브라흐마로부터 축복을 받을 기회를 얻었지만, 그의 힘을 두려워한 신들의 계략으로 6개월 동안 깊이 잠들었다가 단 하루만 깨어나는 운명에 처했다. 그는 반년 만에 잠에서 깨어날 때마다 수많은 짐승을 먹어치웠다. 라바나가 시타를 납치하자 쿰바카르나는 비비샤나와 마찬가지로 그녀를 돌려보내라고 조언했지만, 라바나는 듣지 않았다. 결국 라마가 쳐들어오자 쿰바카르나는 라바나와의 형제애 때문에 라마와 싸우다 전사했다.

쿰바카르나는 첫 번째 아내 바즈라즈왈라(Vajrajwala)에게서 쿰바(Kumbha)와 니쿰바(Nikumbha)를, 두 번째 아내 카르카티(Karkati)에게서 비마수라

(Bhimasura)를 얻었다. 비마수라는 훗날 시바에게 죽임을 당한다.

카라(Khara)는 라바나의 동생으로, 라바나가 다스리는 란카 왕국 북쪽 자나스탄(Janasthan)의 왕이었다. 그는 뛰어난 전사였으나 라마와의 전투에서 죽었다. 라바나의 다른 동생 두샤나(Dushana)는 자나스탄의 총독이었으며, 아히라반(Ahiravan)은 지하 세계의 왕이었다.

쿰비니(Kumbhini)는 라바나의 여동생으로, 외모가 아름답고 성품이 선량했다. 그녀는 오빠 라바나가 지은 죄를 용서받기 위해 바다로 숨어들었다. 라바나의 또 다른 여동생 슈르파나카(Shurpanakha)는 숲속에서 살던 라마를 보고 사랑에 빠졌다. 하지만 그에게 이미 아내 시타가 있다는 사실을 알고 질투심에 사로잡혀 시타를 해치려다 라마의 동생 락슈마나에게 귀와 코를 잘렸다. 복수를 위해 슈르파나카는 시타를 납치하라고 라바나를 부추겼고, 라바나가 시타를 납치하면서 라마와 라바나의 전쟁이 시작되었다.

라바나의 아내 만도다리는 아수라들의 왕 마야수라(Mayasura)와 압사라(Apsara, 하늘의 요정) 헤마(Hema) 사이에서 태어난 딸로, 라바나에게 납치되어 강제로 결혼해 메가나다와 아티카야(Atikaya), 악샤야쿠마라(Akshayakumara)를 낳았다. 만도다리는 라바나에게 시타를 돌려보내라고 충고했으나, 라바나는 그녀의 말을 듣지 않았다.

라바나의 둘째 아들 아티카야는 시바를 지극정성으로 숭배한 대가로 강력한 활을 받았다. 또한 브라흐마에게서 어떠한 화살도 뚫을 수 없는 무적의 갑옷을 받았으나, 바람의 신 바유의 축복을 받은 락슈마나가 쏜 화살에 갑옷이 뚫리는 바람에 죽었다. 라바나의 막내아들 악샤야쿠마라는 16세의 나이로 락샤사 군대의 지휘관이 되었다. 그는 라마를 따라온 원숭이 하누만과의 싸움에서 전사했다.

라바나는 만도다리 외에도 단야말리니(Dhanyamalini)라는 두 번째 아내가 있었다. 일설에 따르면 그녀는 만도다리의 여동생으로 나란타카(Narantaka)

와 데반타카(Devantaka), 트리시라(Trishira) 형제를 낳았다고 한다.

나란타카는 72억 명의 락샤사로 이루어진 군대를 지휘했으나 바나라족(Vanara)의 전사 안가다(Angada)에게 살해되었다. 데반타카와 트리시라는 라마와의 전쟁 중 하누만에게 죽임을 당했다.

# 035 마투라의 폭군, 캄사

힌두교 신화에서 비슈누는 인간 영웅 크리슈나로 현현해 폭군 캄사를 물리쳤다. 캄사는 마투라를 수도로 하는 브리슈니 왕국의 왕이었다. 그는 야다바족(Yadava)을 다스리던 우그라세나(Ugrasena) 왕과 파드마바티(Padmavati) 여왕 사이에서 태어났다.

그런데 일부 전승에 따르면 그의 생부는 우그라세나가 아니라 드루말리카(Drumalika)라는 락샤사였다고 한다. 숲을 거닐던 파드마바티가 우그라세나로 변신한 드루말리카에게 겁탈당했고, 드루말리카는 자신의 정체를 드러내며 태어날 아이가 모든 나라를 정복할 강력한 지배자가 될 것이라고 예언했다. 파드마바티는 이 사실을 숨겼고, 우그라세나는 캄사를 자신의 친아들로 여기며 키웠다. 그러나 캄사는 본능적으로 우그라세나가 친부가 아님을 알고 있었다고 한다.

캄사는 전생에 칼라네미(Kalanemi)라는 아수라였다. 그는 불사의 영약인 암리타를 차지하려는 전쟁에서 아수라 군대를 이끌었으나 결국 비슈누에게 패배해 죽었다. 칼라네미가 캄사로 태어난 것도 신들에 대한 원한을 갚기 위해서였다고 한다.

성인이 된 캄사는 군대를 이끌고 마가다(Magadha) 왕국을 공격해 자라산다

(Jarasandha) 왕을 굴복시켰다. 이후 자라산다의 두 딸 아스티(Asti)와 프라프티(Prapti)를 아내로 맞았다. 자라산다는 캄사가 칼라네미의 환생임을 알아보고 그를 사위로 받아들였으며, 앞으로 캄사의 적을 자신의 적으로 삼겠다고 선언했다. 자라산다의 지원을 받은 캄사는 더욱 강력해졌고, 인드라, 바루나, 쿠베라 등 신들에게까지 전쟁을 선포해 승리했다. 신들과도 싸워 이긴 캄사는 인드라에게 브리슈니 왕국에 비를 내리도록 강요하기까지 했다.

자라산다가 보내준 마가다의 군대를 거느리고 마투라로 돌아온 캄사는 우그라세나 왕을 감옥에 가두고 스스로 브리슈니 왕국의 왕이 되었다. 이는 캄사의 참모들인 바나수라(Banasura)와 나라카수라(Narakasura)가 부추긴 결과였다. 이름에서 알 수 있듯이 그들 역시 아수라의 환생이었다.

왕이 된 캄사는 비슈누 숭배를 금지했다. 캄사의 사악함을 견딜 수 없었던 땅의 여신은 신들에게 캄사를 무찔러야 한다고 호소했고, 비슈누는 데바키(Devaki)와 바수데바(Vasudeva)의 여덟째 아들인 크리슈나로 태어나 직접 캄사를 처단하기로 했다.

한편 캄사는 "비슈누가 데바키의 여덟째 아들로 태어나 너를 죽일 것이다."라는 예언을 듣고는 데바키와 바수데바에게서 태어나는 아이를 모두 바치도록 강요했고, 태어난 여섯 아이를 차례로 죽였다. 슬픔에 빠진 부부는 일곱째 아이 발라라마(Balarama)가 태어나자 아이를 바수데바의 다른 아내 로히니(Rohini)의 자궁으로 옮겼고, 여덟째 아이인 크리슈나가 태어나자 목동 난다(Nanda)와 그의 아내 야쇼다(Yashoda)에게 맡겼다.

그러나 크리슈나가 태어나던 날, 캄사는 마투라에서 태어난 모든 갓난아기를 죽이라고 명령했다. 그래도 안심이 안 된 캄사는 아수라 부하를 연이어 보내 크리슈나를 없애려 했으나 모두 실패했다. 결국 성인이 된 크리슈나는 발라라마와 함께 마투라로 쳐들어가 캄사를 처단했다. 캄사가 죽은 뒤 크리슈나는 우그라세나를 다시 왕으로 복위시켰다.

# 036 돌림병을 옮기는 악귀, 푸타나

푸타나(Putana)는 힌두교 신화에서 아이들에게 돌림병을 옮기는 사악한 마귀로 묘사된다. 고대 인도의 의학 문서에는 어린이를 질병으로부터 보호하기 위해 신들에게 예배를 드리는 처방이 기록되어 있는데, 푸타나 역시 그 대상 중 하나였다. 사람들은 푸타나에게 기도를 올리고 제물을 바쳐 그가 내린 질병을 거두어가길 빌었다. 이는 조선 시대에 우리 조상들이 천연두를 '손님'이라 부르며 신으로 섬긴 방식과 유사하다.

어린이들에게 돌림병을 옮기는 존재로 여겨졌다는 점에서 푸타나를 힌두교의 사악한 어머니 여신들을 뜻하는 마트리카스(Matrikas) 중 하나로 보는 견해도 있다. 한편 원래 푸타나는 베다 종교에서 여신으로 숭배되었으나 시간이 지나면서 신격이 사라지고 돌림병과 관련한 부정적 이미지만 남아 악귀로 변했다고 추측하기도 한다.

《마하바라타》에서 푸타나는 크리슈나가 아기였을 때 독을 바른 젖을 물려 죽이려 했다고 전해진다. 신들과 아수라들이 암리타를 두고 벌인 전쟁에서 아수라 군대를 이끈 칼라네미가 환생한 캄사는 푸타나를 비롯한 많은 아수라를 부하로 두었다. 캄사는 "비슈누가 인간으로 태어나 너를 죽일 것이다."라는 예언을 듣고 크리슈나를 제거하려 부하들을 보냈는데, 그중 첫 번째 자객이 푸타나였다.

푸타나는 젊고 아름다운 여성으로 변신해 어린 크리슈나가 사는 고쿨 (Gokul)로 갔다. 그녀의 미모를 본 마을 사람들은 그녀를 미와 행운의 여신 락슈미와 착각하기까지 했고, 크리슈나의 양어머니 야쇼다 역시 푸타나의 미모에 감탄하며 그녀를 유모로 고용했다.

마침내 크리슈나와 단둘이 있게 되자 푸타나는 젖꼭지에 독을 잔뜩 바르고 크리슈나에게 젖을 물렸다. 그런데 무슨 일인지 크리슈나는 아무리 젖을 빨아도 죽을 기미가 전혀 보이지 않았고, 오히려 푸타나는 점점 힘이 빠져갔다. 그녀는 크리슈나의 입에서 젖을 떼어내려 했으나, 크리슈나는 이를 악물고 놓아주지 않았다. 결국 푸타나는 극심한 고통 속에서 목숨을 잃었다. 푸타나가 쓰러지자 주위의 나무들이 모조리 먼지로 변해버릴 만큼 강력한 독기가 퍼졌다고 한다.

마을 사람들은 푸타나의 추악한 본모습에 질겁하며 그의 몸을 잘라 뼈와 발을 묻고 살은 모두 불태웠다. 푸타나의 살이 타면서 발생한 연기가 하늘로 올라갔는데 무척 향기로웠다고 전해진다.

세월이 흐르면서 이 사건에 다른 해석이 더해졌다. 크리슈나는 비록 자신을 죽이려 했으나 자신에게 젖을 먹인 푸타나를 또 다른 양어머니로 받아들여 그녀를 용서하고 그 영혼을 신들이 사는 천국으로 보냈다고 한다. 그래서 그녀의 시신이 타는 냄새가 향기로웠다고 한 것이다.

다른 전승에서는 푸타나가 전생에 아수라들의 왕인 발리의 딸 라트나말라(Ratnamala)였다고 한다. 그녀는 비슈누의 다른 화신인 난쟁이 바마나를 보고 아들로 삼고 싶어 했으며, 이를 알아챈 비슈누가 후에 자신에게 젖을 먹이도록 허락했다고 한다.

# 037 순다와 우파순다 형제

　고대 인도의 서사시 《마하바라타》에는 현자 나라다가 판다바(Pandava) 형제들에게 아수라 형제 순다(Sunda)와 우파순다(Upasunda)에 관한 이야기를 들려주는 부분이 있다. 그 내용은 다음과 같다.

　순다와 우파순다는 아수라 니쿰바의 아들이었다. 둘은 왕국, 침대, 음식, 집 등 모든 것을 함께 나누며 서로 떨어질 수 없는 절친한 형제였다. 이들은 우주를 정복하려는 야심을 품고 빈디야(Vindhya)산에서 오랜 고행을 시작했다.

　신들은 두 아수라가 고행으로 강력한 힘을 얻게 될까 두려워 온갖 방해를 했으나 아무런 소용이 없었다. 두 형제의 고행은 계속되었고, 결국 창조의 신 브라흐마가 나타나 "너희가 원하는 것을 들어줄 테니 고행을 그만해라."라고 제안했다. 형제는 영원한 생명을 얻고 싶다고 소원을 말했다. 하지만 브라흐마는 "그것은 내가 우주의 창조주라 해도 줄 수 없으니 대신 다른 소원을 말하거라."라고 했다. 순다와 우파순다는 조금 실망했으나, 곧 "서로가 아닌 다른 존재와 싸워 죽거나 패배하지 않는 힘을 주십시오."라고 부탁했다. 브라흐마는 그들의 소원을 들어주었다.

　무적의 힘을 얻은 두 형제는 자신감에 넘쳐 다른 아수라들을 이끌고 하늘로 쳐들어가 신들을 공격하기 시작했다. 브라흐마의 축복을 받은 그들을 어떤 신도 이기거나 죽일 수 없었다. 결국 신들은 하늘에서 도망쳐야 했고, 두 아수라는 하늘을 차지하고 승리에 도취했다.

순다와 우파순다를 피해 하늘에서 달아난 신들은 브라흐마에게 가서 아수라 형제를 막을 방법을 알려달라고 요청했다. 브라흐마는 건축과 발명의 신 비슈바카르마에게 아름다운 여자를 만들라고 명령했다. 비슈바카르마는 하늘과 땅, 지하 세계의 모든 아름다움을 모아 마법의 힘으로 미녀를 만들었다. 브라흐마는 그녀의 이름을 틸로타마(Tilottama)라고 지어주고, 순다와 우파순다를 유혹해 서로 싸우게 하라고 지시했다.

그 무렵 순다와 우파순다는 빈디야산 아래 꽃이 흐드러지게 핀 강둑에서 술을 마시며 즐기고 있었다. 그런 그들의 눈앞에 갑자기 틸로타마가 나타나자 두 형제는 그녀를 차지하려는 욕망에 사로잡혔다. 순다와 우파순다는 서로 틸로타마를 아내로 삼겠다고 주장하면서 틸로타마의 팔 한쪽씩 붙잡고는 서로에게 양보하라고 강요했다. 하지만 어느 누구도 양보하지 않았다. 두 형제는 화가 나서 몽둥이를 쥐고 서로에게 달려들어 싸운 끝에 피흘리며 죽고 말았다. 신들조차 두렵게 하던 아수라 형제는 이렇게 어이없게 자멸하고 말았다.

신들은 누구도 이기지 못한 아수라들을 쉽게 물리친 틸로타마의 승리를 축하했고, 브라흐마는 그녀에게 우주를 자유롭게 여행할 권리를 주었다. 하지만 틸로타마는 너무 아름다워 신들조차 그녀에게 매혹되었다. 신들의 왕인 인드라는 틸로타마를 자세히 보기 위해 온몸에 1000개 눈이 솟아났다. 파괴의 신 시바는 넋을 잃고 틸로타마를 보다가 파르바티가 두 손바닥으로 남편의 눈을 가려버리자 이마에 세 번째 눈을 만들었다. 또한 틸로타마를 만들라고 지시한 브라흐마조차 그녀를 더 잘 보기 위해 5개의 머리가 솟아났다고 전해진다.

어떤 존재도 이길 수 없던 강력한 두 형제가 미녀에게 홀려 싸우다 자멸했다는 순다와 우파순다의 이야기는 그리스 신화의 거인 형제 오토스(Otos)와 에피알테스(Epialtes)가 아르테미스 여신을 차지하려고 싸우다 죽는 이야기와 유사하다.

# 038 타라카수라의
세 아들

강력한 아수라인 타라카수라는 시바의 아들 카르티케야에게 죽임
을 당했다. 타라카수라에게는 세 아들, 타라칵샤(Tarakaksha), 카말락샤
(Kamalaksha), 비드윤말리(Vidyunmali)가 있었다. 이들은 100년 동안 한쪽 다
리로만 서서 명상하고, 수천 년간 공중에서 살며 명상하는 등 고행에 몰두
했다.

이들의 고행에 감동한 브라흐마가 나타나 소원을 묻자 세 형제는 영원
한 생명을 달라고 부탁했다. 그러나 브라흐마는 그 부탁을 들어줄 능력이
없다며 거절하고 다른 소원을 들어주겠다고 했다. 이에 그들은 각각 황금,
은, 쇠로 지은 복합 요새인 트리푸라(Tripura)에서 살겠다고 했다. 그리고 트
리푸라는 1000년마다 하나의 도시로 합쳐지고 오직 하나의 화살만으로 파
괴될 수 있는데, 그때가 되어서야 죽게 해달라고 부탁했다.

브라흐마는 그들의 소원을 들어주면서 뛰어난 건축가인 마야(Maya)를 불
러 세 형제가 원하는 트리푸라를 지어주도록 했다. 타라칵샤는 황금 요새
를, 카말락샤는 은 요새를, 비드윤말리는 쇠 요새를 차지했다. 각 요새는
하나의 도시만큼 컸으며, 궁전과 하늘을 나는 신비한 전차인 비마나들이
있었다.

세 형제가 요새를 차지하자 사방에서 수많은 아수라가 몰려들었다. 신들은 아수라들이 튼튼한 요새 안에서 번성하는 모습이 못마땅했고, 브라흐마에게 그들을 물리쳐달라고 부탁했으나 거절당했다. 이후 신들은 시바에게 도움을 요청했으나 시바는 "아수라들이 잘못을 저지르지 않았다면 내가 나설 수 없다."라며 거부했다. 마지막으로 신들은 비슈누에게 가서 도움을 청했다. 비슈누는 "그들이 잘못을 저지르도록 만들면 된다."라고 방법을 가르쳐주었다.

그리하여 비슈누는 사람 한 명을 만들었는데, 그는 머리카락을 모두 깎은 채 낡은 옷을 입고 나무로 만든 주전자를 들고 있었다. 이 남자는 비슈누에게 "제가 해야 할 일은 무엇입니까?"라고 물었다. 비슈누는 "너는 트리푸라의 세 아수라 형제들에게 가서 베다와 링가 숭배를 그만두라고 가르쳐라. 그렇게 하면 그들이 잘못을 저지르니 우리가 그들을 죽일 명분이 생길 것이다."라고 말했다.

남자는 트리푸라로 가서 아수라들에게 베다와 링가 숭배를 중단하라고 설득했다. 그의 말에는 호소력이 있어서 세 형제는 베다 연구와 링가 숭배를 중단했다.

신들이 이 사실을 시바에게 알리자 시바는 "이제 아수라들이 잘못을 저질렀으니 내가 나설 때가 되었다."라며 비슈바카르마에게 전차와 활과 화살을 만들라고 했다. 비슈바카르마가 황금으로 만든 전차를 브라흐마가 이끌었고, 시바는 활과 화살을 가지고 전차에 올라탔다. 모든 신은 각자의 무기를 들고 시바를 따라 트리푸라로 향했다.

시바의 군대가 트리푸라로 향할 때 마침 세 요새가 하나로 합쳐지고 있었다. 시바는 이를 놓치지 않고 자신의 가장 강력한 무기인 파슈파타스트라를 사용해 요새에 화살을 쏘았다. 화살은 목표에 명중했고, 그 순간 요새에 커다란 불길이 일어 그 안에 살던 아수라들이 모두 타 죽었다. 다른 전승에 따르면 시바는 화살이 아니라 단순히 미소를 지음으로써 트리푸라를 잿더미로 만들었다고 한다.

한편 아수라들에게 베다와 링가 숭배를 그만두라고 설득해 죄를 짓게 한 남자는 불교 승려를 의미한다. 힌두교 사제 계급인 브라만들은 베다와 링가 숭배를 거부한 불교 승려들이 신들을 모독한다고 여기며 미워했는데, 아마도 그러한 인식이 트리푸라 설화에 반영된 듯하다.

# 039 인드라의 맞수, 브리트라

　브리트라는 인도 신화에서 인드라의 적으로 등장하는 악마로, 보통 용이나 거인으로 묘사되며 가뭄을 상징한다. 그래서 비의 신 인드라가 브리트라를 물리쳤다는 이야기는 가뭄이 끝나고 비가 내려 생명이 자라는 자연현상을 신화화한 것이라고 볼 수 있다.

　브리트라는 인도 신화에서 시대마다 다른 모습으로 전해진다. 초기 베다 종교 시대의 문헌인 《리그베다》에서는 브리트라가 거대한 용으로 등장한다. 《리그베다》에 따르면 브리트라는 인드라에게 살해될 때까지 세계의 물을 사로잡았다. 인드라는 태어나자마자 브리트라와 전투를 벌였고, 기술과 발명의 신 트바슈트리의 집에서 소마를 마시고 취해 브리트라와 싸울 힘을 얻었다. 트바슈트리는 인드라를 위해 강력한 무기인 바즈라유다(Vajrayudha, 벼락)를 만들어주었다.

　전투 중 브리트라는 인드라의 두 턱을 부러뜨렸으나 인드라가 던진 벼락에 맞아 쓰러졌다. 《리그베다》에서는 이 업적을 기념해 인드라를 '브리트라를 죽인 자'라고 부른다. 또한 브리트라의 어머니 다누(Danu)도 인드라가 던진 벼락에 맞아 패배했다고 한다.

　기원전 3세기에서 기원후 3세기 사이에 완성된 서사시 《마하바라타》에서는 브리트라가 트바슈타(Tvashta, 트바슈트리의 다른 이름)가 만든 아수라로 등장한다. 트바슈타에게는 비스바루파 또는 트리시라스(Trisiras)라는 아들이 있었는데, 그는 강력한 힘을 가진 브라만 사제로, 그가 베다를 암송하면 온몸에서 빛이 나와 인드라조차 두려움에 떨었다고 한다. 인드라는 비스바루파가 계속 강해지면 신들의 왕인 자신의 권력이 위협받을까 봐 번개로 그를 죽였다. 아들의 죽음에 분노한 트바슈타는 인드라에게 복수를 다짐하며 희생제를 지냈고, 그 자리에서 강력한 아수라인 브리트라가 태어났다.

검은빛을 띤 브리트라는 몸이 날마다 커졌고, 그의 눈은 태양처럼 빛났으며, 머리카락과 턱수염, 콧수염은 구릿빛이었다. 그가 하품하려 입을 벌리면 하늘을 집어삼킬 듯했으며, 춤추고 소리 지르면 지진이 일어났다. 브리트라가 길고 날카로운 이빨을 드러내면 우주 전체를 먹어버릴 것만 같았다. 그를 본 사람들은 모두 겁에 질려 도망쳤다.

브리트라는 하늘로 올라가 인드라와 전쟁을 벌였다. 인드라는 자신의 무기인 벼락을 계속 내리쳤으나 브리트라는 물러서지 않았다. 결국 브리트라는 인드라를 붙잡아 삼켜버렸다. 다른 신들이 브리트라에게 마법을 걸어 인드라를 토해 내게 했으나 이후에도 싸움은 계속되었고, 결국 힘에서 밀린 인드라는 도망치고 말았다.

인드라를 쫓아간 브리트라 앞에 비슈누가 나타나 싸움을 멈추라고 요청했다. 브리트라는 "쇠, 나무, 돌이나 마르거나 젖은 물건으로 나를 공격하지 마라. 또 낮이나 밤에도 나를 공격하지 마라. 이 조건을 모두 들어주면 싸우지 않겠다."라고 조건을 내걸었다. 인드라도 이 조건을 받아들였으나 얼마 뒤 황혼 무렵 바닷가에서 건져 올린 바다 거품을 던져 브리트라를 죽였다고 한다.

또 다른 전승에 따르면 브리트라는 아수라들의 왕으로 신들을 두렵게 만들었고, 브리트라와 인드라의 전투는 360일간 결판을 내지 못했다. 그러자 인드라는 비슈누에게 도움을 요청했다. 비슈누는 평범한 무기로는 브리트라를 퇴치할 수 없다면서 현자의 뼈로 만든 무기로만 죽일 수 있다고 가르쳐주었다. 인드라는 현자 다디치(Dadhichi)의 동의를 얻어 그의 뼈로 만든 무기로 마침내 브리트라를 죽일 수 있었다고 전해진다.

# 040 벌레에게 죽은 아루나수라

아루나수라(Arunasura)는 힌두교 신화에 등장하는 아수라다. 그는 신들을 정복하려는 속셈으로 일부러 힌두교 성지인 갠지스강 둑에서 고행하며 창조의 신 브라흐마를 열렬히 숭배했다.

먼저 아루나수라는 1만 년 동안 마른 잎사귀만 먹으며, 브라흐마의 아내 가야트리 여신을 찬양하는 가야트리 만트라를 외우면서 거센 폭풍 속에서도 고행을 이어갔다. 이후 1만 년 동안 물 한 방울만 마시며 버텼고, 또다시 1만 년 동안 공기만 마시며 살았다. 마지막 1만 년 동안에는 아무것도 먹지 않은 채 오로지 명상에만 몰두했다.

아루나수라의 고행이 너무도 혹독했기에 몸에서 눈부신 빛이 나와 세계를 뜨겁게 불태웠으며, 그는 마치 타오르는 불처럼 보였다. 그렇게 고행에 몰두하다 보니 배는 움푹 꺼지고 몸은 바싹 말라 뼈와 가죽만 남은 상태가 되었다. 그는 거의 죽기 일보 직전까지 이르렀다.

힌두교 신화에서는 인간이든 아수라든 지극정성으로 고행하면 반드시 그 대가로 소원을 들어주는 것이 원칙이다. 결국 아루나수라가 숭배한 브라흐마가 나타나 "너의 소원은 무엇이냐? 네가 하도 열심히 고행하는 바람에 그 열기가 하늘에까지 닿아 신들이 괴로워할 지경이다."라고 말했다.

아루나수라는 "저는 2개의 발이나 4개의 발을 가진 어떤 존재와 싸워도 죽지 않는 운명을 원합니다."라고 답했다. 언뜻 평범해 보이는 소원이었지만 사실 여기에는 교활한 노림수가 있었다. 발이 2개인 존재는 신, 아수라, 락샤사, 인간과 새이고, 발이 4개인 존재는 땅 위의 모든 짐승이다. 즉 어떤 존재도 자신을 죽일 수 없게 해달라는 요구였다. 비슈누가 라바나나 캄사를 죽이기 위해 인간 영웅으로 나타났던 사례를 고려해 이제 비슈누가 인간으로 나타나더라도 자신을 죽일 수 없게 한 것이다.

브라흐마는 그 저의를 알아챘지만 신의 약속은 반드시 지켜야 했기에 그대로 축복을 내렸다. 소원이 이루어지자 아루나수라는 지하 세계에서 웅크리고 있던 아수라들을 불러모으며 외쳤다. "이제 나는 어떤 신에게도 죽지 않는 불사의 몸이 되었다!" 이에 아수라들은 기뻐하며 그를 왕으로 추대했다.

아수라들은 천국으로 사절을 보내 "우리는 더 이상 신들을 두려워하지 않는다. 우리의 왕 아루나수라는 어떤 신보다 강하다. 곧 천국을 정복하러 갈 테니 싸울 준비나 해라."라고 선전 포고를 했다. 이 말을 들은 신들은 두려움에 떨며 브라흐마를 찾아갔다. 브라흐마는 비슈누와 시바를 찾아가 자신이 아루나수라에게 내린 축복을 설명하고 대책을 논의했다.

그 사이 아루나수라는 아수라 군대를 이끌고 천국으로 쳐들어가 태양과 달을 비롯해 신들의 모든 재산을 빼앗고 그들을 내쫓았다. 브라흐마의 축복대로 그는 두 발이나 네 발을 가진 어떤 존재에게도 죽지 않았으므로 비슈누와 시바조차 그를 무찌를 수 없었다.

천국에서 쫓겨난 신들은 히말라야로 가서 시바의 아내이자 가장 위대한 여신인 파르바티에게 도움을 청했다. 파르바티는 "그는 6개의 다리를 가진 존재에게 죽을 것입니다."라고 말했다. 그때 아루나수라가 이끄는 아수라 군대가 파르바티에게 들이닥쳤다. 파르바티는 4개의 손에 커다란 방패를 들어 아수라들이 던지는 무기를 모두 막아내고 튕겨 돌려보내 많은 적을 쓰러뜨렸다. 그리고 눈을 감고 꿀벌, 말벌, 파리, 흰개미, 모기 등 수많은 곤충을 불러내 아루나수라에게 보냈다. 곤충들은 모두 다리가 6개였기에 그의 축복이 통하지 않았다. 결국 아루나수라는 무수히 많은 곤충에게 쏘이고 물어뜯겨 죽고 말았다. 파르바티는 철퇴와 삼지창과 장검을 휘둘러 남은 아수라들도 모두 처단했고, 신들은 감사의 뜻으로 그녀를 열렬히 찬양했다.

# 4

# 영웅

# 041 캄사를 물리친 크리슈나

힌두교 신화에서 유지의 신 비슈누는 브리슈니 왕국의 폭군 캄사를 물리치기 위해 여덟 번째 화신 크리슈나로 태어났다. 캄사는 전생에 비슈누에게 죽임을 당한 아수라 칼라네미였다. 비슈누는 캄사의 여동생 데바키와 그 남편 바수데바의 여덟째 아들 크리슈나로 태어나 직접 그를 처치하기로 했다. 한편 캄사는 "비슈누가 데바키의 여덟째 아들로 태어나 너를 죽일 것이다."라는 신탁을 듣고 데바키의 아기를 여섯이나 연이어 죽였다.

이에 데바키와 바수데바는 일곱째 아기 발라라마를 로히니의 자궁으로 옮기고, 여덟째 아기인 크리슈나를 목동 난다와 그의 아내 야쇼다에게 맡겼다. 그러나 크리슈나가 태어나던 날, 캄사는 자기 나라에서 태어난 모든 갓난아기를 학살했다.

그래도 안심이 안 된 캄사는 자신의 부하인 아수라들을 차례로 보내 크리슈나를 죽이려 했다. 첫 번째 자객으로 보낸 푸타나는 돌림병을 옮기는 아수라였다. 그녀는 크리슈나의 유모가 되어 자신의 젖꼭지에 독을 발라 먹이려 했으나, 크리슈나가 아무런 해를 입지 않고 오히려 젖을 모두 빨아들여 푸타나는 힘을 잃고 죽고 말았다.

그다음 캄사가 보낸 자객은 샤카타수라(Sakatasura)였다. 그는 역청을 가득 실은 불붙은 손수레의 모습을 하고서 크리슈나에게 달려들었다. 그러나 크리슈나는 손수레를 발로 차 부숴버려 샤카타수라를 죽였다.

세 번째 자객 트리나바르타(Trinavarta)는 거센 회오리바람의 모습을 하고 크리슈나를 허공으로 납치했다. 그러나 크리슈나는 공중에서 트리나바르타의 목을 졸라 기절시킨 다음 그를 바위에 내던져 죽였다.

이후에도 캄사는 염소의 모습을 한 바타수라(Vatasura)와 두루미의 모습을 한 바카수라(Bakasura)를 보내 크리슈나를 죽이려 했으나 크리슈나의 초자연적인 힘 앞에 모두 실패하고 목숨을 잃었다.

어른이 된 크리슈나는 자신과 함께 자란 목동들이 인드라에게 희생제를 올리는 것을 막고, 대신 고바르다나(Govardhana)산의 정령들에게 희생제를 올리도록 했다. 이에 분노한 인드라는 7일 동안 폭우를 퍼부었다. 그러나 크리슈나는 손가락 하나로 고바르다나산을 들어 올려 목동들을 무사히 보호했다.

그 후에도 캄사는 산카수라(Sankasura)를 보내 크리슈나의 마을에 사는 여자 목동들을 습격하도록 했으나, 크리슈나가 그의 목을 베어버려 실패로 돌아갔다. 다시 캄사는 아수라 케신(Kesin)을 보내 숲속으로 간 크리슈나를 불태워 죽이려 했지만, 크리슈나가 케신의 목을 부숴버려 또다시 실패했다.

계속된 시도가 모두 실패하자 캄사는 크리슈나를 자신의 왕궁으로 초대했다. 크리슈나는 발라라마와 함께 왕궁으로 향했고, 캄사가 미리 준비한 사나운 코끼리가 달려들자 처치했다. 이후 왕궁에 들어가 부모인 데바키와 바수데바가 인질로 잡혀 있는 모습을 보고 격노한 크리슈나는 캄사를 죽여버렸다.

그러나 크리슈나의 싸움은 여기서 끝나지 않았다. 캄사의 장인이자 마가다 왕국의 왕인 자라산다는 사위가 죽었다는 소식을 듣고 크리슈나를 적으로 선포했다. 그는 다른 아수라인 칼라야바나(Kalayavana)와 동맹을 맺고 크리슈나와 전쟁을 벌였다.

크리슈나는 자라산다와 칼라야바나를 상대로 일곱 차례의 전쟁에서 모두 승리했다. 또한 땅의 여신이 낳은 사악한 아수라 나라카(Naraka)와 5개의 머리가 달린 아수라 무루(Muru) 그리고 그의 7명의 아들로 이루어진 군대와도 싸워 승리했다. 그런 뒤 크리슈나는 나라카가 납치한 1만 6100명의 여자를 구출해 그들 모두와 결혼했다.

크리슈나의 모험은 여기서 끝나지 않았다. 그는 판다바 형제 중 셋째 아르주나(Arjuna)의 친구이자 그의 전차 몰이꾼이 되어 쿠루크셰트라(Kurukshetra) 전투에 참전해 아르주나가 카우라바(Kaurava) 형제들을 물리치도록 도왔다.

# 042 크리슈나의 형, 발라라마

발라라마는 힌두교 신화에서 비슈누의 여덟 번째 화신인 크리슈나의 형이다. 발라라마는 일반적으로 비슈누가 자신의 모습을 나누어 크리슈나와 함께 태어난 화신으로 여겨진다. 하지만 다른 전승에서는 그가 뱀 종족인 나가들의 왕이자 비슈누의 침대 역할을 하는 1000개의 머리가 달린 거대한 뱀 셰샤가 인간으로 나타난 모습이라고 묘사된다.

발라라마가 크리슈나와 함께 인간의 모습으로 나타난 이유는 브리슈니 왕국의 폭군 캄사를 물리치기 위해서였다. 예언을 통해 이를 파악한 캄사가 데바키와 바수데바의 아기를 연달아 죽이자 부부는 발라라마가 태어나자마자 로히니의 자궁으로 옮겼고, 새로 태어난 크리슈나와 함께 목동 난다와 야쇼다 부부에게 맡겼다. 발라라마와 크리슈나는 소 떼를 키우는 목동으로 자랐다.

발라라마는 크리슈나와 서로를 도우며 지켜주었다. 어느 날 크리슈나가 야무나강 속에 사는 나가 칼리야(Kaliya)에게 몸이 감겨 그가 내뿜는 독에 정신을 잃을 위기에 처했다. 그때 발라라마가 "크리슈나, 너는 전지전능한 신 비슈누가 인간으로 변한 모습이니 결코 저런 뱀 따위에게 죽지 않는다."라고 소리쳤다. 그러자 크리슈나는 힘을 내어 칼리야를 굴복시켰다.

한번은 발라라마가 프랄람바(Pralamba)라는 아수라에게 습격을 받아 목숨이 위태로웠다. 그때 크리슈나가 발라라마에게 "당신과 나는 모두 비슈누의 화신이다. 그러니 자신을 믿고 그 안에 있는 힘을 사용하라."라고 외쳤다. 그러자 발라라마도 힘을 내어 프랄람바를 죽였다.

발라라마와 크리슈나를 암살하려 끊임없이 자객을 보낸 캄사는 둘을 마투라의 왕궁으로 초대했다. 발라라마는 크리슈나와 함께 왕궁으로 가 캄사를 죽었고, 캄사가 인질로 붙잡아 둔 친부모 데바키와 바수데바를 무사히 구출했다. 이후 발라라마와 크리슈나는 캄사의 장인인 마가다 왕국의 왕자라산다와 그의 동맹인 칼라야바나가 이끄는 군대와 싸워 승리했다. 이후 발라라마는 공주 레바티(Revati)와, 크리슈나는 룩미니와 결혼했다.

이후 발라라마는 쿠루(Kuru) 왕국으로 가서 카우라바 형제들과 판다바 형제들에게 철퇴를 사용하는 무예를 가르쳤다. 쿠루크셰트라 전투가 일어났을 때 그는 두 집안 형제들이 모두 자신의 제자였던 점을 감안해 중립을 지켰다.

쿠루크셰트라 전투가 끝나고 크리슈나가 사냥꾼이 잘못 쏜 화살에 발바닥을 맞아 죽자 발라라마는 명상하는 상태로 계속 앉아 있다가 세상을 떠났다고 전해진다.

원래 발라라마는 기원전 4세기 무렵 마투라에서 숭배받던 삼카르샤나(Samkarshana)라는 강력한 지역 신이었다. 그가 비슈누의 화신이라는 개념은 쿠샨 왕조 시대(30~375)에 형성되었다.

힌두교 전통에서 발라라마는 농경과 풍요를 상징하는 농부들의 수호신이다. 또한 그는 농부들을 위한 창조적 지식의 저장소로 여겨졌으며, 농부들은 상품과 음료의 생산 및 숲과 농장의 복원을 위해 그에게 기도를 올렸다. 그래서 발라라마의 상징물은 쟁기처럼 주로 농사에 도움을 주는 도구들이다.

# 043 라바나를 물리친 라마

고대 인도의 서사시 《라마야나》는 비슈누가 신들과 인간을 위협하는 사악한 악마 라바나를 물리치기 위해 인간의 모습으로 태어난 영웅 라마의 활약상을 다룬다.

라바나는 브라흐마를 지극정성으로 숭배하며 1만 1000년 동안 고행한 끝에 어떤 신이나 아수라와 싸워도 이길 수 있는 무적의 힘을 얻었다. 다만 라바나는 브라흐마에게 소원을 빌 때 자신을 죽일 수 없는 종족들의 이름에서 인간을 제외했다. 인간은 너무 약해서 도저히 자신을 해치지 못하리라고 생각했기 때문이다.

그러나 이로 인해 라바나는 인간에게 죽을 수 있다는 약점을 갖게 되었다. 비슈누는 이를 이용해 직접 인간으로 태어나 라바나를 물리치기로 했다. 비슈누는 인도 북부 아요디야 왕국을 다스리는 다샤라타 왕의 네 아들 라마, 락슈마나, 샤트루그나, 바라타로 태어났다. 라마는 첫째 왕비 카우샬리야(Kaushalya)에게서, 바라타는 둘째 왕비 카이케이(Kaikeyi)에게서, 락슈마나와 샤트루그나는 셋째 왕비 수미트라(Sumitra)에게서 태어났다.

한편 비슈누의 아내인 락슈미도 땅의 여신 프리티비의 딸인 시타라는 인간으로 태어났다. 시타는 미틸라(Mithila) 왕국의 국왕 자나카(Janaka)의 수양 딸이 되었는데, 자나카 왕은 시타가 어른이 되자 "내가 가진 시바의 활을 부러뜨린 사람만이 공주와 결혼할 수 있다."라고 선언했다. 많은 남자가 도전했으나 모두 실패했고, 오직 라마만이 성공해 시타와 결혼했다.

그런데 카이케이는 남편에게 "라마를 14년 동안 숲속으로 내쫓고, 내 아들 바라타를 왕으로 삼아주십시오."라고 계속 간청했다. 다샤라타 왕은 결국 그 요청을 들어주었으나 죄책감에 시달리다 죽고 말았다. 바라타가 라마에게 사과했으나 라마는 동생 락슈마나와 아내 시타를 데리고 숲으로 가서 명상하며 조용히 지냈다.

한편 라바나의 여동생 슈르파나카는 숲에서 라마를 보고 사랑에 빠졌다. 그리고 라마에게 이미 아내가 있다는 사실을 알고 질투심에 사로잡혀 시타를 해치려 했으나 락슈마나가 슈르파나카의 귀와 코를 잘랐다. 슈르파나카는 자나스탄의 왕인 오빠 카라에게 복수를 요청했고, 카라가 락샤사 군대를 이끌고 쳐들어갔으나 라마와 락슈마나에게 모조리 죽임을 당했다.

카라가 실패하자 슈르파나카는 라바나를 찾아가 시타를 납치하라고 종용했다. 마침 라바나는 시타의 미모에 마음이 동했기에 황금 사슴으로 둔갑해 접근한 뒤 시타를 납치하여 자신의 본거지인 란카로 데려갔다. 그는 시타에게 자신의 아내가 되라고 강요했으나 거절당했다. 이에 라바나는 "두 달 안에 내 청혼을 받아들이지 않으면 너를 잡아먹겠다."라고 협박했다.

시타를 찾아 헤매던 라마와 락슈마나는 원숭이 영웅 하누만을 만나 동료가 되었다. 하누만 일행은 라바나와 싸우다 죽임을 당한 독수리 왕 자타유(Jatayu)의 동생 삼파티(Sampati)에게서 시타가 란카로 끌려갔다는 소식을 들었다. 하누만은 직접 란카 섬으로 잠입해 궁궐을 정찰한 뒤 라마에게 정보를 주었다. 하누만과 함께 온 원숭이 날라(Nala)는 란카 섬까지 다리를 놓는데 성공해 라마와 그의 군대가 무사히 섬으로 건너갈 수 있도록 도왔다.

란카에 상륙한 라마와 그의 군대는 라바나가 이끄는 락샤사 군대와 치열한 전투를 벌였다. 라마 군대는 수많은 락샤사를 물리쳤고, 마침내 라마와 라바나가 일대일로 대결했다. 라마는 라바나의 머리 10개를 차례로 잘라냈으나 머리는 다시 자라났다. 이에 라마는 성자 아가스티야에게 받은 강력한 화살로 라바나의 심장을 쏘아 마침내 그를 죽였다.

라바나를 처치한 라마는 시타를 구출해 고향으로 돌아와 왕위에 올랐다. 그러나 라마는 시타가 라바나에게 잡혀 있던 동안 순결을 지켰는지 의심했고, 급기야 그녀에게 순결을 증명해보라고 요구했다. 이에 분노한 시타는 갈라진 땅속으로 사라졌다. 슬픔에 젖은 라마는 사라유강으로 들어갔고, 그의 몸은 승천하여 신들의 환영을 받았다.

# 044 원숭이 영웅, 하누만

하누만은《라마야나》에 등장하는 원숭이 영웅이다. 그의 아버지는 바람의 신 바유이며, 어머니는 숲속에 사는 원숭이 종족인 바나라족의 공주 안자나(Anjana)다.

《라마야나》에 따르면, 어린 시절 하누만은 배가 고파 하늘로 뛰어올라 붉게 물든 태양을 한 입 베어 먹었다. 이에 화가 난 신들의 왕 인드라는 하누만에게 벼락을 내리쳤고, 턱에 벼락을 맞은 하누만은 턱이 부러진 채로 땅에 떨어졌다. 그러자 하누만의 아버지인 바유는 화가 나서 세상의 공기를 모두 거둬들였다. 이로 인해 모든 생명체가 숨을 쉬기 어려워 고통을 겪자 보다 못한 파괴의 신 시바가 나서서 하누만의 회복을 도왔다. 그제야 바유는 다시 세상에 공기를 공급해 생명체들이 살아갈 수 있도록 했다.

신들은 두 번 다시 하누만이 다쳐 바유의 분노를 사지 않도록 제각기 나서서 하누만에게 축복을 내려주었다. 인드라는 자신의 무기인 벼락이 하누만을 해치지 못하도록 했으며, 아그니와 바루나는 불과 물이 하누만을 해칠 수 없도록 막아주었다. 바유는 하누만이 바람처럼 하늘을 날고, 바람에 다치지 않도록 해주었다. 브라흐마는 몸 크기를 자유자재로 조절할 수 있는 능력을 주었으며, 비슈누는 단단한 철퇴인 가다(Gada)를 무기로 주었다.

그런가 하면 자이나교 문헌인 《두르타크야나(Dhurtakhyana)》에는 다음과 같이 묘사되어 있다. 어린 하누만이 태양을 잡으려 하늘 높이 뛰어올랐으나 태양의 뜨거운 열기에 온몸이 불타 재가 되었다. 하누만을 불쌍히 여긴 신들은 그의 재를 땅과 바다에서 모았고, 태양의 신 수리야가 하누만을 죽게 한 책임을 지고 하누만을 되살려냈다. 다만 턱뼈 한 조각을 어디에서도 찾지 못해 하누만은 턱이 없었다.

《라마야나》에 따르면, 라마와 그의 형제 락슈마나는 락샤사의 왕 라바나에게 납치된 라마의 아내 시타를 찾아 헤매다가 하누만을 만났다. 하누만은 라마를 돕기로 맹세하고, 과거 라바나와 싸우다 전사한 독수리 왕 자타유의 동생 삼파티에게서 라바나가 시타를 란카로 끌고 갔다는 정보를 얻었다. 란카에 잠입한 하누만은 궁전에 몰래 들어간 뒤 일부러 소란을 피워 라바나의 부하들에게 붙잡혀 라바나 앞에 끌려갔다. 라바나는 하누만의 꼬리에 기름을 묻힌 천을 감아 불을 붙이는 고문을 했지만, 그럴수록 하누만의 꼬리는 계속 길어졌다. 그러다 하누만은 불붙은 꼬리를 마구 휘둘러 라바나의 궁궐에 불을 질렀다.

하누만은 인도로 돌아와 라마에게 라바나의 궁전에 대한 정보를 전하고, 라마 군대의 길잡이 역할을 맡아 라바나의 군대를 물리치는 데 큰 공을 세웠다. 라마는 그에게 많은 선물을 주었으나 하누만은 필요 없다며 버렸다. 이에 라마의 신하들이 분노했지만, 하누만은 자신의 가슴을 찢어 라마와 시타의 모습을 새겨 넣음으로써 영원한 충성을 증명했다. 감동한 라마는 하누만을 치료해주었고, 그를 세상의 종말(칼리 유가)까지 살아남을 불멸의 존재인 치란지비(Chiranjivi) 7명 중 하나로 만들었다.

《마하바라타》에서는 하누만이 숲에서 은둔하는 존재로 등장한다. 그는 이복동생 비마를 반갑게 맞이하며, 그의 전차 깃발에 자리 잡고 적들의 사기를 꺾는 소리를 계속 외치겠다고 약속한다.

일부 학자들은 하누만이 불교와 함께 중국에 전해져 《서유기》의 원숭이 영웅 손오공의 모델이 되었다고 본다.

# 045 브라만 사제를 죽인 판두

판두(Pandu)는 《마하바라타》에 나오는 하스티나푸르(Hastinapur)의 왕이다. 그의 아버지는 《마하바라타》의 저자인 성자 비야사였고, 어머니는 암발리카(Ambalika) 왕비였다. 암발리카는 하스티나푸르의 왕인 비치트라비리야(Vichitravirya)의 왕비였는데, 언니인 암비카(Ambika)와 함께 비치트라비리야 왕에게 시집을 왔다.

비치트라비리야 왕이 병에 걸려 아이 없이 죽자 왕의 형인 비슈마(Bhishma)에게 왕위 계승권이 돌아왔으나 비슈마는 결코 왕이 되고 싶지 않다며 완강히 거부했다. 암비카와 암발리카는 고민 끝에 왕의 후사를 잇기 위해 비야사와 잠자리를 해 판두를 낳았다.

문제는 비야사가 너무나 무섭게 생겼다는 점이었다. 그래서 암비카는 비야사와 동침할 때 겁을 먹어 두 눈을 감았고, 암발리카도 겁에 질려 얼굴이 창백해졌다. 그로 인해 암비카가 낳은 드리타라슈트라(Dhritarashtra)는 눈이 멀었고, 암발리카가 낳은 판두는 피부가 새하얗게 되었다.

핏줄로 따지면 형인 드리타라슈트라가 왕위에 앉아야 했지만, 그는 앞을 볼 수 없어서 왕 역할을 제대로 할 수 없었다. 그래서 동생인 판두가 왕위를 차지하게 되었다. 판두는 큰아버지인 비슈마에게 활쏘기와 무예, 정치,

행정 등 다양한 지식을 배웠다. 그는 뛰어난 전사였으며, 자신이 속한 쿠루 왕국의 왕위도 맡았다.

고대 인도에서는 남자가 결혼하지 않으면 어른 취급을 못 받았기에 판두는 어른이 될 나이가 가까워지자 야다바 왕조의 수라세나(Surasena) 왕의 딸인 쿤티와 마드라(Madra) 왕국의 국왕 샬리야(Shalya)의 누이인 마드리(Madri)를 아내로 맞았다. 그 후 판두는 군대를 이끌고 대외 원정에 나서 신두(Sindhu, 파키스탄 남서부 카라치 부근), 카시(Kashi, 인도 북부의 바라나시), 앙가(Anga, 방글라데시와 가까운 인도 동부), 트리가르타(Trigarta, 카슈미르와 가까운 인도 북부), 칼링가(Kalinga, 인도 동부 오디샤주), 마가다(Magadha, 인도 갠지스강 남쪽의 비하르주) 등을 정복해 영토를 크게 확장했다.

그러나 이토록 위대한 왕도 비극적 운명을 피할 수는 없었다. 어느 날 판두는 숲에서 사냥하다가 수사슴과 암사슴이 교미하는 모습을 보고 두 마리를 동시에 잡을 기회라고 여겨 화살로 수사슴을 쏘아 죽였다. 그런데 그가 죽인 수사슴은 사슴으로 둔갑한 브라만 사제인 현자 킨다마(Kindama)였다. 킨다마는 아내와 서로 사슴으로 변해 성관계를 즐겼는데, 판두는 그 사실을 알지 못했다. 고대 인도에서 브라만 사제를 죽이는 일은 가장 큰 죄악이었다. 따라서 브라만을 죽인 자는 저주를 피할 수 없었다. 킨다마는 죽어가면서 판두에게 "당신도 아내와 동침하다 죽게 될 것이다."라고 저주를 내렸다.

브라만 사제를 죽이고 두려움에 빠진 판두는 왕위를 형 드리타라슈트라에게 넘기고, 두 왕비를 데리고 숲으로 가서 금욕적인 수행 생활을 하며 킨다마를 죽인 죄를 씻으려 했다. 하지만 판두는 아이를 얻지 못했다. 고대 인도에서는 결혼한 남자가 아이를 얻지 못하면 그 역시 부끄러운 일이었기에 판두는 어떻게 해서라도 아이를 얻고자 했다. 그러나 금욕 생활을 하는 판두는 아내들과 동침할 수 없었다. 고민 끝에 판두는 쿤티와 마드리에게 브라만 사제로부터 받은 만트라를 사용해 신들을 불러내 동침하여 아이를 낳으라고 요구했다. 그 결과, 쿤티는 법과 질서의 신 다르마(Dharma)와 바람의 신 바유, 신들의 왕 인드라와 차례로 동침해 세 아들 유디슈티라(Yudhishthira), 비마, 아르주나를 낳았다. 마드리는 의학의 신 아슈빈을 불러 두 아들 나쿨라(Nakula)와 사하데바(Sahadeva)를 낳았다.

이렇게 태어난 다섯 아들은 판두의 아들들이라는 의미에서 '판다바'라고 불렸다. 즉 판다바 형제들의 생물학적 아버지는 신들이고, 법적인 아버지는 판두였다. 이런 이중적인 아버지와 아들 관계는 그리스 신화와 동명성왕 신화를 비롯해 고대 세계의 신화에 널리 퍼져 있다.

그러나 판두는 킨다마의 저주를 잊고 어느 날 마드리와 동침하다가 결국 죽고 말았다. 그의 시체는 숲에서 화장했는데, 슬픔에 빠진 마드리도 불 속으로 뛰어들어 목숨을 끊었다.

# 046 필멸의 용사, 비슈마

비슈마는 《마하바라타》에 나오는 하스티나푸르의 왕 판두의 큰아버지다. 그는 쿠루족의 왕 샨타누(Shantanu)와 강의 여신 강가의 여덟째 아들이다.

비슈마의 출생에 관한 일화는 매우 흥미롭다. 샨타누 왕은 갠지스강 강가에서 아름다운 여인을 보고 청혼했다. 그 여인은 동의했지만, 자기가 무슨 일을 하든 절대 질문하지 말라는 조건을 내걸었다. 둘 사이에서 7명의 아들이 태어났으나 그녀는 자식들을 차례로 갠지스강에 빠뜨려 죽였다. 이를 본 샨타누 왕은 괴로웠지만, 결혼할 때 여인이 요구한 대로 아무것도 물을 수가 없었기에 영문을 알 수 없었다. 그러다 여인이 여덟째 아들 비슈마마저 강에 빠뜨리려 하자 샨타누 왕은 참지 못하고 그녀에게 왜 그러는지 물었다.

여인은 자신이 갠지스강의 여신 강가라고 밝히며 "나는 성자 바시슈타(Vasishtha)에게 저주를 받아 내가 낳은 아이 8명은 모두 죽을 운명을 지니고 태어났습니다. 그래서 일부러 그들을 죽여 신들이 사는 천국으로 보내 영원한 생명을 누리게 했던 것입니다. 그러나 당신이 이 아이를 못 죽이게 막았으니 이 아이는 죽을 수밖에 없는 운명을 지니고 살게 될 것입니다."라고 말하고는 사라졌다.

이 일화는 그리스 신화의 바다의 여신 테티스(Tethys)와 그녀의 남편 펠레우스(Peleus) 왕 사이에서 태어난 영웅 아킬레우스의 이야기와 유사하다. 테티스는 아들 6명을 불에 넣어 죽였는데, 이는 그들에게 영원한 생명을 주기 위해서였다. 그러나 일곱째 아들인 아킬레우스를 불에 넣으려 하자 펠레우스 왕이 그를 구해내 아킬레우스는 죽지 않았다. 이에 테티스는 "당신은 내 아들을 죽을 운명의 인간으로 만들었습니다!"라고 화를 내며 남편을 떠나 바다로 돌아갔다.

비슈마는 아버지 샨타누 왕 덕분에 당대 최고의 스승들로부터 훌륭한 교육을 받았다. 신들의 스승인 브리하스파티에게는 정치를, 현자 슈크라차리야(Shukracharya)에게는 과학을, 현자 브리구의 아들인 치야바나(Chyavana)에게는 베다에 대한 지식을, 브라흐마의 아들인 사나트쿠마라(Sanatkumara)에게는 정신에 관한 가르침을, 시바에게 영원한 젊음을 얻은 마르칸데야(Markandeya)에게는 의무를, 비슈누의 화신 파라슈라마에게는 전쟁 기술을 배웠으며, 마지막으로 인드라로부터는 강력한 하늘의 무기를 받았다. 또 비슈마는 결코 왕이 되지 않겠다고 맹세한 대가로, 아버지 샨타누로부터 자신이 원하는 때에 죽을 수 있는 조건부 불사의 축복을 받았다.

그러나 비슈마는 한 가지 잘못을 저질렀다. 그는 동생 비치트라비리야의 신부로 삼기 위해 암바(Amba), 암비카, 암발리카를 납치했다. 맏딸인 암바는 이미 사우발라(Saubala)의 왕인 살와(Salwa) 왕을 사랑하고 있으니 비슈마에게 풀어달라고 애원했다. 하지만 살와 왕은 돌아온 암바가 비슈마에게 납치당해 순결을 잃었다며 그녀를 쫓아냈다. 암바는 할 수 없이 비슈마에게 가서 결혼해달라고 간청했으나 비슈마는 평생 아내와 자식을 갖지 않겠다고 맹세했다며 거절했다. 모두에게 버림받은 암바는 슬피 울면서 남자로 환생해 비슈마에게 복수하겠다고 다짐하며 불 속으로 뛰어들었다.

암바는 죽은 뒤 시크한디(Shikhandi)라는 남자로 다시 태어났고, 판다바 형제들과 카우라바 형제들이 맞붙은 쿠루크셰트라 전투에서 판다바 형제들 편에 가담했다. 당시 비슈마는 자신과 가까운 카우라바 형제들을 도와 전투에 나섰다. 그는 늙은 나이였으나 판다바 형제들은 물론 그들을 도와 참전한 누구도 제대로 상대할 수 없을 만큼 강력한 전사였다.

하지만 비슈마는 암바의 죽음에 죄책감을 느꼈기에 암바가 환생한 시크한디가 참전했다는 소식을 듣고 그와는 절대 싸우지 않겠다고 맹세했다. 그래서 시크한디가 아르주나와 함께 전차에서 화살을 쐈을 때 비슈마는 일부러 피하지 않고 화살을 전부 맞았다. 우주를 다스리는 전지전능한 신 비슈누가 인간의 모습으로 나타난 크리슈나조차 싸우기를 주저할 정도로 강력한 용사였던 비슈마는 그렇게 스스로 죽음을 받아들였다.

# 047 판다바 형제들

《마하바라타》는 힌두교의 신화와 전설을 담고 있는 방대한 양의 문헌이다. 이 《마하바라타》의 기둥 줄거리는 반신반인의 영웅들인 판다바 형제들이 사촌이자 적수인 카우라바 형제들과 벌이는 전쟁 이야기인데, 그 내용을 요약하면 대략 이렇다.

하스티나푸르의 왕 판두는 사냥을 나갔다가 실수로 브라만 사제 킨다마를 죽이고, 그로부터 아내와 성관계를 하면 죽는다는 저주를 받았다. 그래서 판두의 첫째 왕비 쿤티는 만트라를 이용해 신들인 다르마와 바유와 인드라를 불러내 그들과 동침하고 유디슈티라, 비마, 아르주나를 낳았다. 판두의 둘째 왕비 마드리는 의학의 신 아슈빈을 불러내 나쿨라와 사하데바를 낳았다. 이렇게 태어난 다섯 형제를 《마하바라타》에서는 '판두의 아들들'이라는 뜻인 판다바라고 부른다.

그런데 판두는 킨다마의 저주를 잊고 어느 날 마드리와 동침하다 죽고 말았다. 아버지가 죽자 판다바 형제들은 판두의 형이자 자신들의 큰아버지인 드리타라슈트라 왕을 찾아가 그의 궁정에서 자랐다.

하지만 드리타라슈트라 왕의 궁정에서 판다바 형제들은 그리 행복하지 못했다. 드리타라슈트라 왕의 아들인 100명의 카우라바 형제들은 판다바 형제들과 사이가 나빴는데, 특히 큰아들인 두리오다나(Duryodhana)는 판다바 형제 중 둘째인 비마와 자주 싸웠다. 사실 싸웠다기보다는 어릴 적부터 힘이 강한 비마가 두리오다나를 괴롭혔다고 보는 편이 옳다. 그 과정에서 두리오다나를 비롯한 카우라바 형제들은 판다바 형제들에 대한 원한을 서서히 쌓아갔다.

어른이 된 판다바 형제들은 신붓감을 구하기 위해 판찰라(Panchala) 왕국의 왕 드루파다(Drupada)가 개최한 무술 대회에 참가했다. 묶은 고리의 구멍 안에 화살 5개를 동시에 쏴 통과시켜야 대회에서 우승하고, 드루파다의 딸 드라우파디(Draupadi) 공주와 결혼할 자격을 얻을 수 있었다. 이 대회에서 판다바 형제 중 셋째인 아르주나가 우승하자 쿤티는 아들 중 한 명이 얻은 것은 모든 형제가 공유해야 한다고 주장했다. 그래서 드라우파디 공주는 판다바 형제들 모두의 아내가 되었다.

두리오다나는 외삼촌 샤쿠니(Shakuni)의 부추김을 받아 판다바 형제들의 장남 유디슈티라와 주사위 도박을 벌였다. 두리오다나의 대타로 나선 샤쿠니가 유디슈티라를 상대로 계속 승리하자 유디슈티라는 점점 흥분해 형제들, 부인, 모든 재산까지 걸었지만 결국 모두 잃고 말았다. 이에 두리오다나는 판다바 형제들에게 망신을 주기 위해 드라우파디가 모든 이가 지켜보는 앞에서 옷을 벗도록 강요했다. 이 일은 드라우파디를 불쌍히 여긴 드리타라슈트라 왕이 개입함으로써 실행되지 않았으나 대신 판다바 형제들과 드라우파디는 13년간 숲속으로 쫓겨났다.

13년의 추방 기간에 판다바 형제들은 비슈누가 인간으로 태어난 크리슈나와 친구가 되었고, 아르주나는 크리슈나의 여동생 수바드라(Subhadra)와 결혼해 아들인 아비만유(Abhimanyu)를 얻었다. 13년이 다 지나가자 판다바 형제들은 두리오다나에게 크리슈나를 사절로 보내 서로 평화롭게 지내는 대신 쿠루 왕국을 둘로 나누어 갖자고 제안했다. 오만한 두리오다나는 제안을 거절하고 크리슈나를 공격했다. 이에 판다바 형제들은 두리오다나를 비롯한 카우라바 형제들을 적으로 여기고 전쟁을 선포했다.

그리하여 판다바 형제와 카우라바 형제는 쿠루크셰트라의 평원에서 일대 전투를 벌였다. 전투 직전까지 아르주나는 비록 적이지만 친척인 카우라바 형제들을 과연 죽일 필요까지 있는지 회의감을 느끼며 괴로워했다. 하지만 크리슈나가 나서서 아르주나를 설득해 결국 전쟁으로 이어지게 되었다(이 대화 내용을 엮은 문헌이 바로 인도의 철학적 경전인 《바가바드기타(Bhagavadgita)》다).

크리슈나는 전투에 직접 참여하지는 않았지만 판다바 형제들의 참모로서 여러 현명한 조언을 했다. 그 덕에 많은 영웅이 카우라바 형제들 편에 섰음에도 판다바 형제들이 승리할 수 있었다. 결국 카우라바 형제들은 쿠루크셰트라 전투에서 전멸하고 말았다. 드리타라슈트라 왕은 아들들을 잃은 슬픔에 잠겨 왕위를 버리고 숲속으로 물러났다가 그곳에서 불에 타 죽었다. 이후 판다바 형제들은 천국에 올라가 신들의 축복을 받으며 영원한 행복을 누렸다. 이것이 《마하바라타》의 결말이다.

# 048  세계 최고의 궁수,
아비만유

아비만유는 《마하바라타》에 등장하는 인물로, 아버지는 판다바 형제 중 셋째인 아르주나이고, 어머니는 비슈누의 화신 크리슈나의 여동생인 수바드라다.

아비만유는 아르주나의 막내아들로 태어났다. 아비만유는 판다바 형제의 모든 아들 중 가장 사랑받았으며, 형제들의 아내인 드라우파디는 자기 아들보다 아비만유를 더 사랑했다. 아비만유의 외삼촌 크리슈나도 아비만유를 사랑해 라우드라(Raudra)라는 강력한 활을 선물로 주고 무예를 가르쳤다. 덕분에 아비만유는 '세계에서 가장 훌륭한 궁수'라는 명성을 얻었다.

아비만유는 비라타(Virata) 왕국의 왕 비라트(Virat)의 딸인 우타라(Uttara)와 결혼했다. 원래 우타라는 자신의 궁정에 망명해 있던 아르주나와 결혼할 예정이었으나 아르주나는 자신이 우타라에게 춤을 가르친 선생이고 우타라를 친딸처럼 여겼기에 자기 아들 아비만유와 결혼하도록 비라트 왕에게 제안했다. 그리하여 아비만유와 우타라 공주 사이에서 아들 파리크시트(Parikshit)가 태어났다.

판다바 형제들과 카우라바 형제들의 쿠루크셰트라 전투가 벌어지자 아비만유는 아버지인 아르주나를 따라 참전했다. 전투 첫날, 아비만유는 카우라바 편에 선 전설적 용사 비슈마와 활쏘기 대결을 벌였다. 비슈만은 아비만유가 쏜 화살에 맞았으나 자신의 먼 손자뻘 되는 어린 아비만유를 죽이고 싶지 않아서 신들로부터 받은 강력한 무기를 일부러 사용하지 않았다. 오히려 아비만유에게 자신의 눈에 띄지 않는 곳으로 떠나라고 외쳤다. 하지만 아비만유는 아르주나의 아들이자 크리슈나의 제자로서 전쟁터에서 도망치는 비겁한 짓은 하지 않겠다며 비슈마의 제안을 거절했다. 비슈마는 친척 중에 저렇게 용감한 젊은이가 있다는 사실을 자랑스러워했다. 아비만유가 쏜 화살이 비슈마의 활을 부러뜨리자 둘은 하루의 전투가 끝나는 해가 지기 직전에 칼로 대결을 벌였으나 승부를 가리지 못하고 전장에서 물러났다. 비슈마는 아비만유의 용맹과 무예를 높이 평가했다.

둘째 날, 아비만유는 강력한 용사 아슈와타마(Ashwatthama)를 공격했고, 그를 구하려고 달려온 아슈와타마의 아버지 드로나(Drona)와 대결했다. 이 대결에서 드로나는 아비만유를 이기지 못하고 아들과 함께 물러나야 했다.

열셋째 날, 카우라바의 최고 사령관인 드로나는 거대한 원반의 모습을 한 진용을 갖추고 판다바 군대에 큰 손실을 입혔다. 이 원반 진용을 뚫는 방법은 판다바 군대에서 아르주나와 크리슈나만이 알았는데, 어머니 뱃속에 있던 아비만유도 아버지와 외삼촌의 대화를 듣고 그 방법을 알게 되었다. 그래서 아비만유는 자신이 원반 진용을 뚫고 가 적을 전멸시키겠다고 했다. 하지만 아비만유는 원반 진용을 뚫고 들어가는 방법만 알았지 그 뒤에 나오는 진용을 파괴하는 방법은 알지 못했다. 그 부분을 이야기할 무렵에는 태아였던 아비만유가 잠들어버렸기 때문이다.

그리하여 카우라바의 용사들인 카르나, 드로나, 두리오다나, 아슈와타마, 크리파(Kripa), 크리타바르마(Kritavarma)가 모두 달려들어 아비만유를 공격했다. 포위당한 상황에서도 아비만유는 두리오다나의 아들 락슈마나(Lakshmana)를 비롯해 수많은 카우라바 병사들을 처치했다. 그러나 크리파가 아비만유의 전차 몰이꾼 둘을 죽이고, 크리타바르마가 전차를 모는 말들을 죽였다. 아비만유는 검과 방패를 들었지만 드로나와 아슈와타마에 의해 땅에 떨어졌다. 그러자 아비만유는 전차의 바퀴를 뽑아 들고 싸웠으나 크리파가 그것마저 잘라버렸다. 그런 상황에서 아비만유는 카우라바 병사들이 쏘아대는 화살에 맞아 피를 흘렸다. 마침내 모든 카우라바 전사들이 아비만유를 칼로 찔러 죽였다.

# 049 우정을 배신한 드루파다

드루파다는 《마하바라타》에 등장하는 인물로, 프리샤타(Prishata) 왕의 아들이며 캄필리야(Kampilya)가 수도인 인도 북부 판찰라 왕국의 왕이다.

어린 시절 드루파다는 현자 바라드와자(Bharadwaja)의 아들 드로나와 함께 공부했다. 드루파다와 드로나는 우정을 굳게 맹세한 친구가 되었고, 드루파다는 드로나에게 "내가 아버지의 뒤를 이어 왕이 되면 나라의 절반을 너에게 내어줄게."라고 약속하기까지 했다.

프리샤타 왕이 죽고 드루파다는 판찰라 왕국의 왕위에 올랐다. 드루파다는 자신의 딸인 드라우파디 공주의 신랑감을 찾기 위해 무술 대회를 열었다. 대회에 참가한 용사들은 묶은 고리의 구멍 안에 화살 5개를 동시에 통과시켜야 드라우파디와 결혼할 자격을 얻을 수 있었다.

이 활쏘기 시험은 무척 어려웠으므로 수많은 용사가 실패했다. 그러던 중 카르나가 처음으로 활쏘기 시험을 통과했다. 카르나는 태양신 수리야와 쿤티 공주 사이에서 태어났으나 갓난아기 때 어머니에게 버림받고, 전차 몰이꾼 아디라타의 양아들로 자란 용사였다. 드루파다와 드라우파디는 카르나가 미천한 신분 출신이라는 점을 들어 그를 신랑감으로 받아들이지 않았다.

카르나 다음으로 활쏘기 시험에 도전한 사람은 판다바 형제 중 셋째인 아르주나였다. 아르주나 역시 카르나 못지않게 뛰어난 궁수여서 활쏘기 시험을 거뜬히 통과했다. 그런데 판다바 형제들의 어머니인 쿤티는 아들 중 한 명이 얻은 것은 모든 형제가 다 같이 공유해야 한다고 주장했다. 그래서 드라우파디는 판다바 형제 다섯 모두를 남편으로 맞아야만 했다. 처음에는 드루파다도 드라우파디도 이에 반대했으나 판다바 형제들의 조상인 성자 비야사가 강력하게 주장해 결국 드라우파디는 모두의 아내가 되었다.

때마침 어린 시절 친구였던 드로나가 드루파다를 찾아와 "지금 나는 무척 가난해 가족을 먹여 살리기도 힘드네. 그래서 자네가 어린 시절에 했던 약속을 지켜서 내 가난한 처지를 도와주기를 바라네. 우리는 어린 시절 서로 우정을 맹세한 친구 사이가 아닌가?"라고 부탁했다. 하지만 막상 왕위에 올라 부귀영화를 누리게 된 드루파다는 드로나에게 자신의 부를 나누어 주기 싫었다. 드루파다는 "친구는 서로 동등한 관계에서나 가능하다. 지금의 너는 가난한 거지에 불과한데, 무슨 자격으로 감히 일국의 왕인 내게 친구 운운하며 손을 내미는 것이냐? 당장 내 나라에서 나가라."라며 매몰차게 거절했다. 우정을 배신한 드루파다에게 화가 난 드로나는 쿠루 왕국의 왕인 드리타라슈트라를 찾아갔고, 그의 배려로 카우라바 형제들의 스승이 되었다.

드로나는 자신을 모욕한 드루파다에 대한 원한을 품었다. 그는 카우라바 형제들을 이끌고 판찰라 왕국으로 쳐들어가서 수도 캄필리야를 포위하고 드루파다를 위협했다. 처음에는 드루파다가 공격을 막아냈으나 곧이어 아르주나가 이끄는 판다바 형제들이 드로나를 도와 쳐들어오자 굴복하고 말았다. 드루파다는 밧줄로 묶인 채 드로나에게 끌려갔다. 드로나는 드루파다를 묶은 밧줄을 풀어주었으나 어린 시절 그가 자신에게 약속했던 판찰라 왕국의 절반을 빼앗아갔다.

굴욕과 패배에 분노한 드루파다는 드로나에게 복수하기 위해 힘든 고행을 거쳐 드로나를 죽일 운명을 타고난 아들 드리슈타듐나(Dhrishtadyumna)를 얻었다. 판다바 형제들과 카우라바 형제들 사이의 쿠루크셰트라 전투가 벌어지자 드루파다는 판다바 형제들 편에 서서 참전했다. 전투가 벌어진 지 15일째 되는 날, 드루파다는 드로나에게 죽임을 당했으나 드로나는 그래도 한때 친구였던 드루파다의 시신을 모욕하지 않았다. 하지만 곧이어 드리슈타듐나가 아버지의 원수를 갚기 위해 드로나를 기습 공격해 그의 목을 잘라 죽이고 말았다.

# 050 멋진 악역, 두리오다나

두리오다나는 《마하바라타》에 등장하는 인물로, 쿠루 왕국의 왕 드리타라슈트라와 왕비 간다리(Gandhari) 사이에서 태어난 100명의 아들 중 첫째다.

두리오다나의 출생은 비범했다. 간다리는 2년 동안 임신한 채로 고통을 겪다 커다란 살덩어리를 낳았다. 이 괴이한 모습에 모두가 당황했는데, 마침 위대한 현자 비야사가 간다리의 초청을 받고 왕궁을 방문해 "큰 살덩어리를 101개로 잘라서 버터기름을 바른 냄비에 넣고 2년 동안 땅에 묻었다가 꺼내면 될 것이오."라고 알려주었다. 간다리가 이를 따르자 2년 뒤 냄비가 열리면서 그 안에서 가장 먼저 두리오다나가 태어났다고 전해진다(마지막은 딸이었다).

《마하바라타》에서 두리오다나는 주인공인 판다바 형제들의 적으로 등장한다. 그러나 전형적인 악당과는 달리 두리오다나는 할리우드 슈퍼 히어로 영화에 등장하는 조커나 타노스처럼 나름대로 매력 있는 멋진 악역이었다.

한 예로 두리오다나는 무술 대회에 참가한 카르나가 천민 출신이라는 사실을 알게 된 판다바 형제들이 그를 조롱하자 "신들도 천민에게 도움을 받을 때가 있으며, 카르나는 훌륭한 용사니 모독하지 마라!"라고 꾸짖었다.

이에 카르나는 자신을 감싸준 두리오다나에게 감사하며 평생 친구가 되겠다고 약속했다. 훗날 쿠루크셰트라 전투에서 카르나가 죽었을 때 두리오다나는 자신의 형제들이 죽었을 때보다 더욱 슬퍼했다.

《마하바라타》는 두리오다나가 판다바 형제들 중 비마를 미워하고 여러 번 해치려고 하는 것에도 나름의 정당성을 부여한다. 비마가 어린 시절부터 두리오다나를 때리고 괴롭혔기 때문에 두리오다나가 자신에게 못되게 군 비마를 미워할 수밖에 없었다는 것이다.

두리오다나를 비롯한 카우라바 형제들이 판다바 형제들과 대립하는 데도 그럴 만한 이유가 있었다. 카우라바 형제들의 아버지 드리타라슈트라의 동생 판두는 판다바 형제들의 법적인 아버지였다(판다바 형제들은 판두의 아내인 쿤티와 마드리가 여러 신과의 사이에서 낳은 아이들이었다). 드리타라슈트라는 태어날 때부터 앞을 보지 못해서 판두가 왕 역할을 했는데, 판두는 사슴으로 변신한 브라만 사제 킨다마를 화살로 쏴 죽인 벌로 둘째 왕비 마드리와 동침하다가 죽고 말았다.

그리하여 드리타라슈트라가 임시로 왕위를 맡게 되었고, 그가 죽으면 큰아들 두리오다나가 왕위를 물려받는 것이 기정사실이었다. 그러나 판두와 첫째 왕비 쿤티 사이에서 태어난 판다바 형제들이 자라면 그들에게 왕위를 넘겨야 한다는 여론도 만만치 않았다. 카우라바 형제들과 판다바 형제들의 대립은 쿠루 왕국의 왕위 계승을 둘러싼 권력 다툼이었다.

두리오다나는 무예 또한 뛰어났는데, 무예의 고수인 드로나차리야(Dronacharya)에게 온갖 무기를 다루는 기술을 배웠고 특히 철퇴를 휘두르는 무예에 능숙했다. 그는 자신이 세상에서 가장 위대한 철퇴 무사라고 자부했다.

그러나 두리오다나에게는 그러한 장점들을 모두 덮을 크나큰 단점이 있었으니, 바로 판다바 형제들에 대한 증오심이었다. 그는 판다바 형제들의 장남인 유디슈티라와 주사위 도박을 벌였고, 이 도박에 유디슈티라는 자신의 형제들과 부인과 모든 재산을 걸었는데 결국 지고 말았다. 두리오다나는 판다바 형제들에게 망신을 주기 위해 판다바 다섯 형제의 아내인 드라우파디에게 모두가 지켜보는 가운데 옷을 벗으라고 강요했다. 비록 드리타라슈트라 왕의 개입으로 중단되었지만, 이 사건은 판다바 형제들이 두리오다나를 반드시 죽이겠다고 맹세하는 계기가 되었다.

결국 판다바 형제들과 카우라바 형제들이 맞붙은 쿠루크셰트라 전투에서 두리오다나는 자신이 그토록 증오했던 비마가 내리친 철퇴에 두 다리가 부러져 고통스러워하다가 죽고 말았다.

# 051 두리오다나의 평생 친구,
## 카르나

　카르나는 《마하바라타》에 등장하는 영웅으로, 태양신 수리야와 쿤티 공주 사이에서 태어난 반인반신이다. 《마하바라타》는 카르나의 출생에 관해 흥미로운 이야기를 전한다.

　야다바 왕조 출신의 왕 수라세나에게는 쿤티라는 아름다운 딸이 있었다. 어느 날 베다를 연구하는 브라만 사제 두르바사(Durvasa)가 왕궁을 방문해 머물게 되었다. 쿤티는 아버지의 뜻에 따라 두르바사가 편안히 머무를 수 있도록 정성껏 봉사했다. 두르바사는 쿤티의 친절에 감사해 만트라를 주면서 "이 만트라를 사용하면 원하는 신을 연인으로 부를 수 있습니다."라고 알려주었다.

　두르바사가 떠난 뒤 쿤티는 첫 번째 월경을 맞이했고, 그때 두르바사가 준 만트라가 떠올라 아침에 이를 사용해 태양신 수리야를 불렀다. 그러자 놀랍게도 수리야가 보석이 박힌 황금 갑옷을 입고 그녀 앞에 나타났고, 쿤티는 수리야와 동침했다. 수리야는 "너는 내 아들을 낳을 것이다. 아이는 귀걸이와 황금 갑옷을 입고 태어날 것이다."라는 예언을 남기고, 또 그녀가 아들을 낳은 뒤에는 처녀성이 회복된다고 알려주고는 사라졌다.

　쿤티는 임신 사실을 숨기다가 몰래 아들 카르나를 낳았다. 하지만 이 사실이 알려지면 망신을 당할까 봐 갓 태어난 카르나를 바구니에 담아 강물에 띄워 보냈다. 바구니는 갠지스강을 따라 흘러가다가 오늘날의 벵골인 앙가 왕국에 도달했고, 그곳에서 전차 기수인 아디라타와 그의 아내 라다에게 발견되어 그들의 양아들로 자랐다.

카르나는 하스티나푸라(Hastinapura)에서 학교에 다녔고 드로나차리야, 크리파 그리고 비슈누의 화신인 파라슈라마에게 무술을 배웠다. 그러나 카르나는 천민인 아디라타의 아들이었기에 학교에서 계속해서 괴롭힘을 당했다. 그렇지만 카르나는 매일 수리야를 숭배하며 명상하고 인품과 무예를 연마했다.

성인이 된 카르나는 쿠루 왕국의 왕 드리타라슈트라가 주관한 무술 대회에 참가해 어머니인 쿤티와 인드라 사이에서 태어난 이부형제 아르주나와 맞붙었다. 그러나 아르주나의 형이자 쿤티와 바람의 신 바유와의 사이에서 태어난 비마는 경기장에서 카르나가 아디라타에게 인사하는 모습을 보고는 천민이라고 카르나를 조롱했다. 이에 두리오다나가 카르나를 두둔하며 비마를 꾸짖자 카르나는 두리오다나에게 평생 친구가 되겠다고 약속했다. 그래서 훗날 두리오다나가 비난과 적대에 직면할 때에도 카르나는 끝까지 두리오다나를 지지하며 그를 지켰다.

하지만 《마하바라타》의 구조상 카르나가 두리오다나 편에 선 것은 비극적 결말로 이어졌다. 두리오다나는 《마하바라타》의 주인공인 판다바 형제들의 적이었고, 카르나는 두리오다나의 친구였기에 판다바 형제들과 싸울 수밖에 없었기 때문이다.

카르나는 두리오다나를 도와 자신의 이부형제이기도 한 판다바 형제들과의 전투에 나섰다. 바로 그 전에 아르주나의 아버지인 인드라는 브라만 사제로 변신해 카르나의 황금 갑옷을 빼앗아 갔다. 그 갑옷은 카르나에게 불사의 축복을 주는 수리야의 선물로, 황금 갑옷을 잃은 카르나는 이제 영락없이 죽을 수밖에 없었다.

　결국 카르나는 쿠루크셰트라 전투가 벌어진 지 14일 만에 아르주나의 화살에 맞아 죽고 말았다. 그 후 쿤티는 판다바 형제들에게 카르나가 그들의 큰 형이었다는 사실을 알렸고, 판다바 형제들은 형제끼리 서로 싸워 죽인 비극적 운명에 슬퍼했다. 이것이 《마하바라타》 후반부의 내용이다.

# 052 정의로운 비카르나

《마하바라타》에서 비카르나(Vikarna)는 카우라바 형제 중 셋째 아들이다.
비카르나는 큰형인 두리오다나에게 충성하면서도 두리오다나가 사촌인 판
다바 형제들에게 저지르는 부당한 행위에는 반대하는 정의로운 인물로 묘
사된다.

주사위 도박에 모든 재산과 자기 부인 드라우파디까지 건 판다바 형제의
장남 유디슈티라가 지자 두리오다나는 드라우파디가 모든 사람 앞에서 옷
을 벗도록 강요했다. 카우라바 형제들은 모두 두리오다나의 요구에 동조했
으며, 그들의 스승인 비슈마와 드로나차리야조차 반대하지 않고 사실상 묵
인했다. 그러나 카우라바 형제들 가운데 단 한 사람, 비카르나만이 공개적
으로 반대하고 나섰다.

"아무리 사이가 나쁘더라도 판다바 형제들은 우리의 사촌이다. 또한 드
라우파디는 판다바 형제들과 결혼했으니 우리와 친척이다. 그런데 어떻게
친척 여인에게 치욕을 주려 하는가? 이는 크나큰 죄악이니 결코 해서는 안
된다."

그러나 카우라바 형제들은 물론 그 자리에 있던 원로들조차 비카르나에
게 동의하지 않았다. 오히려 두리오다나의 친구 카르나는 비카르나를 향해

"왜 쓸데없는 소리를 해서 감히 큰형에게 반대하려 드는 것이냐?"라고 질책했다. 이에 비카르나는 단호하게 응수했다.

"친척 여인을 모욕하는 것은 곧 쿠루 왕족 전체에 대한 모욕이다. 이런 짓을 저지른다면 우리 모두 신들의 노여움을 사서 파멸하고 말 것이다."

판다바 형제들 중에서 카우라바 형제들에게 가장 적대적이었던 비마조차 비카르나를 '정의로운 사람'이라고 인정할 만큼 비카르나는 카우라바 형제들 중 가장 올곧은 인물이었다.

다만 그렇다고 비카르나가 두리오다나에게 등을 돌린 것은 아니었다. 쿠루크셰트라 전투에서 비카르나는 형을 도와 판다바 형제들과 싸웠다. 그는 드로나차리야에게 무예를 배운 뛰어난 전사였으며, 비슈마조차 그를 위대한 전사라고 인정할 만큼 전력 면에서도 중요한 인물이었다.

전투가 14일간 이어지자 비카르나는 '이 싸움에서 결국 우리 카우라바 일족이 망할 것 같다.'라는 불길한 예감을 떨칠 수 없었으나 일족을 지켜야 한다는 의무감에 끝까지 싸웠다. 하지만 운명의 추는 점차 판다바 형제들 쪽으로 기울었다.

비카르나는 전장에서 비마와 맞닥뜨렸는데, 과거 드라우파디의 모욕을 막으려 했던 비카르나의 고결한 인품을 기억하는 비마는 그와 싸우기를 주저했다. 그런 비마에게 비카르나는 "나는 지금 내 의무를 다해야 한다. 바유의 아들이여, 나와 싸우자!"라고 외치며 달려들었다. 비마는 철퇴를 들고 비카르나와 싸웠고, 결국 그를 쓰러뜨렸다. 비카르나가 죽자 비마는 눈물을 흘리며 탄식했다.

"아아, 비카르나, 당신은 정의가 무엇인지 아는 사람이었다. 당신은 의무의 부름에 충성스럽게 순종했다. 진실로 이 전투는 당신과 같은 고결한 이들이 죽어야 하는 저주다."

비카르나는 불의한 형에게 항의하는 정의로운 인물이었으나 형을 지켜야 한다는 의무감에서 주인공과 맞서다가 죽어야 했다. 이러한 점에서 그는 《라마야나》에 등장하는 쿰바카르나와 유사하다. 쿰바카르나는 형 라바나가 《라마야나》의 주인공 라마의 아내 시타를 납치했을 때 그녀를 돌려보내라고 조언했으나 거부당했다. 그러나 라마가 군대를 이끌고 침공하자 쿰바카르나는 형을 지키기 위해 싸우다 죽었다. 이렇듯 비카르나와 쿰바카르나는 각자의 형인 두리오다나와 라바나의 행동이 잘못되었다고 여겼으나 그럼에도 불구하고 형에게 충성을 다했다.

# 053 죽지 못하는
## 아슈와타마

아슈와타마는《마하바라타》에 나오는 인물로, 폭풍의 신 루드라의 아들들인 마루트(Marut) 중 한 명이 사람의 모습으로 나타난 루드라스(Rudras)로 묘사되거나 세상의 종말이 올 때까지 계속 살아남아야 하는 불멸의 존재인 치란지비 7명 중 하나로 묘사된다.

《마하바라타》에 따르면 아슈와타마는 '말의 목소리와 관련된 신성한 목소리'라는 뜻인데, 그가 태어났을 때 말처럼 울었기 때문에 그런 이름이 붙여졌다고 한다. 아슈와타마의 아버지는 카우라바 형제들에게 무예를 가르친 강력한 용사 드로나이며, 어머니는 위대한 궁수 사라드반(Saradvan)의 정액이 잡초에 뿌려져 태어난 신비한 여인인 크리피(Kripi)였다.

드로나는 파괴의 신 시바를 열렬히 숭배했으며, 특히 아들이 시바처럼 용감한 전사가 되기를 간절히 바라며 오랫동안 고행했다. 그 정성에 감동한 시바는 드로나의 아들 아슈와타마를 세상의 종말 때까지 죽지 않는 치란지비로 만들어주었고, 아슈와타마의 이마에 보석을 박아 넣었다. 이 보석 덕분에 아슈와타마는 사람보다 낮은 모든 생명체로부터 해를 입지 않았고 굶주림이나 갈증, 피로도 느끼지 않았다.

드로나는 판다바 형제들과 카우라바 형제들에게 무예를 가르쳤으며, 아슈와타마는 그들과 함께 아버지에게 무예를 배웠다. 다만 카우라바 형제들의 아버지인 드리타라슈트라 왕이 드로나를 총애했으므로 쿠루크셰트라 전투에서 아슈와타마는 드로나와 함께 카우라바 형제들 편에 섰다. 전투가 벌어진 지 14일째 되는 날, 아슈와타마는 비마의 아들이자 락샤사의 피를 받은 강력한 전사 가토트카차가 이끄는 부대를 물리치는 공적을 세웠다.

크리슈나와 판다바 형제들은 카우라바 형제들을 이기려면 우선 강력한 지휘관인 드로나부터 없애야 한다고 결론 내렸다. 그래서 비마에게 아슈와타마와 이름이 같은 코끼리 한 마리를 죽이게 하고, 그런 다음 유디슈티라에게 "아슈와타마가 죽었다!"라고 외치게 했다. 그 말에 아들이 죽은 줄 알고 놀란 드로나는 기절했고, 그 틈에 드리슈타듐나가 드로나의 목을 베었다. 드리슈타듐나는 드로나가 죽인 드루파다 왕의 아들이었다.

크리슈나의 기만에 아버지가 죽자 아슈와타마는 분노해 신들로부터 받은 무기인 나라야나스트라(Narayanastra)를 판다바 형제들에게 사용했다. 그러나 이 또한 크리슈나의 계략으로 소용없어졌다. 나라야나스트라는 발사되면 거친 바람이 불고 천둥소리가 울리며 모든 적에게 화살을 퍼붓는 강력한 무기였다. 다만 이것은 무기를 가진 적에게만 효과가 있고, 무기가 없는 적에게는 아무런 효과가 없었다. 그래서 크리슈나는 나라야나스트라가 발사되자마자 군사들에게 모든 무기를 내려놓고 저항하지 말라고 알렸다. 결국 나라야나스트라는 아무런 피해도 주지 못하고 그대로 지나갔다.

나라야나스트라가 무력화되자 아슈와타마는 밤을 틈타 판다바 형제들의 막사를 기습해 드리슈타듐나, 시크한디, 유다만유(Yudhamanyu), 우타마우자스(Uttamaujas)와 드라우파디의 아이들을 포함해 많은 적을 죽였다. 하지만 아슈와타마가 카우라바 형제들의 우두머리인 두리오다나를 찾아갔을 때 그는 이미 죽어 있었고, 아슈와타마는 슬퍼하며 그를 화장해주었다.

그 후에도 아슈와타마는 판다바 형제들에 맞서 싸웠으나 이미 기울어진 형세를 뒤집을 수는 없었다. 패색이 짙어진 상황에서 아슈와타마는 판다바 형제들의 혈통을 끊기 위해 아르주나의 아들 아비만유의 아이를 임신한 우타라의 자궁을 향해 브라흐마에게 받은 강력한 무기인 브라흐마시라스트라(Brahmashirastra)를 쏘았다. 분노한 판다바 형제들은 아슈와타마를 죽이려 했으나 현자 비야사가 이를 막았다. 대신 비야사는 아슈와타마의 이마에 있는 보석을 뽑아 판다바 형제들에게 주었다.

크리슈나는 아슈와타마에게 3000년 동안 이마에서 피를 흘리며 숲을 돌아다녀야 하는 저주를 내렸다. 이렇게 아슈와타마는 죽고 싶어도 죽을 수 없는 고통스러운 신세가 되고 말았다.

# 054  카우라바 군대의 지휘관, 드로나

드로나는 《마하바라타》에 등장하는 강력한 용사다. 드로나의 출생은 무척 기이했는데, 현자인 바라드와자가 갠지스강에서 수행하던 도중 아름다운 압사라(하늘의 요정)인 그리타치(Ghritachi)를 보고 성욕을 느껴 정액을 배출했고, 그것을 잎으로 만든 '드로나'라는 그릇에 담았다. 그리고 그 정액에서 드로나가 그대로 튀어나왔다고 전해진다. 참고로 인도에서는 브라만 사제들이 넓고 긴 식물의 잎사귀를 음식을 담는 그릇으로 사용한다.

드로나의 아내는 하스티나푸르 왕실의 스승인 크리파의 누이 크리피였다. 크리피의 태생도 남편처럼 기이한데, 그녀와 오빠 크리파는 어머니의 자궁이 아니라 위대한 궁수 사라드반의 정액이 잡초에 뿌려져 태어났다고 한다. 드로나와 크리피 사이에서는 아들 아슈와타마가 태어났다.

드로나는 비슈누의 여러 화신 중 하나인 파라슈라마가 자신의 소유물을 다른 사람들에게 나눠준다는 소식을 듣고 그를 찾아갔다. 하지만 그때 파라슈라마는 이미 재산을 모두 나눠준 뒤였고, 드로나에게 줄 것이 마땅치 않자 무술을 가르쳐주었다.

파라슈라마에게 무술을 배운 드로나는 재산이 없었기 때문에 어린 시절 함께 공부한 친구였던 판찰라 왕국의 왕 드루파다를 찾아가 옛 우정을 거론하며 가족을 먹여 살릴 수 있게 도와달라고 부탁했다. 그러나 드루파다는 "친구는 서로 동등한 관계에서나 가능하다. 지금의 너는 가난한 거지에 불과한데, 무슨 자격으로 감히 일국의 왕인 내게 친구 운운하며 손을 내미는 것이냐?"라며 드로나를 모욕했다.

화가 난 드로나는 쿠루 왕국의 왕 드리타라슈트라를 찾아갔다. 드리타라슈트라 왕은 드루파다보다 훨씬 인정이 많았기에 드로나를 왕자들의 스승으로 임명하고 융숭하게 대우해주었다. 드로나는 드리타라슈트라 왕의 은혜에 보답하기 위해 그의 아들 100명에게 자신이 아는 모든 무예와 전술을 가르쳤다. 그의 제자 중에는 드리타라슈트라 왕의 아들인 카우라바 형제들뿐만 아니라 그들의 사촌이자 적인 판다바 형제들도 있었다.

카우라바 형제들이 도박에서 이긴 일을 내세워 판다바 형제들을 숲으로 쫓아내자 드로나는 카우라바 형제들이 잘못했다며 항의했다. 하지만 쿠루크셰트라 전투가 벌어지자 드로나는 양측 모두 자기 제자들이라는 사실에 안타까워하면서도 카우라바 형제들 편에 섰다. 드리타라슈트라 왕이 자신을 거둬준 은혜에 보답하고, 그의 아들들을 지켜야 한다는 의무를 다하기 위해서였다.

쿠루크셰트라 전투가 벌어진 지 10일째 되던 날, 카우라바 형제들의 최고 사령관 비슈마가 전사하고 드로나가 그 뒤를 이어 최고 사령관이 되었다. 그는 맹활약을 펼치며 수천 명의 판다바 병사를 물리쳤다. 15일째 되던 날에는 화살을 쓰는 비라트와 검을 쓰는 드루파다를 비롯해 판다바 측의 많은 병사를 죽였다. 비록 드루파다가 과거에 자신을 모욕했으나 한때 친구였던 정을 생각해 드로나는 그의 시신을 모욕하지 않았다.

크리슈나와 판다바 형제들은 카우라바 형제들을 이기려면 우선 강력한 지휘관인 드로나부터 제거해야 한다고 판단했다. 그래서 잔꾀를 내어 비마가 아슈와타마와 이름이 같은 코끼리를 죽이고, 드로나가 듣도록 유디슈티라가 "아슈와타마가 죽었다!"라고 외쳤다. 그 말에 아들이 죽은 줄 알고 충격받은 드로나는 기절했고, 그 틈을 타 드루파다의 아들 드리슈타듐나가 드로나의 목을 베었다. 위대한 용사는 그렇게 허망하게 최후를 맞이했다.

# 055 크리슈나를 증오한 시슈팔라

인도 신화를 보면 신성모독을 저질렀다가 분노한 신에게 처벌받는 인간들이 나오는데, 그중 하나가 《마하바라타》에 등장하는 시슈팔라(Shishupala)다.

시슈팔라의 아버지는 체디(Chedi) 왕국의 왕 다마고샤(Damaghosha)였으며, 어머니는 스루타슈라바(Srutashrava) 공주였다. 스루타슈라바는 크리슈나의 아버지 바수데바의 여동생이므로, 크리슈나의 고모다. 즉 시슈팔라는 크리슈나와 사촌 형제다.

《마하바라타》에서 크리슈나는 세계를 유지하는 전지전능한 신 비슈누가 인간의 모습으로 태어난 화신이자 무적의 영웅으로 묘사된다. 따라서 그런 크리슈나와 사촌 형제라는 점은 시슈팔라에게 매우 영광스러운 일이었다. 그러나 시슈팔라는 오히려 크리슈나를 극도로 증오하며 마음속으로 욕설과 저주를 퍼부었다. 여기에는 세 가지 이유가 있었다.

첫째, 크리슈나가 시슈팔라의 약혼녀였던 비다르바(Vidarbha) 왕국의 룩미니 공주를 납치했기 때문이다. 그러나 사실 룩미니는 크리슈나를 깊이 사랑하고 있었고, 시슈팔라와 약혼하게 되자 크리슈나에게 편지를 보내 자신을 납치해달라고 부탁했다. 이에 크리슈나가 룩미니를 데려간 것이었으나 시슈팔라는 이를 알지 못했다.

둘째, 시슈팔라의 출생과 관련한 예언 때문이다. 시슈팔라는 본래 3개의 눈과 4개의 팔을 가진 기형아로 태어났다. 다마고샤와 스루타슈라바는 놀라서 그를 버리려 했지만, 허공에서 "그를 버리지 마라. 그에게 알맞은 때가 아직 오지 않았다."라고 경고하는 목소리가 들려와 그만두었다. 그러던 중 왕국에는 "시슈팔라를 무릎에 앉혀 그의 불필요한 눈과 팔을 없애주는 사람이 결국 그를 죽일 것이다."라는 예언이 퍼졌다. 다마고샤와 스루타슈라바는 내심 아들의 장애를 고쳐줄 사람을 기다리면서도 그가 혹시 아들을 죽일까 봐 불안해했다.

그 무렵 크리슈나가 고모를 방문했다. 크리슈나는 시슈팔라를 보고 연민을 느껴 무릎 위에 앉혔는데, 그러자 시슈팔라의 세 번째 눈과 2개의 팔이 사라지며 정상적인 모습이 되었다. 하지만 이는 크리슈나가 예언 속 인물임을 드러낸 셈이었다. 이에 스루타슈라바는 크리슈나에게 "무슨 일이 있어도 시슈팔라의 잘못을 100번까지 용서해다오."라고 부탁했고, 크리슈나는 이를 흔쾌히 받아들였다. 그러나 크리슈나가 언젠가 자신을 죽일 운명임을 알게 된 시슈팔라는 그를 증오하게 되었다.

셋째, 시슈팔라는 전생에 크리슈나의 원수였기 때문이다. 전승에 따르면 그는 전생에 크리슈나, 즉 비슈누와 싸우다 죽은 아수라 히란야카시푸와 락샤사 라바나였다고 한다. 다시 말해 시슈팔라는 전생부터 비슈누와 원수 사이였으니 무의식적으로 크리슈나를 증오할 수밖에 없었다.

이러한 이유로 시슈팔라는 판다바 형제들이 인드라프라스타(Indraprastha)에서 개최한 성대한 행사에 초대받아 참석했을 때 판다바 형제들이 크리슈나와 친구라는 사실을 알고는 무척 불쾌해했다. 그러다 크리슈나가 나타나자 욕설을 퍼부었다.

"이 비열한 납치범아! 무슨 낯짝으로 이곳에 왔느냐? 너는 저급하고 천박한 인간에 불과하다!"

크리슈나가 비슈누의 화신임을 알고 있던 사람들은 깜짝 놀라 시슈팔라를 만류했다. 그러나 크리슈나를 증오하던 시슈팔라는 오히려 더욱 신이 나서 크리슈나를 계속 모욕했다. 그러자 크리슈나는 "고모와 한 약속에 따라 네 잘못을 100번까지 용서하겠다. 그러나 네가 방금 나를 101번째로 모욕했으니 더는 용서하지 않겠다."라며 강철 원반 수다르샤나 차크라를 던져 시슈팔라의 목을 베어버렸다.

그런데 놀라운 일이 벌어졌다. 시슈팔라의 영혼이 몸에서 빠져나와 크리슈나에게로 가더니 그의 영혼과 하나가 된 것이다. 크리슈나는 이를 두고 "시슈팔라는 증오심이긴 했으나 항상 나를 마음속에 품고 있었다. 그가 나의 존재를 인정한 셈이므로, 이제 그의 영혼을 천상으로 데려가려 한다." 라고 설명했다.

# 056 인도를 통일한 찬드라굽타

인도는 드넓은 영토만큼이나 수많은 민족과 다양한 언어가 존재한다. 현재 공식적으로 사용되는 언어만 해도 22개에 달할 정도로 다민족국가이며, 그런 만큼 역사적으로 통합보다는 분열이 더 자연스러웠다. 그러나 예외적인 경우도 있었는데, 고대 인도를 최초로 통일한 마우리아 왕조(기원전 321~185)가 바로 그 예다.

마우리아 왕조는 찬드라굽타(Chandragupta, 재위 기원전 320~293)가 세웠다. 그의 혈통에 대해서는 여러 설이 있는데, 어머니가 무라(Mura)라는 이름의 수드라 계급 출신이었다는 주장과 크샤트리아 계급의 모리야(Moriya) 가문 출신이었다는 주장이 있다.

찬드라굽타 이전의 인도는 이른바 16대국 시대로, 여러 나라가 난립한 군웅할거의 시대였다. 그러던 중 기원전 326년경 마케도니아의 알렉산드로스 대왕이 인도 북서부로 진군했다. 이미 세계 최강대국이었던 페르시아 제국을 멸망시킨 알렉산드로스 대왕이 이끄는 그리스 연합군은 인도의 여러 소국과 제후국들을 차례로 정복했다. 비록 인도의 기후, 병사들의 피로와 향수병 탓에 오래 머물지 못하고 인도에서 철수했으나 그의 침공은 인도인들에게 강한 인상을 남겼다. 차후 강력한 외세의 침입에 대비하려면 통일 국가가 필요하다는 공감대가 형성되었고, 찬드라굽타는 이러한 상황을 적절히 이용해 비교적 손쉽게 인도를 통일하고 마우리아 왕조를 세울 수 있었다.

당시 펀자브(인도 북부와 파키스탄 동부 국경에 걸친 지역)를 다스리던 포루스(Porus) 왕은 알렉산드로스 대왕에게 끝까지 저항한 인물로, 항복한 뒤에도 통치권을 유지했다. 만약 그가 계속 살아 있었다면 찬드라굽타는 영토 확장에 큰 어려움을 겪었을 것이다. 하지만 포루스 왕은 얼마 지나지 않아 사망했기에 찬드라굽타는 손쉽게 펀자브를 차지할 수 있었다.

이후 찬드라굽타는 지혜로운 재상 카우틸리야(Kautilya)의 도움을 받아 군사력이 훨씬 큰 마가다 왕국을 정복했다. 당시 마가다 왕국의 다나 난다(Dhana Nanda) 왕은 마우리아 군대에 의해 전사했고, 찬드라굽타는 마가다의 수도인 파탈리푸트라(Pataliputra)를 새 수도로 삼았다.

한편 인도 서북부 지역에서는 알렉산드로스 대왕의 후계자인 셀레우코스 1세 니카토르(재위 기원전 305~281)가 침공을 시도했다. 찬드라굽타는 이에 맞서 직접 군대로 이끌고 나가 전쟁을 벌였으며, 셀레우코스 1세는 펀자브에서 철수하고 현재의 아프가니스탄 동부 지역을 마우리아 왕조에 할양했다. 대신 찬드라굽타는 셀레우코스 왕조에 전투용 코끼리 500마리를 제공했다. 이러한 정세를 고려할 때 전쟁은 마우리아 왕조에 유리하게 끝난 것으로 보인다.

찬드라굽타는 이후 영토를 확장해 현재의 아프가니스탄에서 방글라데시에 이르는 광대한 지역을 정복했다. 그의 군대는 보병 60만 명, 기병 3만 명, 전투용 코끼리 9000마리, 전차 8000대로 이루어진 어마어마한 규모였다고 전해진다. 이는 당시 세계에서 가장 큰 규모의 군대 중 하나로, 중국 춘추전국 시대 말기의 군대와 비견할 만한 수준이었다.

말년에 찬드라굽타는 자이나교로 개종하고 왕위를 아들 빈두사라

(Bindusara, 재위 기원전 293~273)에게 물려준 뒤 인도 남부 마이소르 지역으로 가 단식을 하며 생을 마감했다. 자이나교에서는 단식을 통한 죽음을 고귀한 행위로 여겼기 때문이다. 당시 그의 나이는 47세였다.

# 057 불교로 개종한
아소카 대왕

찬드라굽타가 세운 마우리아 왕조는 그의 손자이자 세 번째 군주인 아소카 대왕 때 최전성기를 맞이했다. 아소카 대왕은 할아버지 찬드라굽타와 아버지 빈두사라로부터 물려받은 영토를 더욱 확장해 현재 인도 남부 끝자락인 판디야와 마드라스 지역을 제외한 거의 모든 인도 지역을 정복했다. 또한 현재의 파키스탄과 아프가니스탄도 대부분 마우리아 왕조의 영토였으므로 아소카 대왕이 다스린 영토는 오늘날의 인도보다 훨씬 방대했다.

아소카 대왕의 치세 무렵 마우리아 왕조의 수도인 파탈리푸트라는 방어를 위한 군사 시설인 탑 570개와 64개의 문이 달린 성벽으로 둘러싸인 길이 15킬로미터, 너비 2.4킬로미터, 둘레 32킬로미터에 달하는 거대한 규모의 도시였다. 이 정도 규모의 대도시는 당시 전 세계에서 중국을 제외하면 거의 존재하지 않았으므로, 마우리아 왕조의 번영이 어느 정도였는지 짐작할 수 있다.

또한 마우리아 왕조는 국가를 효율적으로 관리하고 통제하기 위해 첩보원들을 대거 양성했다. 이들은 오늘날의 정보기관 요원처럼 상인, 승려, 점성술사, 학자 등으로 신분을 위장하고 마우리아 영토 안팎에서 활동하며 정보를 수집했다. 또 현대의 스파이처럼 암호문을 사용하기도 했다. 아울러 마우리아 왕조의 첩보원과 국왕의 경호원 중에는 여성도 포함되어 있었다고 하니 당시 고대 인도에서 여성의 권한도 어느 정도 보장되었음을 알 수 있다.

아소카 대왕을 후세에 가장 유명하게 만든 것은 그가 불교로 개종한 일이다. 기원전 262년 그는 현재의 인도 동부 오디샤주인 칼링가(Kalinga) 지역을 정복하는 과정에서 전쟁의 참상을 목격하고 충격을 받아 일체의 정복 전쟁을 중단했다. 그는 비폭력을 내세우는 불교의 교리에 눈을 돌려 2년 뒤 베다 종교에서 불교로 개종했으며, 신하들에게도 불교로 개종하길 권유했다.

그뿐만 아니라 아소카는 불교를 해외로 전파하기 위해 사절단을 보냈다. 스리랑카로 아들 마헨드라(Mahendra)와 딸 상가미트라(Sanghamitra)를 보내 티사(Tissa) 왕을 개종시켰으며, 그 영향으로 스리랑카는 오늘날까지 불교 국가로 남아 있게 되었다. 또한 사절단을 시리아, 이집트, 마케도니아까지 파견했는데, 지중해 지역에서는 불교가 받아들여지지 않았으나 "스스로 지식을 쌓고 노력해 깨달음을 얻으면 곧 영혼이 구원을 받는다."라는 불교의 교리에 영향을 받은 그노시스파라는 종교 세력이 형성되었다.

아소카는 불교의 생명 보호를 국정 목표로 삼아 요양 시설을 세우고 고아, 과부, 노인을 돌봤으며, 심지어 아픈 동물을 치료하는 동물 병원도 사상 최초로 만들었다. 또한 궁정에서 도축이 사라졌으며, 아소카 본인도 사냥을 그만두었다.

기원전 232년 아소카가 죽은 뒤 마우리아 왕조는 쇠퇴했고, 기원전 185년 브라만 출신 장군 푸시야미트라 숭가(Pusyamitra Sunga)가 반란을 일으켜 마우리아 왕조를 무너뜨렸다. 푸시야미트라 숭가는 불교를 탄압하고 베다 종교를 부흥시켰으나 아소카가 이룩한 업적은 계속해서 기록으로 전해졌다.

아소카는 한국 고대사와도 관련이 깊다. 《삼국유사》를 보면 신라 황룡사가 완공되고 얼마 후 남쪽 바다에서 온 커다란 배가 지금의 울산 해안에 도착했다고 한다. 배에는 "서천축(인도)의 아육왕(阿育王, 아소카 대왕)이 황철 5만 7000근과 황금 3만 푼을 모아서 석가삼존상을 주조하려고 했으나 실패하여 이 재료들을 배에 실어 바다에 띄워 보낸다. 부디 인연이 있는 나라에 이르러 장육존상(丈六尊像, 높이가 5미터 정도 되는 불상)을 이루어라."라는 흥미로운 편지가 있었다. 이를 보고받은 신라 진흥왕은 울주군 동쪽에 동축사(東竺寺)를 세워 불상을 보관하고, 경주에서 장육존상을 제작하도록 명했다고 전해진다.

# 058 몽골군을 물리친 알라웃딘 칼지

13세기는 그야말로 몽골의 시대였다. 1206년 북아시아 몽골 초원에서 등장한 몽골 제국은 태풍처럼 아시아 대륙 대부분을 휩쓸었다. 그러나 몽골 제국조차 끝내 인도를 정복하지 못하고 물러나야 했는데, 당시 인도 북부를 지배하던 튀르크계 군벌인 칼지(Khalji) 왕조(1290~1320)의 저항 때문이었다.

인도 북부는 대략 12세기 말부터 서북쪽 아프가니스탄에서 쳐들어온 이슬람 신앙을 가진 튀르크계 군벌들이 세운 델리 술탄국이 지배하고 있었다. 델리 술탄국은 노예(Mamluk) 왕조, 칼지 왕조, 투글루크(Tughluq) 왕조, 로디(Lodi) 왕조 등의 왕조가 차례로 권력을 이어받았다. 이들 가운데 칼지 왕조가 몽골의 대규모 침공에 맞서 인도를 지켜낸 대표적인 왕조였다.

칼지 왕조는 잘랄웃딘 칼지(Jalal-ud-din Khalji, 재위 1290~1296)가 세운 정권이었다. 하지만 잘랄웃딘이 즉위했을 때는 이미 나이가 많아 통치력이 약했고, 결국 조카인 알라웃딘 칼지(Ala-ud-din Khalji, 재위 1296~1316)에게 살해당했다. 알라웃딘은 칼지 왕조의 두 번째 왕이 되었다.

알라웃딘은 델리 술탄국 역사상 가장 훌륭한 통치자였다. 그는 힌두교를 믿던 인도 남부의 왕국들을 지속적으로 공격해 복속시키며 델리 술탄국의 영토를 크게 확장했다. 또한 47만 5000명의 기병을 비롯해 대규모 상비군을 유지했고, 병사들에게 낮은 임금을 지급하는 대신 물가를 엄격히 통제해 생계를 보장했다. 그는 병사들이 타는 말의 품질까지 엄격하게 검사하는 등 군제 개혁에도 힘썼다.

당시 인도 서북쪽의 중앙아시아 지역은 몽골 계통의 차가타이 칸국(Chagatai Khanate)이 지배하고 있었는데, 차가타이 칸국은 1290년대부터 인도를 정복하기 위해 집요하게 침략을 시도했다. 1297년 겨울 차가타이 칸국은 인도 서북부 편자브 지역을 습격했다. 이것이 알라웃딘이 처음 직면한 몽골의 침입이었다. 알라웃딘은 부하 장군 울루그 칸(Ulugh Khan)에게 군대를 맡겨 1298년 2월 6일 몽골군을 격퇴했다. 이 전투에서 2만 명의 몽골군이 전사했고, 더 많은 몽골군이 포로로 잡혀 델리 술탄국의 수도 델리에서 처형당했다.

얼마 지나지 않아 1298년부터 1299년에 걸쳐 몽골군이 다시 침공해 라자스탄 지역의 시비스탄(Sivistan) 요새를 점령했다. 이에 알라웃딘은 부하 장군 자파르 칸(Zafar Khan)을 보내 요새를 탈환하는 데 성공했다.

그러나 1299년 차가타이 칸국의 칸 두와(Duwa)는 아들 쿠틀루그 크와자(Qutlugh Khwaja)에게 10만 명의 군대를 주며 델리를 정복하라고 명령했다. 이 침공은 상당한 위협이었기에 알라웃딘은 먼저 공격하지 말고 방어에 집중하라고 군대에 지시했다. 하지만 자파르 칸은 명령을 무시하고 군대를 이끌고 몽골군을 공격했다. 전투에서 자파르 칸과 그의 병사 대부분이 전사했지만, 몽골군도 지휘관 쿠틀루그가 중상을 입고 큰 피해를 보고 철수했다.

4년 뒤인 1303년 8월 두와는 더욱 강력한 군대를 보내 델리를 공격했다. 당시 알라웃딘은 남부의 힌두 왕국들을 정복하러 원정 중이었다. 그 틈을 타 몽골군은 델리와 주변 도시를 포위했지만 끝내 함락시키지 못하고 후퇴했다.

1305년 12월 몽골군은 다섯 번째로 인도를 침공했다. 이번에는 방비가 철저한 델리를 피해 히말라야 산기슭을 따라 동남쪽 평원 지역으로 진격했다. 그러나 알라웃딘의 부하 장군 말릭 나약(Malik Nayak)이 이끄는 3만 명의 기병이 암로하(Amroha) 전투에서 몽골군을 격퇴했다. 이 전투에서 2만 명의 몽골군이 전사했고, 포로로 잡힌 8000명의 몽골군은 시리(Siri) 요새 건설에 강제로 동원되었다.

1년 뒤인 1306년 두와는 아들 코펙(Kopek)에게 군대뿐 아니라 여자와 아이들까지 동반한 대규모 원정을 맡겼다. 이는 단순한 약탈이 아니라 인도를 정복하고 그곳에 정착하려는 시도였다. 이에 알라웃딘은 병사들에게 몽골군을 물리치면 1년 치 급여를 포상으로 지급하겠다고 약속하며 사기를 높였다. 그리고 펀자브 평원의 라비강 강가에서 벌어진 전투에서 부하 장군 말릭 카푸르(Malik Kafur)가 이끄는 군대가 몽골군을 격파하고 코펙을 붙잡아 처형했다. 살아남은 몽골군은 인더스강을 건너 도망쳤지만, 델리 술탄국 군대의 추격을 받아 6만 명이 추가로 전사했다.

승리를 거둔 알라웃딘은 델리의 바다운(Badaun) 문 앞에 전사한 몽골군의 머리를 탑처럼 쌓았다. 포로로 잡힌 몽골군의 여자와 아이들은 델리로 끌려가 노예로 팔렸으며, 생포된 몽골 병사들은 코끼리 발에 짓밟혀 처형되었다.

여섯 차례의 패배를 겪고 두려움과 절망에 빠진 두와는 1307년에 사망했다. 차가타이 칸국은 쇠약해져 더는 인도를 침공하지 못했고, 오히려 델리 술탄국 군대가 차가타이 칸국의 영토인 오늘날 아프가니스탄의 수도 카불까지 공격해 약탈을 벌였다. 몽골군이 제아무리 유라시아를 휩쓴 강력한 군대였다고 해도 결코 무적은 아니었다.

# 059 무굴 제국을 멸망시킨 시바지

인도 서부 데칸고원의 토착민인 마라타족(Marathas)은 오랫동안 부족 단위로 살아오다가 17세기에 뛰어난 지도자 시바지(Shivaji, 1630~1680)가 등장하면서 하나로 결집해 마라타 왕국을 세웠다.

당시 인도 대부분을 지배하고 있던 무굴 제국은 중앙아시아 출신의 바부르(Babur, 재위 1526~1530)가 북인도를 정복하고 세운 이슬람 왕조였다. 무굴 제국은 초기에는 힌두교도에 대한 포용 정책을 펼쳤으나, 후대 황제인 아우랑제브(Aurangzeb, 재위 1658~1707) 시기에는 힌두교 사원을 파괴하고 세금을 부과하는 등 억압 정책을 강화하면서 힌두교도들의 반발이 커졌다. 시바지는 이러한 시대적 흐름을 이용해 마라타족을 단합시키고 무굴 제국에 맞서기로 결심했다.

1659년 시바지는 자신의 성이 적군에게 포위당해 물과 식량이 바닥난 상황에서 항복을 가장해 무굴 총독 아프잘 칸(Afzal Khan)에게 접근한 뒤 몰래 숨긴 바그 나크(bagh nakh, 호랑이 발톱 모양의 단검)로 급습해 살해할 만큼 교활하고 용감한 인물이었다. 또한 시바지는 마라타 왕국의 재정을 확보하기 위해 가볍게 무장한 기병과 보병을 동원해 인근 지역에서 약탈을 감행했다. 마라타군은 불리한 상황이 되면 신속히 철수해 전력을 무사히 보존

했다.

무굴 제국의 6대 황제 아우랑제브는 마라타 세력이 커지는 것을 우려해 1660년 신하인 샤이스타 칸(Shaista Khan)에게 군대를 주어 토벌을 명했다. 그러나 샤이스타 칸은 시바지가 지휘하는 마라타 군대의 기습을 받아 후퇴했다. 이에 아우랑제브는 시바지를 무굴의 수도 델리로 불러들였다. 도착 즉시 감금당했으나 대담하고 교활한 시바지는 탈출에 성공했고, 무굴 군대의 추격을 피하기 위해 거지로 변장한 채 남쪽으로 이동해 9개월 만에 마라타 왕국으로 돌아왔다.

귀환 후 한동안 시바지는 무굴 제국과 직접적인 충돌을 피하고 겉으로는 평화롭게 지내면서 국력을 길렀다. 그 결과 마라타 왕국은 4만 명의 기병, 1만 명의 보병, 1200마리의 코끼리, 3000마리의 낙타로 이루어진 강력한 군대를 거느리게 되었으며, 유럽 상인들과의 거래를 통해 서양식 총기와 대포도 도입했다.

1674년 시바지는 자신을 차트라파티(Chhatrapati)라 선언했는데, 이는 '왕들의 왕'이라는 뜻으로 왕보다 더 높은 황제에 해당하는 칭호였다. 이 소식을 듣고 격노한 아우랑제브는 50만 명의 병사, 5만 마리의 낙타, 3만 마리의 코끼리로 이루어진 대군을 이끌고 원정에 나섰다. 그러나 마라타군이 데칸고원의 지형을 활용한 게릴라전술로 저항하자 무굴 군대는 도무지 승리를 거두지 못했다.

게다가 원정군에는 병사들 외에도 군 생활에 필요한 각종 물건을 파는 상인과 음악을 연주하는 악공, 요리와 빨래를 하는 여자들 등 수많은 민간인이 포함되어 있었는데, 이들이 임시로 거주하는 천막이 무려 수십 킬로미터에 걸쳐 늘어서 있을 정도였다. 아무리 나라가 부유해도 이렇게 많은 사람을 계속 먹이고 재우고 입히고 치료해주려면 엄청난 물자와 돈이 들기 마련이다. 결국 막대한 재정 부담이 발생했고, 무굴 제국의 국고는 바닥났다.

1707년 아우랑제브는 더 이상 원정을 강행하는 것은 무리임을 깨닫고 군대를 거두어 델리로 돌아가던 길에 88세의 나이로 사망했다. 이후 무굴 제국은 13년 동안 7명의 황제가 교체될 정도로 내분이 심화하며 쇠퇴의 길을 걷게 되었다.

# 060 로켓으로 대영 제국에 맞선 티푸 술탄

　오늘날 세계 여러 나라에서 사용하는 무기인 로켓은 그 기원이 꽤 오래 되었다. 세계 최초의 로켓은 12세기 중국 송나라에서 사용한 화창(火槍)이고, 14세기 명나라에서 만든 화룡출수(火龍出水)는 다단계 로켓의 원조다. 한편 18세기 인도 남부의 마이소르 왕국에서는 하이더 알리(Hyder Ali, 1720~1782)가 마이소르 로켓을 만들어 침략해오는 영국군을 상대로 사용했다.

　마이소르 왕국은 현재 인도 남부의 마이소르 지역을 중심으로 존재하던 나라였다. 원래 마이소르에는 힌두교를 신봉하는 보데야르 왕국이 있었으나 1761년 이슬람교도 장군 하이더 알리가 반란을 일으켜 마이소르 왕국을 세웠다.

　당시 보데야르 왕국과 마이소르 왕국은 동인도 회사를 앞세운 영국의 침략에 시달렸다. 이에 하이더 알리는 영국에 맞서기 위해 몇 가지 개혁을 단행했다. 우선 영국의 강력한 군사력에 깊은 인상을 받아 군대를 유럽식으로 개혁하고자 영국의 적대국인 프랑스로부터 장교들을 초빙해 군대를 프랑스식으로 훈련시켰다.

　또한 영국군에 대응할 강력한 무기가 필요하다고 판단해 기술자들과 화학자들을 불러 새로운 무기를 개발하도록 명령했고, 그 결과 마이소르 로켓이 탄생했다. 이 로켓은 전체 길이가 약 1미터로, 1파운드(약 0.45킬로그램) 정도의 흑색 화약 분말에 불이 붙어 발사되는 구조였다. 사정거리는 최대 900미터에 달했으며, 로켓의 꼬리 부분에 길고 날카로운 칼날이 부착되어 있어 공중에서 회전하며 적을 타격할 수 있었다. 또한 발사할 때 매우 크고 요란한 소리를 내는 데다 결정적으로 어디에 떨어질지 몰랐기 때문에 적을 불안하게 하는 효과도 있었다.

하이더 알리는 마이소르 로켓의 위력에 주목해 이를 운용하는 전문 부대 1200명을 편성했다. 1780년 9월 10일 폴릴러(Pollilur) 전투에서 윌리엄 베일리(William Baillie) 대령이 지휘하던 영국군은 난생처음 보는 마이소르 로켓의 위력에 혼비백산하며 크게 패했다.

1782년 하이더 알리가 병사하자 그의 아들 티푸 술탄(Tipu Sultan, 재위 1782~1799)이 왕위를 계승했다. 티푸 술탄은 1788년 프랑스에 사절단을 보내 영국에 맞서 군사동맹을 맺을 것을 제안하고, 프랑스 혁명의 주역인 자코뱅파와 손잡기 위해 마이소르 내에 자코뱅 클럽을 조직할 정도로 시야가 넓고 유능한 군주였다.

아울러 티푸 술탄은 아버지가 만든 마이소르 로켓에 주목해 로켓 부대를 4800명으로 증강했다. 당시 마이소르 군대는 24개의 보병 여단을 보유하고 있었는데, 티푸 술탄은 각 여단에 200명의 로켓 병력을 배치하도록 지시했다. 또한 마이소르 로켓을 보다 효율적으로 운용하기 위해 로켓 발사기에 바퀴를 장착해 한 번에 여러 개의 로켓을 발사할 수 있는 장치도 고안했다.

1792년 2월 6일 스리랑가파트나(Srirangapatna) 근처에서 영국군은 마이소르 군대의 로켓 공격을 받았다. 1799년 4월 5~6일 술탄펫 토프(Sultanpet Tope) 전투에서는 아서 웰즐리(Arthur Wellesley)가 이끄는 영국군이 마이소르 로켓의 집중 포격을 받아 패배할 뻔했다.

그러나 마이소르 로켓에는 치명적인 약점이 있었으니, 현대 로켓과 달리 탄도가 일정하지 않아 명중률이 낮다는 점이었다. 또한 발사 시 발생하는 소음과 불꽃에 놀라던 영국군도 점차 익숙해지면서 별로 놀라지 않게 되었다.

1799년 5월 2일 영국군이 마이소르 왕국의 수도 세링가파탐(Seringapatam) 요새를 공격했을 때 티푸 술탄은 마이소르 로켓으로 방어전을 펼쳤다. 그러나 일부 로켓이 영국군의 포격에 맞아 요새 내부에서 폭발하는 바람에 오히려 큰 피해를 봤다. 5월 4일 데이비드 베어드(David Baird) 소장이 지휘하는 영국군이 최종 공격을 감행했고, 항전하던 티푸 술탄은 총에 맞은 시체로 발견되었다.

비록 패배했지만 티푸 술탄은 인도 전역을 정복하려는 영국의 야심을 간파한 최초의 인도 군주였다. 또한 그가 사용한 마이소르 로켓은 이후 영국의 군사 기술자 윌리엄 콩그리브(William Congreve)가 개량해 콩그리브 로켓으로 다시 태어났다.

# 061 인도의 잔다르크, 락슈미 바이

인도는 가부장적 문화가 강한 사회지만, 그 속에서도 뛰어난 여성 영웅들이 존재해왔다. 락슈미 바이(Lakshmi Bai, 1828~1858)도 그중 한 명이다.

락슈미 바이는 1828년 11월 19일 인도 북부의 바라나시에서 브라만 집안의 딸로 태어났다. 아버지 모로판트 탐베(Moropant Tambe)와 어머니 바기라티 사프레(Bhagirathi Sapre)는 딸의 이름을 마니카르니카 탐베(Manikarnika Tambe)라고 지었다. 락슈미 바이는 집에서 글을 읽고 쓰는 교육을 받았다. 또한 여성에게 금기로 여겨진 승마와 사격, 검술도 배웠다. 어린 시절 락슈미 바이는 마라타 제국의 귀족 나나 사히브(Nana Sahib)와 친구로 지냈다.

락슈미 바이는 14세가 되던 해인 1842년 5월 인도 북부 잔시(Jhansi) 왕국의 마하라자(Maharaja)인 강가다르 라오(Gangadhar Rao, 1797~1853)와 결혼했다. 인도 역사에서 마하라자는 '대왕'을 뜻하지만, 지방을 다스리는 작은 왕국의 왕도 마하라자라는 호칭을 사용했다. 락슈미 바이는 행운의 여신 락슈미를 기리는 의미에서 자신의 이름을 마니카르니카 탐베에서 락슈미 바이로 바꾸었다.

11년 후인 1853년 11월 21일 강가다르 라오가 사망하자 락슈미 바이는 남편의 사촌 조카로, 자신과 남편이 입양한 다모다르 라오(Damodar Rao,

1849~1906)에게 왕위를 넘겨주고 그의 보호자 역할을 맡았다. 그러나 당시 인도 대부분을 지배하던 영국 정부의 대리자인 동인도 회사는 다모다르 라오가 강가다르 라오의 친자가 아니라는 이유로 왕위 계승을 인정하지 않고, 잔시 왕국을 동인도 회사가 직접 다스리는 영토에 편입시켰다. 이에 락슈미 바이가 반발하자 1854년 3월 동인도 회사는 영국군과 세포이(인도인 용병)로 구성된 6만 명의 군대를 보내 왕궁에서 그를 쫓아냈다.

그러다 1857년 5월 10일 영국에 맞선 인도인들의 대규모 봉기인 세포이 항쟁이 벌어졌다. 원래 락슈미 바이는 세포이 항쟁에 참여하지 않았으나 영국이 연관된 인물로 의심하자 곧바로 항쟁에 합류했다.

1857년 6월 락슈미 바이는 벵골 원주민으로 구성된 보병 부대와 함께 잔시의 통치권을 회복했다. 1857년 8월부터 1858년 1월까지 락슈미 바이가 다스리는 잔시는 평화로웠다. 그 기간에 그는 잔시를 둘러싼 요새와 성벽을 보강하고 대포를 만들어 배치했다.

1858년 3월 영국군 사령관 휴 로즈(Hugh Rose)는 잔시로 진군해 락슈미 바이에게 항복하지 않으면 도시를 파괴하겠다고 위협했다. 락슈미 바이가 항복을 거부하자 영국군은 1858년 3월 24일부터 잔시를 포위하고 대포를 발사했다. 락슈미 바이는 나나 사히브의 부하인 타티야 토페(Tatya Tope)에게 지원을 요청했지만, 타티야 토페가 이끄는 2만 명의 군대는 1858년 3월 31일 잔시로 오던 중 영국군에게 패배했다.

영국군의 공세가 계속되어 잔시가 위태로워지자 락슈미 바이는 도시를 떠나기로 하고 경호원들과 양아들을 데리고 말을 타고 요새를 뛰어넘어 탈출했다. 잔시를 떠난 락슈미 바이는 타티야 토페의 군대에 합류해 칼피(Kalpi) 마을을 점령했다. 하지만 1858년 5월 22일 칼피를 공격해온 영국군에 패하고 중앙 인도의 도시 그왈리오르(Gwalior)로 달아났다. 그왈리오르에 도착한 락슈미 바이와 다른 저항군 지도자들은 나나 사히브를 마라타 제국의 페슈와(Peshwa, 재상)로 추대했다.

그러나 계속되는 영국군의 맹렬한 공격에 락슈미 바이는 연이어 패배했다. 1858년 6월 17일 그왈리오르 인근 풀 바그(Phool Bagh)에서 영국군 왕립 아일랜드 제8연대 소속 후사르(Hussars, 경기병) 대대가 이동 중이던 락슈미 바이의 부대를 기습해 수많은 인도 병사를 학살했다. 그리고 다음 날인 6월 18일 마침내 락슈미 바이는 죽고 말았다.

그가 어떻게 죽었는지는 정확하지 않다. 영국군 기병이 칼로 목을 베어 죽였다는 이야기도 있고, 영국군의 총에 맞아 사망했다는 이야기도 있다. 락슈미 바이가 죽자 지역 주민들은 시신을 화장하고, 남은 재를 타마린드 나무 아래에 묻었다.

비록 패배했으나 영국의 침략에 맞서 용감히 싸운 여성 영웅이라는 점에서 락슈미 바이는 15세기 백년 전쟁 당시 조국 프랑스를 지키기 위해 영국에 맞서 싸운 잔 다르크와 비견할 만하다.

# 5

## 성자

# 062  왕가의 대를 이은 비야사

비야사는 《마하바라타》에 등장하는 성자로, 《마하바라타》뿐 아니라 베다와 푸라나(힌두교의 각종 신화와 전설을 모아놓은 문헌) 같은 힌두교의 중요한 문헌들을 편집한 인물로 알려져 있다. 또한 힌두교 전승에서 세상의 종말이 올 때까지 살아 있는 불멸의 존재로 여겨지는 일곱 치란지비 중 하나로 묘사된다. 나머지 치란지비는 하누만, 파라슈라마, 비비샤나, 아슈와타마, 발리, 크리파다.

하누만은 서사시 《라마야나》에서 활약한 원숭이 신으로, 비슈누의 화신인 라마를 도와 포악한 락샤사 라바나를 무찌른 공로로 불사의 존재가 되었다. 파라슈라마는 비슈누의 또 다른 화신으로, 부패한 크샤트리아들을 소탕한 인물이다. 비비샤나는 라바나의 동생이지만 라바나를 쓰러뜨릴 수 있도록 라마에게 정보를 제공했다. 아슈와타마는 시바를 열렬히 숭배한 대가로 강력한 전사가 되었으며, 발리는 비슈누를 지극정성으로 숭배했던 아수라인 프라흘라다의 손자다. 크리파는 위대한 궁수 사라드반의 정액이 잡초에 떨어져 태어난 신비로운 존재로, 쿠루 왕가의 왕자들에게 무예를 가르친 스승이다.

비야사의 아버지는 떠돌이 현자 파라샤라(Parashara)였다. 파라샤라는 시바를 지극정성으로 숭배했고, 이에 감동한 시바는 "네 아들은 위대한 성자 바시슈타와 동등한 성자가 될 것이며, 그의 지식은 모든 세상에 널리 알려질 것이다."라고 축복을 내렸다.

어느 날 파라샤라는 칼피에서 야무나강을 건너려던 중 배를 몰던 어부의 딸인 사티야바티(Satyavati)를 보았다. 사티야바티는 파라샤라를 배에 태워 강을 건너게 도와주었고, 그 답례로 파라샤라는 그녀에게 자신과 동침하면 위대한 성자를 낳을 것이라고 권유했다. 사티야바티는 이를 받아들였고, 야무나강의 섬에서 비야사를 낳았다. 비야사는 어른이 되자 어머니를 떠나며 그녀가 필요하면 언제든 찾아오겠다고 약속했다.

비야사는 비슈누의 신봉자로, 태어날 때부터 이미 베다와 우파니샤드에 관한 지식이 깊었다. 일설에 따르면 그가 첫 번째 푸라나인 《비슈누 푸라나(Vishnu Purana)》의 저자라고 한다. 그는 피부가 검고 어두워서 크리슈나라는 별명으로도 불렸다. 크리슈나는 '검다'는 뜻으로, 비슈누의 화신과도 같은 이름이다.

또한 비야사는 뜻하지 않게 하스티나푸르 왕가의 대를 이어주는 역할을 맡기도 했다. 《마하바라타》에 따르면, 하스티나푸르의 왕 비치트라비리야가 병으로 후손 없이 죽자 그의 두 왕비 암비카와 암발리카는 고심 끝에 왕가의 혈통을 잇기 위해 명망 높은 성자 비야사와 동침해 아이를 낳기로 했다. 그런데 문제는 비야사가 너무나 무섭게 생겼다는 점이었다. 그래서 암비카는 동침할 때 겁을 먹고 두 눈을 감았고, 암발리카는 창백해질 정도로 겁에 질렸다. 그 결과 암비카가 낳은 드리타라슈트라는 시력을 잃은 채 태어났고, 암발리카가 낳은 판두는 창백한 피부를 지닌 채 태어났다.

이후 비야사는 암비카의 시녀 파리슈라미(Parishrami)와도 동침해 총명하고 현명한 아들 비두라(Vidura)를 얻었다. 《마하바라타》에서 비두라는 판다바 형제와 카우라바 형제 사이에서 공정한 조언자로 묘사된다.

비야사는 쿠루크셰트라 전투가 끝날 때까지 살아남았고, 후손들에게 자신이 집필한 《마하바라타》의 내용을 들려주면서 서사시의 대단원을 마무리했다.

# 063 천국과 신들을 창조한 비슈와미트라

성자 비슈와미트라(Vishwamitra)는 명상의 힘을 통해 신들과 천국을 만들어낸 인물로 전해진다. 비슈와미트라는 원래 고대 인도 아마바수(Amavasu) 왕조의 왕으로, 용맹한 전사이자 위대한 왕이었던 쿠샤(Kusha)의 증손자였다. 왕이었던 그가 왕위를 버리고 성자가 된 데에는 깊은 사연이 있다.

어느 날 비슈와미트라는 신하들을 데리고 사냥을 나섰다가 성자 바시슈타의 거처를 방문했다. 그는 바시슈타가 기르는 신비한 소 카마데누(Kamadhenu)를 보고는 자신에게 달라고 요구했다. 바시슈타는 브라만 사제로서 자비로운 태도를 지켜야 했기에 이를 허락하려 했지만, 카마데누는 자신을 보살펴주는 바시슈타를 떠나고 싶지 않아 슬피 울며 거부했다. 비슈와미트라가 억지로 카마데누를 데려가려 하자 카마데누는 꼬리에서 불을 뿜어 그를 쫓아버렸다.

카마데누를 빼앗는 데 실패한 비슈와미트라는 왕위를 버리고 히말라야 산속으로 들어가 1000년 동안 명상한 끝에 창조의 신 브라흐마로부터 강력한 창 브라흐마스트라를 받았다. 그는 다시 카마데누를 빼앗기 위해 쳐들어갔으나 완전한 깨달음을 얻은 바시슈타를 이길 수 없었다. 패배한 비슈와미트라는 모든 욕망과 집착이 무의미함을 깨닫고 숲속으로 들어가

2000년 동안 수행한 끝에 신들의 왕 인드라에게서 불사의 음료 암리타를 받아 마시고 불멸의 성자가 되었다.

비슈와미트라가 성자가 된 뒤 트리샨쿠(Trishanku)라는 왕이 찾아와 자신의 소원을 빌었다. 트리샨쿠는 죽음을 두려워해 살아 있는 상태에서 천국으로 올라가기를 원했다. 그는 바시슈타와 그의 아들 100명을 찾아가 성대한 희생제를 치를 테니 자신을 천국으로 올려달라고 부탁했지만, 바시슈타와 그의 아들들은 그 소원은 도저히 들어줄 수 없다며 거절했다. 그러자 트리샨쿠는 "당신들은 무능한 성자들이니 당신들보다 더 훌륭한 성자를 찾아 소원을 빌겠다."라고 말했고, 이에 분노한 바시슈타의 아들들은 트리샨쿠가 최하위 계급인 찬달라가 되도록 저주를 내렸다. 찬달라가 된 트리샨쿠는 신하와 백성에게 버림받고 절망과 슬픔에 빠졌다. 그러던 중 왕에서 성자가 된 비슈와미트라의 소문을 듣고 그를 찾아가 자신의 소원을 이야기한 것이다.

비슈와미트라는 한때 자신과 같은 왕이었던 트리샨쿠에게 동정심을 느껴 그를 위한 희생제를 열기로 하고 다른 성자들을 초대했다. 그러나 바시슈타와 그의 아들들은 "찬달라를 위한 희생제에는 신들이 오지 않을 것이니 우리가 참여할 이유가 없다."라며 거절했다. 이에 화가 난 비슈와미트라는 바시슈타와 그의 아들 100명에게도 찬달라가 되는 저주를 내렸다.

비슈와미트라가 희생제를 올렸으나 결국 어떤 신도 오지 않았다. 그러자 그는 "신들이 오지 않는다면 내가 직접 신들을 만들겠다."라고 선언하며 명상의 힘으로 새로운 천국과 신들을 창조하고, 트리샨쿠를 그곳으로 올려보냈다. 그리하여 트리샨쿠는 살아 있는 상태에서 천국으로 올라가 영원히 살 수 있게 되었다고 전해진다.

# 064 신이 된 사생아, 마탕가

　고대 인도에서는 비슈와미트라의 사례에서 보듯이 크샤트리아(왕족, 무사) 계급이 브라만 계급으로 상승하는 일이 간혹 있었다. 그렇다면 천민 계급이 브라만 계급으로 올라가는 일도 가능할까?《마하바라타》는 그런 일이 불가능하다고 말한다.《마하바라타》의 영웅 비슈마는 쿠루크셰트라 전투에서 화살을 맞고 죽어가면서 "천민 계급의 사람이 브라만 사제가 되는 것보다 차라리 신이 되는 편이 더 빠를 것이다."라며 다음 이야기를 들려주었다.

　마탕가(Matanga)는 브라만 가정에서 태어났지만 진짜 아버지는 천민 계급 출신이었다. 정확히 말하면, 브라만 계급인 마탕가의 어머니가 천민 계급 남성과 간통하여 임신했는데, 이 사실을 숨긴 채 브라만 계급 남성과 결혼해 마탕가를 낳은 것이다.

　마탕가가 자신의 친아들이 아니라는 사실을 모르는 그의 양아버지는 어느 날 희생제를 치르기 위해 불을 지필 땔나무를 구해 오라고 마탕가에게 지시했다. 마탕가는 어린 당나귀가 끄는 수레를 타고 집 밖으로 나갔다. 그런데 길가에 당나귀의 어미가 서 있자 어린 당나귀는 거기로 가려고 수레를 끌었다. 엉뚱한 방향으로 가는 당나귀에게 짜증이 난 마탕가는 채찍으로 당나귀 등을 마구 때렸다. 그러자 놀랍게도 어미 당나귀가 사람 목소리로 말했다.

"왜 그렇게 난폭하게 구느냐? 너는 진정한 브라만 계급이 아니라 사납고 무지한 천민 계급인가 보구나."

어미 당나귀의 말에 마탕가는 큰 충격을 받았다. 당나귀가 말하는 것도 놀라웠지만, 자신이 사생아라는 사실이 더욱 충격적이었다. 그는 곧바로 집으로 돌아가 어머니에게 "저의 진짜 아버지는 누구입니까?"라고 따져 물었다. 평소와 다른 아들의 기세에 겁먹은 어머니는 결국 진실을 털어놓았고, 모든 것을 알게 된 마탕가는 슬픔에 잠겨 집을 떠나 숲속으로 들어갔다.

마탕가는 "비록 어머니의 불륜으로 태어난 사생아지만, 스스로 정진해 떳떳하게 브라만 계급이 되겠다."라고 결심하고 수행에 전념했다. 어찌나 지극정성으로 수행했는지 그의 몸에서 뿜어나오는 열기가 신들이 사는 하늘에까지 미쳐 인드라를 비롯한 신들이 괴로움을 느낄 정도였다. 놀란 신들은 지상을 살펴다가 수행하는 마탕가를 발견했다. 신들을 대표해 인드라가 마탕가에게 다가가 말했다.

"자네는 왜 그렇게 힘들게 수행하는가? 혹시 간절히 바라는 소원이라도 있는가? 내가 들어줄 수 있다면 기꺼이 들어주겠네. 자네가 하도 열렬히 수행하는 통에 신들이 괴로워하고 있다네."

신들의 왕 인드라가 직접 나타나자 마탕가는 기대를 품고 자초지종을 털어놓았다. 그리고 "저의 소원은 오직 하나, 브라만 계급이 되는 것입니다. 그 소원을 들어주신다면 즉시 수행을 멈추겠습니다."라고 말했다.

그러나 인드라는 난처한 표정을 지으며 고개를 저었다.

"미안하지만 자네의 소원은 내가 신들의 왕이라 해도 들어줄 수가 없네. 다른 카스트 계급이 브라만 계급이 되려면, 최소 180만 년에서 최대 1억

800만 년 동안이나 선행을 하면서 업을 쌓아야 하기 때문이라네. 게다가 브라만 계급 중에서도 가장 높은 신분으로 태어나려면 무려 6480억 년 동안 선행을 하며 업을 쌓아야 할뿐더러 인간의 감정에 구애받지 않는 초인적 경지에 이르러야 한다네. 완벽한 브라만 사제는 신들보다도 위대한 존재일세. 그런데 하물며 천민 계급인 자네를 어떻게 브라만 사제로 만들어 줄 수 있겠는가? 그것은 나뿐 아니라 어느 신이라 해도 불가능하다네. 그러니 다른 소원을 말해보게."

인드라의 말에 마탕가는 한참을 절망에 빠져 있다가 가까스로 정신을 차리고서 "그렇다면 저를 신으로 만들어주십시오. 브라만 사제가 될 수 없다면 차라리 신이 되어 브라만 사제를 포함한 모든 사람에게 숭배받고 싶습니다."라고 말했다. 인드라는 그 소원을 들어주었다. 그리하여 사생아로 태어난 마탕가는 영원한 생명을 누리며 인드라와 함께 천국에서 즐겁게 사는 신이 되었다고 전해진다.

# 065 바닷물을 삼켜버린 아가스티야

아가스티야는 힌두교 전설에 등장하는 현자로, 그의 아내 로파무드라 (Lopamudra)와 함께《리그베다》에 포함된 찬송가들을 쓴 저자로 전해진다.

아가스티야의 이름은《라마야나》와《마하바라타》를 비롯한 수많은 문헌에 등장한다. 그는 베다 종교와 힌두교의 경전인 베다에서 가장 존경받는 7명의 현자 중 한 명이며, 스리랑카와 인도 남부에서는 의학을 발전시켜 인류를 보호한 은인으로 칭송받는다. 또한 인도네시아의 자바어로 작성된 문헌인《아가스티야파르바(Agastyaparva)》와 고대 인도네시아의 사원 및 조각에서도 그의 이름이 빈번히 언급된다. 이처럼 아가스티야는 인도뿐 아니라 동남아시아 지역에서도 널리 숭배받은 현자다.

힌두교 전승에 따르면 아가스티야의 아버지는 바다의 신 바루나다. 바루나는 태양의 신 미트라와 함께 하늘의 아름다운 압사라인 우르바시를 보고 그 미모에 반해 정액을 배출했는데, 그것이 진흙으로 만든 주전자에 떨어졌고, 거기서 쌍둥이 현자인 아가스티야와 바시슈타가 태어났다고 전해진다. 이 때문에 힌두교 전승에서는 아가스티야를 가리켜 "그의 자궁은 진흙 주전자였다."라고 표현한다.

이처럼 신비한 과정을 거쳐 태어난 아가스티야는 숲속에서 금욕적인 삶

200

을 살며 유명한 현자가 되었다. 그는 비록 브라만 계급의 부모에게서 태어나지는 않았으나 그가 익힌 방대한 지식 덕분에 여러 인도 문헌에서 브라만으로 인정받았다.

아가스티야는 비다르바 왕국의 공주 로파무드라에게 청혼했다. 그녀의 부모는 "우리 딸은 궁궐에서 호화롭게 자라서 숲속에서의 엄격한 금욕 생활에 적응하지 못할 것이다."라며 반대했다. 그러나 로파무드라는 "숲속에서 고행하는 삶도 나름의 즐거움이 있을 것이고, 결국 저도 세월이 지나면 늙지 않겠습니까? 그러니 남편과 함께 늙어가는 것도 좋은 삶이라 생각합니다."라며 아가스티야의 아내가 되었다. 둘 사이에서 드리다슈(Dridhasyu)라는 아들이 태어났는데, 그는 어머니 자궁 속에 있을 때부터 베다를 배우고 신들에 대한 찬송가를 외울 정도로 총명한 소년이었다.

《라마야나》에서 아가스티야와 로파무드라는 빈디야산 남쪽의 단다카(Dandaka) 숲에 사는 것으로 묘사된다. 라마는 아가스티야를 가리켜 '신들도 불가능하다고 여기는 일을 해낼 수 있는 자'라고 칭송했다. 또한 태양과 달과 여타 생명체들이 쉽게 지나갈 수 있도록 빈디야산이 스스로 높이를 낮추도록 했다는 이야기도 전해진다. 아가스티야는 신비로운 능력을 사용해 아수라 바타피(Vatapi)와 일왈라(Ilwala)를 비롯해 9000명을 죽인 강력한 성자였다고도 한다.

《라마야나》에서 아가스티야와 로파무드라는 주인공 일행인 라마와 시타, 락슈마나를 만난다. 아가스티야는 라마 일행에게 신성한 활과 화살을 건네주며 라바나의 사악함에 대해 경고하는 역할로 등장한다.

《마하바라타》에 따르면, 아가스티야는 하늘에서 쫓겨나 바다에 떨어진 아수라들이 지상의 성자들을 살해하고 베다를 파괴하자 아수라들이 숨은 곳을 드러내기 위해 바닷물을 모두 마셔버렸다. 그 덕분에 신들은 아수라들을 찾아내 무찌를 수 있었고 세상은 평화를 되찾았다.

이후 아가스티야가 바닷물을 어떻게 했는지에 대해서는 다양한 전승이 있다. 한 전승에서는 그가 바닷물을 도로 토해 냈다고 하고, 다른 전승에서는 바닷물이 그의 뱃속에서 모두 소화되어 토해 낼 수 없게 되자 브라흐마가 하늘의 갠지스강을 지상으로 내려보내 새로운 바다를 만들었다고 한다.

# 066 불교의 창시자, 싯다르타

실제로 존재한 인도의 성자 가운데 역사적으로 가장 큰 영향을 남긴 이는 불교를 창시한 싯다르타일 것이다. 한자로 석가모니 또는 부처라고 불리는 싯다르타는 인도 북부의 카필라바스투(Kapilavastu) 왕국에서 태어났다. 아버지는 숫도다나(Suddhodana) 왕이었고, 어머니는 마야(Maya) 왕비였다.

전설에 따르면 마야 왕비가 싯다르타를 임신했을 때 하얀 코끼리가 자신의 몸 안으로 들어오는 꿈을 꾸었다고 한다. 고대 인도에서 하얀 코끼리는 성스러운 동물로 여겨졌기에 마야 왕비는 자신이 위대한 아들을 낳을 것이라는 기대를 품었다. 해산일이 되자 마야 왕비는 사라쌍수 나무 아래에서 옆구리를 통해 싯다르타를 낳았다. 갓 태어난 싯다르타는 북쪽으로 일곱 걸음을 걷고 "천상천하 유아독존(天上天下 唯我獨尊), 삼계개고 아당안지(三界皆苦 我當安之)"라는 말을 남겼다. 이 말은 자신이 하늘과 땅을 통틀어 가장 위대한 존재이니 마땅히 고통스러운 세상을 평안하게 할 것이라는 뜻이다.

숫도다나 왕은 오랫동안 자녀가 없었기에 싯다르타를 극진히 보호했다. 아들이 바깥 세계의 고통을 알지 못하도록 궁궐 안에서만 자라게 했으며, 병과 죽음 같은 세상의 어두운 현실을 철저히 감추었다.

그러나 싯다르타의 마음속에는 세상의 본질과 진리를 알고자 하는 갈망이 있었다. 그는 아내 야소다라(Yasodhara)와의 사이에서 아들 라훌라(Rahula)를 얻었다. 고대 인도에서는 남자가 수행자가 되려면 반드시 집안의 대를 이을 아들을 둬야 했으므로, 이제 싯다르타는 집을 떠날 수 있었다. 결국 그는 라훌라가 태어난 지 얼마 지나지 않아 궁전을 떠나 출가했다. 이후 7년 동안 방황하며 수행자들을 만나 고행을 실천했지만, 아무리 고행을 해도 몸만 괴로울 뿐 깨달음을 얻지는 못했다.

그러다 싯다르타는 마가다 왕국 우루벨라(Uruvela)의 보리수 아래에서 명상하다가 비로소 깨달음을 얻었다. 이때 그의 나이는 35세였다. 이때부터 그는 붓다(Buddha, 깨달은 자)로 불리게 되었다.

붓다는 자신이 깨우친 진리를 대중에게 설파했다. 그는 인간이 스스로 노력해 깨달음을 얻는 것이 중요하다고 강조했으며, 신분 차별을 정당화하는 카스트 제도를 거부하고 모든 인간이 깨달음을 얻을 수 있는 평등한 존재라고 설파했다. 그는 세상은 고통으로 가득하기에 태어나지 않는 것이 가장 큰 행복이라고 보았으며, 궁극적으로는 니르바나(Nirvana, 열반)에 도달하여 해탈해야 한다고 가르쳤다.

붓다는 인도에서 유행하던 극단적 고행이 깨달음을 얻는 데 효과적이지 않다고 보았다. 이 때문에 적대 세력들로부터 '고행을 피하고 편히 지내려는 게으름뱅이'라는 비판을 받기도 했다. 이는 훗날 예수가 당시 종교 지도자들로부터 '먹고 마시기를 탐하는 자'라고 비판받은 일과 유사하다고도 볼 수 있다.

80세가 되던 해에 붓다는 쿤다(Cunda)라는 대장장이가 바친 음식을 먹고 심한 설사와 복통을 겪었다. 이는 오늘날의 관점에서 보면 식중독일 가능성이 크다. 그는 자신의 죽음을 예감하고 아난다(Ananda)를 비롯한 제자들에게 "그대들은 스스로 깨달음에 정진하라."라는 마지막 가르침을 남긴 뒤

입적했다. 제자들은 그의 시신을 화장하고 사리(舍利)를 8개 지역에 분배했다. 이후 그의 가르침은 불교라는 이름으로 중국, 한국, 일본, 동남아시아 등지로 전파되었다.

# 067 싯다르타의 라이벌, 데바닷타

위대한 인물 주변에는 그를 질투하고 시기하는 라이벌이 있기 마련이다. 모차르트에게는 살리에르가 있었고, 예수에게는 바리사이파가 있었다. 자비심의 화신이라는 싯다르타에게도 그런 라이벌이 있었으니, 그의 사촌 동생인 데바닷타(Devadatta)였다.

데바닷타가 싯다르타를 증오하게 된 계기는 어린 시절로 거슬러 올라간다. 어느 날 데바닷타는 장난삼아 새 한 마리를 화살로 쏘아 떨어뜨렸다. 그런데 그 새를 불쌍히 여긴 싯다르타가 그 새를 보살펴 회복시키자 궁전의 장로들은 생명을 소중히 여기는 훌륭한 성자라며 싯다르타를 칭송했다. 하지만 데바닷타는 싯다르타에 대한 칭찬을 곧 자신에 대한 질책으로 느껴 싯다르타에게 반감을 품기 시작했다.

이후 야소다라를 아내로 맞이하기 위한 경쟁에서 두 사람은 무예, 웅변, 학문 등 여러 분야에서 겨루었으나 대부분 종목에서 싯다르타가 우위였다. 결국 야소다라는 싯다르타를 선택했고, 데바닷타는 연모하던 여인을 잃는 상실감을 맛봐야 했다. 일부 불교 전승에서는 야소다라가 전생에 데바닷타의 아내였고, 다시 태어나도 데바닷타의 아내가 되겠다고 약속했다는 일화가 전해지기도 한다. 그렇다면 데바닷타가 야소다라를 싯다르타에게 빼앗겼다며 원한을 품었을 수도 있다.

아들 라훌라가 태어난 뒤 싯다르타가 궁궐을 떠나 수도자가 되어 깨달음을 얻고 불교를 창시하자 데바닷타 역시 출가해 수도자가 되었다. 이에 대해 일부 불교 전승에서는 그가 진정한 종교적 삶을 추구한 것이 아니라 싯다르타를 시기해 그를 방해하려는 의도로 출가했다고 전하기도 한다.

출가 후 데바닷타는 싯다르타의 교단에 도전하며 자신만의 교단을 형성하려 했다. 그는 "싯다르타는 제대로 진리를 깨우친 사람이 아니다. 그는 고행도 하지 않고 아무 음식이나 마구 먹는 나약한 게으름뱅이에 불과하다. 그런 사람이 무슨 진리를 깨우치고 사람들을 가르친단 말인가?"라며 싯다르타를 헐뜯었다. 데바닷타는 자기 이야기에 귀 기울이는 사람들을 끌어모아 자신을 따르는 교단을 만들었다.

또한 데바닷타는 싯다르타의 후원자인 빔비사라(Bimbisara) 왕을 몰락시키기 위해 그의 아들 아자타샤트루(Ajatashatru)에게 반란을 부추겼다. 결국 아자타샤트루는 반란을 일으켜 빔비사라를 감금했으며, 데바닷타의 추종자가 되었다. 이후 데바닷타는 아자타샤트루의 도움으로 싯다르타를 제거하려 했으나 여러 차례 시도에도 실패하고 말았다.

일부 전승에 따르면 데바닷타는 싯다르타가 있는 곳으로 바위를 굴려 그를 해치려 했지만 바위가 빗나갔다고 한다. 또 다른 이야기에서는 그가 코끼리 날라기리(Nalagiri)에게 술을 먹여 싯다르타를 공격하게 했으나 코끼리가 오히려 싯다르타에게 다가가 복종했다고 한다. 계획이 실패로 돌아가자 데바닷타는 싯다르타가 있는 수도원으로 찾아갔으나 갑자기 땅이 갈라지면서 그가 지옥에 떨어졌다는 이야기도 전해진다.

그러나 데바닷타와 관련한 전승은 그를 지나치게 부정적으로 묘사하는 경향이 있고, 역사적 사실과는 거리가 먼 신화적 요소가 많아서 그대로 믿기 어렵다. 일부 학자들은 데바닷타가 실제로는 싯다르타와 경쟁 관계에 있던 독립적 불교 분파의 지도자였을 가능성을 제기한다. 그래서 후대에 싯다르타를 신격화하는 과정에서 그가 악역으로 과장되었을 가능성이 크다는 설명이다.

# 068 자이나교의 창시자, 마하비라

불교와 힌두교에 비하면 널리 알려지지 않았지만, 인도에서 탄생한 종교 중 하나인 자이나교(Jainism)는 독자적인 위치를 점하고 있다. 자이나(Jaina)라는 이름은 '정복자', 곧 '욕망을 극복한 자'를 뜻하는 지나(Jina)에서 유래했다.

일반적으로 마하비라(Mahavira, 기원전 540~468)가 자이나교의 창시자로 알려져 있다. 그러나 자이나교의 전통에 따르면 그는 자이나교의 창시자가 아니라 24번째 티르탄카라(Tirthankara, 영적 스승)이며, 최초의 교주는 리샤바나타(Rishabhanatha)라고 한다. 리샤바나타는 수백만 년 전에 존재했으며, 이후의 티르탄카라들도 보통 사람보다 훨씬 장대한 체구와 긴 수명을 가졌다고 전해진다.

학자들은 리샤바나타와 22대 티르탄카라까지는 역사적 인물이 아닐 가능성이 크다고 본다. 실존이 확인된 가장 오래된 티르탄카라는 23대 교주인 파르스바(Parsva, 기원전 8세기 또는 6세기)다. 그러나 현재 전해지는 자이나교의 교리와 체계를 확립한 인물은 마하비라이므로, 그가 사실상 자이나교의 창시자라고 해도 크게 틀린 말은 아니다.

마하비라는 바르다마나(Vardhamana)라는 이름으로 인도 북동부 비하르 지역의 크샤트리아 가문에서 태어났다. 그는 결혼해 가정을 이루었으나 부와 권력을 추구하는 세속적 삶보다 진리를 탐구하는 삶에 더 관심을 두었다. 결국 30세에 가족과 재산을 버리고 수행자의 길을 선택해 13년간 엄격한 고행을 했다.

전승에 따르면 그는 입고 있던 옷이 모두 낡아 사라질 때까지 계속 명상과 고행을 했고, 마침내 벌거벗은 자신을 보고 모든 욕망에서 해방되었음을 깨달았다고 한다. 이후 그는 '위대한 영웅'이라는 뜻의 마하비라라는 이름을 갖게 되었으며, 자이나교의 24번째 티르탄카라로 존경받게 되었다.

마하비라가 확립한 자이나교의 기본 교리는 비폭력(모든 생명체에 해를 끼치지 말 것), 진실(거짓말하지 말 것), 불투도(不偸盜, 도둑질하지 말 것), 범행(梵行, 금욕할 것), 무소유(물질적 욕망을 경계할 것)의 다섯 가지 윤리적 규율로 이루어져 있다. 이 중 비폭력은 자이나교의 핵심 교리로, 극단적으로 철저하게 지켜진다. 자이나교 수도승들은 작은 생명체에게라도 해를 끼치지 않기 위해 바닥을 빗자루로 쓸어낸 뒤에 앉으며, 어두운 곳에서는 벌레를 밟을 위험이 있어 밤에 외출하는 것도 삼간다. 또한 신도들도 뿌리채소처럼 채집 과정에서 벌레를 해칠 가능성이 있는 식품은 먹지 않는다.

자이나교에서는 단식을 통한 죽음을 이상적인 최후로 간주하는데, 이는 마하비라가 72세에 단식하다 생을 마친 데에서 비롯되었다.

자이나교의 핵심 교리는 절대적인 신에게 의존하지 않고 스스로 깨달음을 얻어 모든 욕망과 집착에서 벗어난 인간의 영혼이야말로 우주에서 가장 순수하고 위대한 존재라는 가르침이다. 이는 불교의 해탈과도 유사한 면이 있는데, 석가모니와 마하비라가 동시대 인물이었다는 점에서 서로 영향을 주고받았을 가능성도 있다.

농사를 지으면 어쩔 수 없이 벌레를 죽이는 등의 살생을 저지르게 되므로 자이나교 신도들은 전통적으로 상업과 금융업에 종사하는 경향이 있다.

역사적으로 인도의 상업과 금융업에서 자이나교 신도들이 중요한 역할을 했으며, 오늘날에도 많은 자이나교 신도들이 이 분야에서 활동하고 있다.

마하비라 사후에 자이나교는 성직자들이 완전한 무소유를 실천하는 공의파(空衣派)와 하얀 겉옷을 걸치는 백의파(白衣派)로 나뉘었다. 공의파는 오늘날까지도 여전히 알몸으로 수행하며 마하비라의 가르침을 따르고 있다.

# 069 시크교의 창시자, 나나크

인도 역사에서 힌두교와 이슬람교는 오랜 세월 대립과 갈등을 반복해왔다. 원래 한 나라였던 인도가 인도와 파키스탄이라는 두 나라로 갈라진 데에도 힌두교와 이슬람교 사이의 갈등이 큰 역할을 했다.

그러나 힌두교와 이슬람교 사이에 언제나 다툼만 있었던 것은 아니다. 두 종교 간 갈등을 해소하고 화합을 이루려는 여러 시도가 있었는데, 그중 하나가 바로 힌두교와 이슬람교 교리를 바탕으로 탄생한 신흥 종교인 시크교(Sikhism)다.

시크교를 창시한 나나크(Guru Nanak, 1469~1539)는 15세기 후반 힌두교와 이슬람교의 화합을 위해 두 종교의 공통점을 강조한 사상가 카비르(Kabir)의 영향을 받았다. 카비르는 힌두교도와 이슬람교도 사이의 증오와 갈등을 해소하기 위해 "힌두교의 신 라마(비슈누의 화신)와 이슬람교의 신 알라는 같은 존재다. 그러므로 두 종교의 신도들은 서로 미워하거나 싸워서는 안 된다."라고 주장하며 통합과 화해를 외쳤다.

나나크도 카비르처럼 힌두교와 이슬람교의 화합을 적극적으로 추진했다. 그는 원래 힌두교를 믿었지만 이슬람교도 친구들과 가까이 지내면서 이슬람교에도 친숙해졌다. 이러한 배경 덕분에 두 종교의 교리를 깊이 이해할 수 있었으며, 이슬람교를 더 잘 알기 위해 직접 이슬람교의 성지 메카까지 다녀오기도 했다.

1499년 나나크는 힌두교와 이슬람교의 교리에서 긍정적 요소를 취합해 새로운 종교인 시크교를 창시했다. 나나크가 정립한 시크교의 주요 교리는 다음과 같다.

첫째, 오직 하나의 신만을 섬긴다. 힌두교는 다신교적 전통이 있지만 후기에는 "궁극적으로 신은 하나이며, 다양한 모습으로 나타날 뿐이다."라는 일신론적 개념이 발전했다. 이슬람교는 처음부터 '알라만이 유일한 신'이라는 유일신 사상을 강조했다. 나나크는 두 종교의 이러한 면을 받아들여 시크교에서도 유일신 신앙을 확립했다.

둘째, 신분 제도를 철폐한다. 이 원칙은 힌두교의 신분 제도를 거부하고 이슬람교의 평등 사상을 받아들인 것이다. 힌두교 일부 전통에서는 카스트 제도는 신이 정한 것이므로 인간이 바꿀 수 없다고 가르치지만, 이슬람교는 유일신 알라 앞에서 모든 인간이 평등하다고 강조한다. 나나크는 신분 제도를 부정하고 모든 사람이 평등하다는 원칙을 시크교의 교리로 삼았다.

셋째, 지나친 고행을 하지 않는다. 힌두교에서는 단식이나 신체적 고통을 통해 깨달음을 얻는 고행이 중요한 수행 방법이었다. 그러나 나나크는 "고행은 몸을 해칠 뿐이며 참된 깨달음을 얻는 길이 아니다."라고 주장하며 시크교도들에게 억지로 고행할 필요가 없다고 가르쳤다. 이는 불교를 창시한 석가모니의 중도(中道) 사상과도 유사한 면이 있다.

넷째, 음식에 대한 금기를 두지 않는다. 이슬람교에서는 돼지고기나 비늘이 없는 생선(장어, 두족류, 갑각류, 조개 등)을 부정한 음식으로 여겨 금지한다. 그러나 나나크는 "모든 음식은 신이 주신 것이므로 먹지 못할 것은 없다."라며 특정 음식에 대한 금기를 두지 않았다.

이러한 교리를 정립한 나나크는 1539년 70세의 나이로 세상을 떠났다.

그의 장례를 두고 신도들 사이에서 논쟁이 일었으나, 결국 그의 시신 위에 올려둔 꽃을 나누어 한쪽은 화장하고, 다른 한쪽은 매장하는 방식으로 절충해 장례를 치렀다.

나나크의 뒤를 이은 시크교 지도자 중 다섯 번째 구루인 아르잔(Arjan)은 펀자브 지역 암리차르에 시크교 성지인 황금 사원을 건립하고, 시크교 경전 《구루 그란트 사히브(Guru Granth Sahib, 스승의 책)》를 편찬해 교리를 문서로 정리했다.

열 번째 시크교 구루인 고빈드 싱(Gobind Singh)은 시크교도들이 긴 머리 카락(Kesh), 머리빗(Kangha), 반바지 형태의 속옷(Kachera), 팔찌(Kara), 단검(Kirpan)을 갖추어야 하며, 입교할 때 설탕을 넣은 성스러운 물을 단검으로 휘저은 뒤 마시는 의식을 거치도록 했다. 또한 시크교 남성들은 '사자'라는 뜻의 싱(Singh), 여성들은 '공주'라는 뜻의 카우르(Kaur)라는 성을 사용하도록 했다.

# 070 가장 아름다운 여인, 아할야

아할야는 힌두교 신화에 등장하는 위대한 현자 가우타마의 아내다. 아할야는 불륜 문제로 남편과 불화를 겪었다.

힌두교 신화에 따르면 아할야는 여자의 자궁에서 태어난 것이 아니라 창조의 신 브라흐마가 직접 온 힘을 기울여서 만든 존재로, 전 세계에서 가장 아름다운 여성으로 언급된다.

이와 관련해 숨겨진 이야기가 있다. 하늘의 요정인 압사라 중 가장 아름다운 우르바시는 자신의 미모를 믿고 오만하게 굴었는데, 이를 괘씸하게 여긴 브라흐마는 우르바시의 콧대를 꺾고 겸손을 가르치기 위해 더욱 아름다운 여인을 창조하려 했다. 그는 물을 떠 와 거기에서 우르바시를 능가하는 미모의 여인, 아할야를 탄생시켰다.

아할야가 나타나자 하늘의 모든 신과 지상의 현자들이 그녀의 아름다움에 매료되어 앞다투어 그녀의 남편이 되기를 원했다. 이에 브라흐마는 자신이 아할야를 창조했으므로 그녀의 아버지와 같다면서 결혼 상대를 공개적으로 구하겠다고 선언했다. 그리고 누구든지 아할야를 아내로 맞이하려면 하늘, 지상, 지하 세계를 모두 여행해야만 한다는 조건을 내걸었다.

이 제안에 가장 먼저 나선 이는 신들의 왕 인드라였다. 그는 강력한 힘을 이용해 누구보다 빠르게 세 세계를 여행한 뒤 브라흐마에게 가서 "이제 약속대로 아할야를 아내로 삼을 수 있도록 허락해주십시오."라고 말했다. 그러나 현자 나라다가 이의를 제기했다. 그는 브라흐마에게 "인드라보다 먼저 현자 가우타마가 세 세계를 여행했습니다."라고 말했다. 이에 인드라는 "늘 같은 곳에 머무는 현자가 무슨 수로 세 세계를 여행했단 말이냐?"라고 반박했다. 나라다는 "가우타마는 성스러운 암소 수라비(Surabhi, 또는 카마데누)가 새끼 세 마리를 낳도록 도왔습니다. 베다에 따르면 암소 한 마리는 하나의 세계와 같으니 이는 곧 가우타마가 세 세계를 여행한 것이나 다름 없습니다."라고 주장했다. 브라흐마는 나라다의 말에 동의했고, 그리하여 많은 이들의 부러움 속에서 아할야와 가우타마는 결혼식을 올렸다. 인드라는 분노와 질투를 삭여야 했다.

하지만 아할야는 곧바로 남편에게 싫증을 느꼈다. 가우타마는 지나치게 고지식한 현자로, 모든 시간을 명상과 고행에 바치느라 아할야와 잠자리도 거의 하지 않았다. 이 때문에 아할야의 성욕은 충족되지 않았고, 자유분방한 그녀에게 숲속에 틀어박혀 수행하는 삶은 따분하고 갑갑하기만 했다.

인드라는 이런 그녀를 불타는 눈으로 지켜보고 있었다. 인드라는 그녀를 가우타마에게 빼앗긴 데 울분을 느끼며 어떻게든 그녀에게 접근해 자신의 욕망을 충족시키고 싶었다. 그러던 어느 날, 가우타마가 수행의 일환으로 목욕을 하기 위해 잠시 거처를 비운 사이 인드라는 재빨리 숲속으로 달려가 아할야를 만났다. 둘은 서로를 향한 뜨거운 욕망을 실컷 풀었고, 시간이 가는 줄도 모르고 성관계에 깊이 빠져버렸다.

그런데 그 순간 가우타마가 돌아왔다. 당황한 인드라는 고양이로 둔갑해 달아나려 했으나 가우타마에게 붙잡혔다. 아내의 불륜과 인드라의 파렴치한 범죄에 분노한 가우타마는 둘에게 저주를 내렸다. 먼저 인드라의 성기를 거세하고 온몸에 1000개의 여성 성기가 솟아나도록 하는 치욕을 안겼다. 아할야는 아름다움을 잃고 돌로 변했다.

　이후 인드라는 오랜 세월 깊이 참회했고, 마침내 저주가 풀려 1000개의
음부가 1000개의 눈으로 변했다. 아할야는 돌로 변한 채로 오랜 세월을 지
냈는데, 비슈누의 화신인 영웅 라마가 지나가다 그녀의 몸에 발을 대자 비
로소 저주에서 풀려나 원래 모습으로 돌아올 수 있었다.

# 6
# 괴물, 정령, 귀신

# 071 뱀 꼬리를 가진 요괴 종족, 나가

나가는 힌두교와 불교 신화에서 지하 세계인 파탈라(Patala)에 사는 요괴 종족으로, 머리와 가슴, 배, 두 팔은 사람의 모습이지만 두 다리 대신 뱀의 꼬리를 지닌 반인반사의 형태를 하고 있다. 나가는 마법의 힘을 지니고 있어 때때로 사람의 모습으로 변할 수도 있다.

인도 신화의 다른 요괴 종족들처럼 나가도 남성과 여성의 성별이 있다. 여성 나가는 나기(nagi), 나긴(nagin) 혹은 나기니(nagini)라고 불린다. 나가들을 다스리는 왕을 나가라자(Nagaraja)라고 하는데, 라자(raja)라는 단어 자체가 원래 '왕'이라는 뜻이므로 나가라자는 곧 나가들의 왕이다.

나가의 모티브가 된 동물은 인도의 독사인 코브라다. 즉 나가는 일종의 신격화된 코브라라 할 수 있다.

인도 신화에서 나가는 단순한 요괴가 아니라 강력하고 화려하며 자존심이 강한 거의 신에 가까운 종족으로 묘사된다. 그들이 사는 지하 세계에는 보석과 황금 같은 보물이 가득하다. 현실의 뱀이 땅속뿐 아니라 물가에서도 서식하듯 나가도 강과 호수, 바다에 살며 그곳을 지키는 수호신 역할을 맡기도 한다.

이러한 설정은 중국 전설에서 용이 강이나 호수, 바다에 살며 물의 신 역할을 하는 것과 유사하다. 우연의 일치라고 보기 어려울 만큼 흡사해 일부 신화학자들은 중국의 용이 인도의 나가에서 유래했다고 본다. 실제로 중국 전설 속 용왕은 불교를 통해 중국에 전해진 나가라자에서 비롯되었다는 견해가 유력하다.

나가는 본래 뱀이기 때문에 독을 품고 있어서 사람에게 해를 끼치기도 한다. 비슈누가 인간으로 나타난 크리슈나도 어릴 적 강가에서 놀다가 독을 품은 나가들에게 위협받은 일이 있었다.

그러나 일반적으로 인도 신화에서 나가는 사악한 요괴가 아니라 신이나 인간을 돕는 선량한 역할을 하는 경우가 더 많다. 태초의 바다를 신들과 아수라들이 함께 휘저을 때 밧줄 역할을 한 것도 나가 바수키였으며, 비슈누의 침대 역할을 하며 그를 돕는 존재도 1000개의 머리를 지닌 나가들의 왕세샤 나가다.

오히려 나가들이 가장 증오하는 존재는 인간이 아니라 성스러운 조류 종족인 가루다다. 가루다와 나가는 숙적 관계로, 만나기만 하면 서로 죽이려 든다.

불교 신화와 전설에도 나가가 등장한다. 불교에서 나가는 힌두교에서처럼 반인반사의 모습이거나 완전한 뱀의 형상이지만 머리가 여러 개인 모습이다. 때로는 사람으로 둔갑하기도 한다. 그러나 불교에서는 나가들이 힌두교에서만큼 긍정적인 대우를 받지 못한다. 예컨대 불교에서는 인간뿐 아니라 동물도 수행을 통해 깨달음을 얻으면 부처가 될 수 있다고 가르치지만, 나가는 결코 부처가 될 수 없고 인간으로 다시 태어나 승려가 되어야만 부처가 될 수 있다고 한다. 일부 불교 전승에서는 나가가 몸에 독을 품고 있어 승려의 가르침을 제대로 들을 수 없다고 전해진다. 이는 나가가 승려의 설법을 들으려 하거나 그를 직접 보면 몸에서 독이 뿜어나와 승려를 해치기 때문이라고 한다.

그렇다고 불교에 등장하는 모든 나가가 부정적인 모습은 아니다. 나가들의 왕 중 하나인 무칼린다(Mucalinda)는 석가모니가 깨달음을 얻기 위해 숲속에서 명상할 때 거센 폭풍이 불자 자신의 몸을 펼쳐 석가모니를 감싸 보호해주었다. 또한 불교의 나가들은 동서남북 네 방향의 수호신인 사천왕(四天王)의 부하로, 아수라들의 공격으로부터 신들을 보호하는 경비병 역할도 맡고 있다.

# 072 전설의 바다 괴물, 마카라

마카라는 힌두교 신화에 등장하는 전설적인 바다 생물이다. 원래 마카라는 산스크리트어로 '악어'를 뜻하기도 했으므로, 악어에서 힌두교의 신화적 생물인 마카라가 유래한 것으로 보인다. 마카라는 강의 여신 강가나 바다의 신 바루나가 타고 다니는 괴물로 등장하는데, 이 역시 습지에 서식하는 악어와 관련이 있다고 볼 수 있다.

독일 뷔르츠부르크 대학의 요제프 프리드리히 콜(Josef Friedrich Kohl) 박사는 마카라가 악어가 아니라 인도양에 서식하는 포유류인 듀공을 가리킨다고 주장했다. 또한 마카라가 남아시아 강에 널리 분포하는 강돌고래를 의미한다는 견해도 있다.

힌두교 신화에서 마카라의 모습은 전승마다 조금씩 다르다. 일반적으로 마카라는 몸의 앞부분이 사슴이나 코끼리와 같고, 뒷부분은 물고기, 물개 또는 뱀과 비슷하며, 꼬리는 꽃처럼 생긴 기이한 모습으로 전해진다. 또한 악어의 머리와 턱과 비늘, 물고기의 꼬리, 코끼리의 몸통을 가진 형상으로 묘사되기도 한다. 한편 악어의 턱과 주둥이와 몸통에 멧돼지의 엄니와 귀, 원숭이의 눈, 물고기의 비늘, 공작의 꼬리 깃털이 달렸다는 전승도 있다. 여러 힌두교 사원을 지은 건축가 가나파티 스타파티(Ganapati Sthapati)는 마카라를 물고기의 몸, 코끼리의 코, 사자의 발, 원숭이의 눈, 돼지의 귀, 공작의 꼬리를 가진 신화적 동물로 묘사했다.

일부 미술사학자들은 마카라가 인도에 전해진 그리스 신화의 바다 괴물 케투스(Cetus)의 영향을 받은 존재라고 주장한다. 케투스는 그리스 신화에서 바다의 신 포세이돈이 안드로메다 공주를 죽이기 위해 보낸 괴물로, 고래나 상어, 뱀과 비슷한 모습으로 그려진다. 영웅 페르세우스는 메두사의 머리를 이용해 케투스를 돌로 변하게 만들었다.

그리스 신화 속 케투스가 인도까지 전해져 마카라라는 괴물로 재탄생했다는 주장에 의문을 품을 수도 있다. 그러나 고대 그리스와 인도는 교류가 활발했다. 기원전 4세기 알렉산드로스 대왕이 인도로 진격한 이후 수많은 그리스인이 인도에 정착했으며, 인도-그리스 왕국이 한때 인도 영토의 3분의 1을 차지하기도 했다. 당시 인도-그리스 왕국의 왕 메난드로스 1세(Menandros I, 재위 기원전 165/155~130)는 불교 승려들과 대화를 나누다 깨달음을 얻어 불교로 개종했는데, 이 일은 《밀린다팡하(Milindapanha)》라는 불교 문헌으로 기록되었다. 이러한 배경을 고려하면 케투스가 마카라의 기원이라는 설도 충분히 타당해 보인다.

마카라는 관문과 출입구를 보호하고 왕좌와 성전을 수호하는 역할을 담당하기도 한다. 그래서 힌두교와 불교 사원의 입구에는 돌이나 금속으로 만든 마카라 조각상이 많다. 이러한 문화적 요소는 인도를 넘어 미얀마, 태국, 캄보디아 등 힌두교와 불교가 전파된 동남아시아 지역의 사원과 왕궁에서도 발견된다.

마카라는 사랑의 신 카마의 상징으로도 등장하는데, 이는 마카라와 카마 모두 다산을 상징하기 때문이다. 힌두교 점성술에서 마카라는 황도 12궁의 별자리 중 하나로, 그리스 점성술의 염소자리에 대응한다.

# 073 거대한 날개를 가진 가루다

가루다는 힌두교와 불교 신화에서 신들을 도와 악을 무찌르는 신성한 새다. 가루다가 중국으로 건너가면서 가루라(迦樓羅)라고 음역되었고, 더 나아가 뜻만 옮긴 금시조(金翅鳥)라는 단어로도 변형되었다.

인도 신화에서 가루다는 비슈누가 타고 다니는 것이자 모든 새들의 왕으로 등장한다. 가루다는 등에 두 날개를 달고 입이 새처럼 뾰족한 반인반조의 모습이거나 완전한 새의 형태로 그려진다.

힌두교 미술에서 가루다가 완전한 새로 묘사될 때는 주로 독수리와 유사한 모습으로 그려진다. 반면 가루다가 인간의 형상일 때는 독수리의 부리와 다리에 에메랄드색 몸통과 황금색 날개를 하고 눈을 크게 뜬 모습으로 그려진다. 팔은 2개나 4개인데, 한 손에는 암리타가 든 항아리를, 다른 한 손에는 우산을 들고 있으며, 나머지 두 손으로는 인사하는 자세를 취한다. 가루다가 비슈누를 태우고 있을 때는 두 손으로 비슈누의 발을 떠받치고 있는 모습으로 그려진다. 일부 힌두교 미술에서는 가루다가 비슈누와 그의 두 아내 락슈미와 부미(Bhumi)를 함께 태우고 있는 모습으로 묘사되기도 한다.

베다 종교 시대에 기록된 《리그베다》에는 가루트만(Garutman)이라는 날개 달린 하늘의 신이 등장하는데, 이 가루트만이 후대에 가루다로 변모한 것으로 보인다. 실제로 《마하바라타》에서는 가루트만이 가루다와 동일한 존재로 묘사된다. 《마하바라타》에서 가루트만은 두 날개를 퍼덕여 하늘과 땅은 물론 지하 세계까지 자유롭게 오간다.

힌두교 신화의 일부 전승에 따르면 가루다의 날개가 워낙 크고 넓어서 완전히 펼치면 태양을 가려버릴 정도라고 한다. 중국 신화에서도 하늘에 사는 거대한 새인 붕(鵬)을 이렇게 묘사하는데, 중국의 판타지 소설인 《서유기》에는 중국의 붕과 인도의 가루다가 융합된 대붕금시조(大鵬金翅鳥)라는 거대한 새 요괴가 등장하기도 한다.

《마하바라타》에서 가루다는 자신이 신들의 왕 인드라와 동등하다고 자부했다. 그러자 인드라보다 강력한 신인 비슈누가 가루다의 오만함을 바로잡고 그에게 겸손을 가르쳤다. 결국 가루다는 비슈누에게 복종하게 되었다고 한다.

힌두교 신화에서 가루다는 브라흐마의 아들이자 성자인 카시야파 프라자파티(Kashyapa Prajapati)와 그의 아내 비나타(Vinata) 사이에서 태어난 둘째 아들이라고 언급된다. 그의 탄생을 둘러싸고 다음과 같은 사연이 전해진다. 비나타는 처음 출산할 때 2개의 하얀 알을 낳았는데, 첫 번째 알을 그만 조급하게 깨뜨리는 바람에 큰아들 아루나(Aruna)는 두 다리가 없이 태어났다. 화가 난 아루나는 어머니가 둘째 아들, 곧 가루다가 태어날 때까지 뱀 종족인 나가의 노예가 되도록 저주를 내렸다. 이후 아루나는 그를 불쌍히 여긴 태양신 수리야가 자신의 전차를 끄는 마부로 삼았다.

몇 년 뒤 두 번째 알이 부화하면서 가루다가 태어났다. 막강한 힘을 지닌 가루다는 태어나자마자 신들의 왕 인드라와 싸워 승리하고, 어머니 비나타를 노예 상태에서 풀어주었다. 이때 가루다는 비슈누의 부하가 되어 영원한 충성을 맹세하고 그의 탈것이 되었다고 한다.

오늘날 태국, 캄보디아, 인도네시아에서는 가루다가 국가 문장 또는 공식 상징물로 사용되고 있다. 인도네시아의 국영 항공사도 가루다라는 이름을 사용하며, 인도 공군은 가루다라는 이름의 특수 부대를 운용하고 있기도 하다.

# 074  시바의 충직한 부하, 난디

힌두교 신화에서 난디는 파괴의 신 시바가 거처하는 카일라사의 문을 지키는 수호자이자 시바의 탈것인 황소로 묘사된다. 산스크리트어에서 난디는 행복, 기쁨, 만족, 번영을 뜻한다.

시바를 모시는 대부분 힌두교 사원에는 본전을 마주 보고 앉아 있는 흰 황소 형태의 난디 조각상이 있다. 흰색은 힌두교에서 순결과 정의를 상징하는데, 이는 난디가 순결과 정의를 수호하는 문지기임을 나타낸다.

힌두교 종파 중 시바를 최고신으로 숭배하는 시바파 전통에서는 난디를 시바의 부하 신들인 가나를 이끄는 지휘관으로 여긴다. 난디가 시바의 부하들로 이루어진 군대를 지휘하며 아수라나 락샤사들과 전쟁을 벌이는 내용이 전승에 등장하는데, 이는 그가 시바로부터 두터운 신임을 받았음을 보여준다.

타밀 지역의 시바교 전통에서는 난디가 파르바티 여신으로부터 시바의 가르침에 담긴 지혜를 배우고, 이를 자신의 제자 8명에게 전수했다고 전해진다. 이 8명의 제자는 사나카(Sanaka), 사나타나(Sanatana), 사난다나(Sanandana), 사나트쿠마라(Sanatkumara), 티루물라르(Tirumular), 비야그라파다(Vyagrapada), 파탄잘리(Patanjali), 시바요가 무니(Sivayoga Muni)다. 난디는 이 제자들을 여덟 방향으로 보내 시바의 가르침을 세상에 널리 전파하게 했다.

힌두교 신화에 따르면 난디는 현자 실라다(Shilada)의 아들이다. 실라다는 시바로부터 영원한 생명의 축복을 받은 아이를 얻기 위해 오랫동안 고통스러운 참회의 과정을 겪었고, 마침내 나타난 난디를 자신의 아들로 받아들였다. 실라다가 수행한 장소인 야즈나(Yajna)에서 태어난 난디는 태어날 때부터 다이아몬드로 만든 갑옷을 입고 있었다. 난디는 어린 시절부터 시바를 깊이 숭배했고, 자진해서 시바의 문지기이자 탈것이 되었다.

《라마야나》에서 사악한 락샤사의 왕 라바나는 시바를 만나러 갔다가 문지기 난디에게 저지당하자 난디를 모욕했다. 이에 난디는 라바나에게 "너의 나라는 원숭이에게 파괴될 것이다."라고 저주했다. 훗날 이 저주는 하누만이 란카를 불태우는 사건으로 실현되었다.

남인도 지역의 전승에 따르면, 파르바티가 시바와 헤어지고 어부의 딸로 환생하자 그녀와 시바를 다시 맺어주기 위해 난디가 일부러 고래로 둔갑해 어부들을 괴롭혔다고 한다. 그러자 파르바티의 아버지는 고래를 죽이는 사람에게 자신의 딸을 주겠다고 했고, 어부로 변신한 시바가 고래로 변한 난디를 죽이고 파르바티와 다시 결혼했다. 물론 시바는 난디를 다시 살려냈다.

대부분 힌두교 미술에서 난디는 황소의 머리를 하고 시바 사원에 앉아 있는 모습으로 그려지지만, 드물게 4개의 손에 도끼와 철퇴 같은 무기를 든 모습으로도 묘사된다.

# 075 보물을 지키는 정령, 야크샤

인도 신화에서 야크샤는 물, 숲, 초원 등지에 살면서 보물을 지키는 정령들이다. 이들은 장난스럽고 변덕스러운 존재지만, 아수라나 락샤사처럼 사악하지는 않다. 오히려 야크샤는 힌두교에서 사원을 지키는 수호신으로 등장한다. 원래 인도 신화에서 야크샤는 숲과 마을의 수호신이었는데, 이후 땅과 그 아래에 묻힌 보물을 지키는 수호신으로 역할이 변한 것으로 추정된다.

락샤사처럼 야크샤도 남성과 여성의 성별이 있는데, 여성 야크샤는 야크시(Yakshi) 또는 야크시니(Yakshini)로 불린다.

기원전 3~1세기 무렵 마우리아 제국 시절부터 야크샤는 예술 작품에서 즐겨 다루던 소재였다. 초기 인도 예술에서 남성 야크샤는 무시무시하게 생긴 전사 또는 체구가 단단한 난쟁이로 묘사된다. 반면 여성 야크샤는 행복한 미소를 띤 둥근 얼굴에 풍만한 가슴과 엉덩이를 가진 젊고 아름다운 여성으로 그려진다.

힌두교 신화에서 부와 번영의 신이자 북쪽의 수호신인 쿠베라는 야크샤들의 왕으로 간주된다. 쿠베라는 세상의 모든 보물을 소유하고 통통한 몸을 보석으로 치장하고 있는데, 이는 그가 야크샤 신분임을 나타내는 특징으로 여겨진다.

불교 신화에서는 야크샤가 북쪽의 수호신 바이스라바나(쿠베라의 다른 이름)의 부하이자 정의로운 사람들을 지키는 신으로 등장한다. 또한 불교에서는 야크샤들이 의학을 관장하는 부처인 약사여래(藥師如來)를 수호하는 12명의 천장(天將)이기도 하다.

4세기에 작성된 고대 인도 문헌 《마하마유우리비드야라즈니 수트라(Mahamayurividyarajni Sutra)》에는 야크샤에 관한 다음과 같은 묘사가 등장한다.

"위대한 야크샤 바드라(Bhadra)는 사일라(Saila)에 있다.
야크샤 바쿨라(Bakula)는 라자그리하(Rajagriha)에 있다.
야크샤의 왕 마하기리(Mahagiri)는 기리나가라(Girinagara)에 산다.
야크샤 바사바(Vasava)는 바이디사(Vaidisa)에 있다.
야크샤 카르티케야(Karttikeya)는 로히타카(Rohitaka)에 있다.
야크샤 쿠마라(Kumara)는 대도시에서 유명하다.
도시 알라카바티(Alakavati)에 사는 바이스라바나는
부처의 보석 계단(보리좌) 주변에 있으며
수십억의 신들과 여신들로 둘러싸여 있다.
이러한 야크샤들은 거대하고 강력한 부대를 지휘하여
모든 적을 정복하기 위해 온다.
그들은 전 세계에서 유명하며
위엄과 미덕이 가득하다.
야크샤들은 하늘의 신들과 아수라들 사이의 전투에서
신들을 돕기 위해 온다.
이 커다란 미덕을 지닌 야크샤 장군들은

잠부드비파(Jambudvipa)의 모든 곳에 있으며
부처의 법을 지킨다."

　그런데 어찌 된 일인지 인도의 야크샤가 중국을 거쳐 한국과 일본 등 동
아시아로 전해지면서 잔인한 악귀인 야차(夜叉)로 변형되었다. 동아시아 전
설과 민담에서 야차는 사람을 잡아먹는 흉포한 식인귀로 묘사된다. 이는
동아시아 국가들이 불교를 받아들이면서 원래 인도 신화에서 진짜 식인종
인 락샤사(나찰)와 야차를 혼동했기 때문으로 보인다.

　또한 광야와 길거리를 배회하며 사람들을 괴롭히거나 여행자를 산 채로
집어삼키는 악령 부타(Bhuta)와 야크샤가 뒤섞이면서 동아시아에서 야크샤
를 부타로 착각했을 가능성도 있다.

　현재 동아시아 불교에서는 기본적으로 야차를 악귀로 보지만, 야차도 수
행을 통해 깨달음을 얻으면 부처를 섬기고 사람들을 지키는 수호신이 될
수 있다고 여긴다.

# 076 신들의 악사, 간다르바

간다르바(Gandharva)는 힌두교와 불교의 신화에 등장하는 남성 정령으로, 인드라를 비롯한 신들의 궁전에서 음악을 연주하고 노래하는 역할을 맡는다. 그리고 간다르바와 함께 신들의 궁전에 사는 여성 정령들인 압사라는 간다르바의 음악에 맞추어 춤추는 무용수로 활동한다. 간다르바와 압사라는 신들을 위한 악단인 셈이다.

간다르바는 대부분 인간과 흡사한 아름다운 모습으로 묘사되지만, 일부는 새나 말 같은 동물의 머리를 지닌 반인반수의 모습으로 묘사되기도 한다. 이들은 뛰어난 음악적 재능으로 신들을 위해 아름다운 음악을 연주하는데, 이러한 이유로 인도의 고전 음악 연주자나 가수들에게 '간다르바'라는 경칭을 붙이기도 한다.

간다르바의 기원에 대해서는 여러 전승이 존재하는데, 창조신 브라흐마나 프라자파티, 또는 언어의 여신 바크(Vak)의 자손이라고 전해진다.

불교 신화에 따르면 간다르바들에게도 우두머리가 있는데, 그의 이름은 팀바루(Timbaru)다. 팀바루에게는 바다 수리야바차사(Bhadda Suriyavacchasa)라는 딸이 있는데, 그녀는 간다르바인 판카시카(Pancasikha)와 사랑에 빠졌다. 판카시카는 팀바루에게 훌륭한 음악을 들려주어 호감을 샀으며, 한편으로는 사크라(Sakra, 인드라)에게 오랫동안 봉사한 공로를 인정받아 바다 수리야바차사와의 결혼을 사크라에게 승낙받았다고 한다.

힌두교 신화에서는 간다르바가 자신들과 함께 악단을 이루는 압사라와 사랑에 빠지는 경우가 많다. 따라서 압사라는 간다르바의 아내나 연인으로 자주 등장한다.

힌두교의 결혼 형태 중 하나인 '간다르바 결혼'은 신랑과 신부가 상호 동의해 이루어지는 결혼을 의미한다. 반면 '락샤사 결혼'은 신부의 동의 없이 강제로 이루어지는 납치 결혼을 지칭한다. 이런 납치 결혼의 대표적인 예로 락샤사들의 왕 라바나가 있다. 라바나는 아수라들의 왕 마야수라와 압사라 헤마의 딸인 만도다리를 납치해 아내로 삼았다.

하늘의 궁전에서 신들을 위해 음악을 연주하지만, 그렇다고 간다르바가 항상 하늘에만 있는 것은 아니다. 그들은 자주 인간 세계로 내려와 나무껍질이나 수액, 향기로운 꽃 속에 머무르기도 한다. 또한 간다르바는 자유자재로 공중을 날아다니며, 혼자 명상하는 승려를 방해하는 장난을 즐긴다고 한다. 이는 명상을 하던 승려들이 자신의 내면에서 일어나는 온갖 충동과 갈등을 간다르바의 장난 탓으로 돌린 데서 비롯된 전승일 가능성이 크다.

또한 간다르바는 신들의 뜻을 인간에게 전하는 전령 역할도 한다. 이는 그리스 신화에서 헤르메스가 최고신 제우스의 뜻을 인간에게 전달하는 역할을 하는 것과 비슷하다.

간다르바는 불교를 통해 중국과 한국, 일본 등 동아시아로 전해지면서 건달(乾達)로 음역되었다. 그런데 어찌 된 일인지 동아시아에서는 건달이라는 말이 '하는 일 없이 빈둥거리며 놀고먹는 백수'라는 부정적인 의미로 변했다. 이는 원래 간다르바가 훌륭한 음악을 연주하는 예술가였음에도 과거 동아시아에서는 그러한 예술 활동을 그다지 좋게 보지 않았음을 보여주는 증거이기도 하다. 실제로 1970년대까지만 해도 한국에서는 연예인이나 가

수를 '딴따라'라는 멸칭으로 불렀다.

한편 한국에서는 건달이 조직폭력배를 의미하는 속어로 쓰이기도 한다. 1997년 영화 《넘버 3》에서는 조폭 서태주 역을 맡은 배우 한석규가 마동팔 검사 역을 맡은 배우 최민식에게 "우리는 깡패가 아니라 건달이다."라고 말하는 장면이 등장한다. 그러자 최민식은 건달의 어원인 간다르바가 "세상의 좋은 향기만 맡으면서 공중을 떠다닌다는 신 이름이기도 해."라고 설명하면서 "하는 짓거리마다 썩은 냄새만 풍기는 니새끼들이 무슨 놈의 건달은 건달이야. 깡패 새끼들이지."라고 조롱한다.

# 077 신들의 무용수, 압사라

압사라는 인도 신화에서 구름과 물의 여성 정령이다. 압사라는 젊고 아름다우며 춤에 능하다. 힌두교 전승에서 압사라는 번개의 신 인드라가 다스리는 하늘 궁전에 살며, 간다르바들이 연주하는 음악에 맞춰 춤춘다.

《마하바라타》에서는 압사라에 대해 "수천 명의 압사라는 연꽃잎처럼 크고 아름다운 눈을 가졌다. 그녀들이 춤추면 딱딱한 마음을 가진 사람들도 마음을 빼앗겼다. 허리는 날씬하고 엉덩이는 풍만하며, 그녀들이 젖가슴을 흔들고 시선을 이리저리 돌리면 보는 이들이 마음을 빼앗길 만큼 매력이 넘쳤다."라고 찬양한다.

압사라는 하늘을 날거나 모습을 바꿀 수 있는 신비한 힘이 있다. 또한 도박의 운명과 다산을 지배하는 여신으로도 숭배받는다. 《마하바라타》나 《바가바타 푸라나(Bhagavata Purana)》 같은 고대 인도의 문헌들에는 다음과 같은 압사라들이 등장한다.

우르바시, 헤마, 틸로타마, 메나카(Menaka), 람바(Rambha), 그리타치(Ghritachi), 푸르바치티(Purvachitti), 스와얌프라바(Swayamprabha), 미스라케시(Misrakeshi), 단다가우리(Dandagauri), 바루티니(Varuthini), 고

팔리(Gopali), 사하자냐(Sahajanya), 쿰바요니(Kumbhayoni), 프라자가라
(Prajagara), 치트라레카(Chitralekha), 마두라스바나(Madhurasvana).

압사라는 인드라의 명령을 받아 지상으로 내려오기도 한다. 힌두교 신화
에서 인드라는 자신의 권력을 잃을까 두려워하며 전전긍긍하는 역할로 등
장하기에 종종 압사라들에게 성자나 인간이 수행을 계속하지 못하도록 유
혹하라고 명령한다. 예컨대 인드라는 브라만 사제 비스바루파가 베다를 공
부해 강한 힘을 갖게 되자 그가 더 이상 경전 공부를 하지 못하도록 방해하
기 위해 압사라들을 보냈다. 그러나 비스바루파가 워낙 굳고 단단한 마음
을 지녀서 아무리 압사라들이 유혹하며 아양을 떨어도 도저히 그의 마음을
흔들 수가 없었다고 전해진다.

반면 압사라가 인간과 사랑에 빠지는 일도 있다. 《바가바타 푸라나》에
따르면 압사라인 우르바시는 바루나를 화나게 하여 땅으로 쫓겨났는데, 달
의 민족의 왕자인 푸루라바스와 사랑에 빠졌다. 우르바시를 그리워하는 간
다르바들이 그녀를 다시 하늘로 데려갔으나 푸루라바스는 끝내 하늘로 올
라가 우르바시와 다시 만나 행복하게 살았다고 한다.

《마하바라타》에서 샤쿤탈라(Shakuntala)는 다음과 같은 이야기를 전한다.
옛날에 비슈바미트라(Vishvamitra)라는 현자가 오랜 고행 끝에 강력한 힘을
얻었다. 이를 두려워한 인드라는 압사라 메나카에게 그를 유혹해 수행을
방해하라고 명령했다. 메나카는 비슈바미트라가 내뿜는 강력한 기운에 겁
을 먹었으나 인드라의 지시대로 그에게 접근했다. 처음에 비슈바미트라는
메나카를 본 척도 하지 않았으나 메나카가 비슈바미트라에게 가까이 다가
갔을 때 바람의 신 바유가 세찬 바람을 보내 메나카의 옷을 찢었다. 그러자
메나카의 육감적인 알몸이 드러났고, 이를 본 비슈바미트라는 그만 강렬한
정욕에 사로잡혀 메나카와 관계를 맺었다. 그 결과 비슈바미트라의 수행은

중단되었고, 메나카는 딸을 낳아 강둑에 버렸다. 그 아이가 바로 샤쿤탈라
였다.

# 078 사람을 유혹하는 귀신, 부타

　부타 또는 부트(Bhoot)는 인도의 전설에서 유래한 귀신이다. 한국 전설의 귀신처럼 인도 전설의 부타도 죽은 사람의 영혼으로 이루어진 존재다. 부타라는 단어는 고대 산스크리트어로 '과거'와 '존재'를 뜻한다. 즉 부타는 과거의 존재라는 의미를 가지며, 이를 확장하여 귀신이나 영혼을 뜻하게 되었다.

　힌디어, 펀자브어, 카슈미르어, 벵골어, 신디어 등 인도의 여러 언어에서도 '부트'라는 개념이 널리 사용된다. 예컨대 "부트처럼 보인다."라는 표현은 사람이 멍청해 보이거나 단정치 못한 차림일 때 쓰인다. 또한 흉물스럽게 방치된 폐가는 '부트의 집'이라고 불린다.

　부타 또는 부트가 어떻게 생겨나는지에 대해서는 여러 이야기가 전해지는데, 일반적으로 부타는 죽은 사람의 영혼이 천국이나 지옥으로 가지 못하고 지상을 떠돌며 생겨난다고 한다. 이는 평온하게 죽지 못하고 고통스럽게 생을 마감했거나, 삶이 불안정하여 안식을 얻지 못했거나, 혹은 장례가 제대로 치러지지 않았기 때문이다.

　부타는 다양한 동물로 변신할 수 있지만 주로 사람의 모습을 취한다. 그러나 부타가 아무리 사람으로 둔갑해도 숨길 수 없는 특징이 있는데, 바로 발이 땅에 닿지 않는다는 점이다. 인도의 전설에서 땅은 신성한 장소로 여겨지는데, 부타는 본질적으로 불길한 존재이므로 땅에 발을 디디면 고통을 받는다고 한다. 이런 이유로 부타는 나무에 숨어 있거나 나무 위에 지은 집 안에 틀어박혀 산다. 그 외에도 폐가나 숲속, 화장터 등 외진 장소를 좋아한다고 전해진다.

부타를 가장 많이 목격할 수 있는 곳은 어두운 숲속이다. 특히 밤길을 걸을 때 부타를 쉽게 만날 수 있다. 사람을 유혹하거나 홀리려는 부타는 주로 아름다운 여인의 모습으로 둔갑해 경계심을 누그러뜨린다. 그래서 방심한 사람은 부타를 살아 있는 인간으로 착각할 수도 있다. 부타는 그런 사람에게 다가와 "나와 친구가 됩시다."라며 유혹한다.

하지만 부타는 인간과 몇 가지 차이점이 있다. 대표적으로 발가락이 앞이 아니라 뒤를 향하고 있다. 또한 그림자가 없고 흰옷을 즐겨 입는데, 이 점은 한국의 귀신과 비슷하다.

부타도 사람처럼 음식을 먹을 수 있는데, 우유를 가장 좋아한다. 일부 민간 전승에서는 사악한 부타가 사람에게 자신이 주는 선물이라며 우유를 건네기도 한다. 그러나 이 우유는 오염되어 있고, 마시면 정신이 부타에게 지배당해 그들의 꼭두각시가 되고 만다.

부타 중에서도 임신 중이거나 출산 도중에 죽은 영혼은 추다일(Chudail)이라는 귀신이 된다. 추다일은 도로 건널목이나 들판에서 젊은 남성을 유혹한다. 보통 추다일에게 매혹된 남자는 죽음을 맞이하지만, 드물게 무사히 살아남거나 심지어 추다일과 결혼했다는 전설도 존재한다.

부타는 물과 쇠를 두려워하며, 거룩한 사람이나 신의 이름을 부르면 쫓아낼 수 있다. 인도의 일부 지역에서는 사람에게 흙을 뿌리면 부타가 물러난다고 믿는다.

인도의 전설에서는 영혼이 불멸한다고 여기므로 부타는 완전히 소멸하지 않는다. 따라서 힌두교의 퇴마사들은 부타를 불러 사람을 더 이상 괴롭히지 말라고 달랜다. 또한 부타에게 해를 입으면 '부타 아라다나(Bhuta Aradhana)'라는 의식을 통해 헌금이나 제물을 바쳐 부타를 진정시키기도 한다.

# 079 악마화된 이방인, 다사

다사(Dasa)는 힌두교 경전인 《리그베다》와 《아르타샤스트라(Arthashastra)》에 등장하는 부족 또는 계층으로, 원래 고대 산스크리트어에서 적, 이방인, 노예 등을 의미하는 말이었다. 이 단어의 복수형은 다시우스(Dasyus)인데, 《리그베다》에서는 주로 신들에게 반하는 존재로 묘사된다. 《리그베다》에 따르면 불의 신 아그니가 어둠의 존재인 다시우스를 죽이고 소와 물, 하늘을 되찾았다고 한다.

아그니와 다시우스의 대립은 빛과 어둠의 대결로 해석되는데, 이러한 구조는 인도·유럽어족 신화 전반에서 공통적으로 나타난다. 예컨대 그리스 신화에서는 올림포스 신들이 지하 세계에서 태어난 사악한 거인족인 기간 테스와 싸우고, 북유럽 신화에서는 에시르 신들이 요툰헤임의 사악한 거인족 요툰과 대립하며, 켈트 신화에서는 투아하 데 다난이 어두운 바닷속 사악한 거인족인 포모르와 전쟁을 벌인다.

일부 베다 문헌에서는 다사가 여러 개의 눈과 머리를 가진 초자연적 존재로 묘사되기도 한다. 그래서 일부 신화학자들은 베다 시대에 다사가 초자연적이고 파괴적인 힘으로 영적인 깨달음을 방해하는 악마적 존재로 인식되었을 수도 있다고 설명한다.

페르시아 신화의 악신 앙그라 마이뉴(Angra Mainyu)가 세상을 파멸시키기 위해 창조한 용 아지 다하카(Azhi Dahaka)에서 '다하(Daha)'는 다사와 어원이 같을 가능성이 있다. 이는 고대 인도와 페르시아가 같은 아리아계 문화권에 속했기 때문으로 보인다.

다사가 이방인이나 적을 뜻하는 단어였다는 점을 근거로 일부 학자들은 다사가 단순한 신화적 존재가 아니라 역사적 사건에서 유래한 개념일 가능성을 제기한다. 이 가설에 따르면 다사는 중앙아시아의 아리아인들이 인도로 이주하면서 마주친 토착 세력인 드라비다인들을 가리키던 말일 수 있다. 좀 더 구체적으로 설명하자면, 아리아인들이 인더스강 유역에서 성벽으로 둘러싸인 드라비다인들의 정착지를 발견하고 공격했을 가능성이 있는데, 그렇다면 《리그베다》에서 신들의 왕 인드라가 "여러 개의 요새를 무너뜨렸다."라고 칭송받는 구절도 아리아인이 드라비다인의 도시를 정복한 역사적 사건과 관련지어 해석할 수 있다는 것이다.

또한 《리그베다》에서 다시우스가 소를 빼앗아 갔다가 아그니가 소를 되찾아 오는 장면은 드라비다인들이 아리아 유목민들의 가축을 약탈한 사건을 반영한 것이라는 해석도 있다. 당시 아리아인들은 대초원에서 유목 생활을 하며 소를 중요하게 여겼으므로, 이러한 갈등이 신화 속에서 악마적인 존재와의 대립으로 형상화되었을 수도 있다.

《리그베다》에서 인드라의 적으로 등장하는 파니스(Panis)는 가뭄을 일으키고 소를 빼앗아 가는 악마로 묘사되는데, 일부 학자들은 파니스 역시 다사와 마찬가지로 아리아인의 정착에 저항했던 토착민이 신화 속에서 악마로 변형된 사례라고 설명한다.

다사라는 단어가 이방인과 노예를 의미한다는 점도 주목할 만하다. 이는 아리아인이 드라비다인을 정복하면서 그들을 이방인으로 간주하고 일부를 노예화했을 가능성을 시사한다. 《리그베다》에서는 다사라는 단어가 베다

신들을 숭배하지 않는 이들을 가리킬 때 사용되는데, 이 역시 드라비다인들이 인드라 등 아리아인들이 숭배하는 신들을 섬기지 않았던 역사적 현실과 관련이 있지 않을까?

# 7

# 기묘한 이야기

# 080  원래 불교에서는
고기를 먹을 수 있었다

몇 해 전 한 정당 대표가 불교 승려들에게 육포를 보냈다가 여론의 뭇매를 맞은 일이 있었다. 현재 한국 불교에서 승려들의 육식은 금지되어 있기에 해당 정치인은 "불교 교리에 무지했고 승려들을 배려하지 못했다."라는 비판을 피할 수 없었다.

그러나 불교에 원래부터 육식을 금지하는 교리가 있었던 것은 아니다. 석가모니는 육식에 대해 "승려가 자신이 먹기 위해 일부러 짐승을 죽여 그 고기를 먹으면 안 되지만, 죽이는 것을 보지 않았고, 죽이는 소리를 듣지 않았고, 자신을 위해 죽인 것이 아니라면 먹어도 된다."라는 입장이었다. 따라서 석가모니는 승려들이 탁발할 때 받은 음식이 채소든 과일이든 고기든 생선이든 간에 거부하지 말고 모두 받아와서 다른 승려들과 함께 나눠 먹으라고 가르쳤다.

아울러 석가모니의 참된 가르침인 '나 자신의 깨달음'을 우선으로 지키는 상좌부 불교는 주로 동남아시아 지역에 퍼져 있는데, 이곳의 불교 승려들에게는 고기나 생선을 먹으면 안 된다는 계율이 없다.

그렇다면 현재 한국을 비롯한 동아시아 지역의 불교 승려들은 왜 육식을 금기시할까? 이러한 관행은 석가모니의 가르침이나 초기 불교 교단의 교리와 아무런 연관이 없다.

6세기 초 중국 양나라의 황제인 양무제(梁武帝) 소연(蕭衍, 재위 502~549)은 독실한 불교 신자였다. 그는 매일 아침 일어나 가장 먼저 예불을 올리고, 승려들을 궁궐로 불러 신하들과 함께 불경 강의를 들었으며, 양나라의 수도인 건강(建康, 현재의 난징)에 수백 개의 사찰을 세우는 등 불교 발전에 크게 기여했다. 또한 그는 불교의 불살생 계율에 깊이 공감해 누에를 죽여 생산하는 비단 대신 목화로 만든 무명을 사용하도록 명했다.

511년 5월 양무제는 〈단주육문(斷酒肉文)〉을 반포해 승려들에게 술과 육식을 금할 것을 명했다. 그 내용은 다음과 같다.

> "불교에서는 동물에게도 부처가 될 성품인 불성(佛性)이 있다고 믿으며, 윤회에 따라 인간이 동물로 태어날 수도 있다고 가르친다. 그런데 어찌하여 승려들이 거리낌 없이 고기를 먹는가? 그 고기가 부처가 될 수도 있는데, 이는 곧 부처의 살을 먹는 것과 다름없다. 또한 그 고기가 승려들의 죽은 부모나 친구였을 수도 있는데, 어찌 감히 그들의 살을 먹고 도를 닦는다고 말할 수 있겠는가? 이제부터 모든 승려는 육식을 금하고, 이를 어기면 강제로 승려의 자격을 박탈할 것이다."

근대 이전의 중국은 강력한 영향력을 지닌 대국이었으므로, 양나라 황제의 명령으로 시행된 불교 계율은 중국 전역은 물론이고 한반도와 일본에까지 영향을 미쳐 당시 불교 승려들은 이를 따를 수밖에 없었다. 다만 고기 맛을 완전히 잊기는 어려웠던지 승려들은 콩이나 두부, 버섯 등으로 콩고기 같은 대체육을 만들어 먹었다고 한다.

이처럼 동아시아 국가들의 불교 승려들이 고기를 먹지 않는 계율은 석가모니가 가르친 불교의 교리와는 직접적 관련이 없고, 양무제라는 황제가 자신의 신념을 바탕으로 시행한 정책에서 비롯된 것이다. 실제로 양무제의 〈단주육문〉이 발표될 당시 양나라의 영토가 아니었던 몽골이나 티베트 지역의 불교 승려들은 지금도 유제품과 가축의 고기를 아무렇지 않게 먹는다. 그러므로 양나라가 망한 지 무려 1500년이 넘도록 술과 육식을 금하는 계율이 동아시아 불교에서 여전히 지켜지고 있다는 점은 무척 흥미로운 현상이다.

# 081 인도에서 불교가
## 쇠퇴한 이유

오랫동안 동아시아 국가들에서 불교는 정신적 지주 역할을 해왔다. 하지만 정작 발상지인 인도에서는 불교의 교세가 매우 미미하다. 전체 인구의 약 82퍼센트가 힌두교 신자이고, 약 10퍼센트가 이슬람교도이며, 불교 신도는 1퍼센트도 되지 않는다. 무엇이 인도에서 불교를 쇠퇴하게 만들었을까?

불교는 샤카족의 왕자였던 싯다르타, 즉 석가모니가 창시한 종교다. 그러나 석가모니가 가르친 초기 불교는 오늘날 우리가 일반적으로 접하는 불교와는 많은 차이가 있다.

석가모니는 자신이 신이나 구원자라고 주장하지 않았다. 그는 철저히 인간으로서 진리를 탐구했다. 석가모니가 태어나면서 "천상천하 유아독존"이라고 말하며 연꽃 일곱 송이를 밟았다는 이야기는 석가모니가 죽고 수세기가 지난 뒤 대승불교가 성립되며 등장한 신격화된 전승이다. 또 석가모니는 자신을 숭배하고 기도를 올리면 극락에 간다고 가르치지도 않았다.

석가모니의 가르침의 핵심은 니르바나, 곧 열반이다. 흔히 열반이 고통스러운 이승에서 벗어나 행복이 가득한 내세인 극락으로 가는 것이라고 알고 있으나, 열반은 고통의 원인인 탐욕과 집착을 소멸시킨 상태를 뜻한다.

석가모니는 인간의 삶을 생로병사의 연속으로 보았고, 이를 '고(苦)'로 인식했다. 그리고 수행을 통해 집착을 버리고 열반에 이르는 것이 이러한 고통에서 벗어나는 길이라고 가르쳤다.

초기 불교는 비폭력과 만민 평등을 강조했다. 석가모니는 당대의 베다 종교에서 동물을 죽여 신들에게 제물로 바치는 제의를 행하는 것을 비판했고, 카스트 제도 같은 신분 차별에도 반대했다.

이러한 가르침은 기원전 3세기 인도 대부분을 통일한 마우리아 제국의 아소카 대왕이 불교로 개종하고 불교를 강력히 후원함으로써 한때 큰 세력을 얻었다. 그러나 아소카 대왕이 죽은 뒤 왕위 계승을 둘러싼 내분에 휩싸이며 마우리아 왕조가 쇠퇴하면서 불교의 세력도 약화되었다.

특히 기원전 185년 브라만 출신 장군 푸시야미트라 숭가가 숭가 왕조를 세운 뒤 상황은 더욱 나빠졌다. 그는 불교에 밀린 베다 종교를 부흥시키기 위해 불교 사원들을 폐쇄하고 불교 승려들을 박해했다고 전해진다.

한편 힌두교는 불교와의 경쟁 속에서 신앙 체계를 정비했다. 유지의 신 비슈누와 파괴의 신 시바를 중심으로 우주의 생성과 소멸이 반복된다는 세계관이 형성되었고, 락슈미처럼 대중의 기복 신앙에 부합하는 신들도 널리 숭배되었다. 예나 지금이나 대중의 소망은 매우 단순하다. 복잡한 이념이나 사상보다 배고픔에서 벗어나 부귀영화를 누리는 것에 끌리기 마련이다. 따라서 자신의 노력으로 해탈에 이른다는 불교보다는 신에게 기도해 복을 받는다는 힌두교가 대중에게 친숙하게 다가갔을 수도 있다.

이에 불교도 대중에게 더 쉽게 다가가기 위해 힌두교적 요소를 도입했다. 석가모니를 신격화하고, 기도와 공덕을 통해 복을 받는다는 기복 신앙을 받아들이는 등의 변화가 일어났다.

하지만 그 결과 불교는 힌두교와의 차별성이 약화하고 독자적 정체성을 잃으면서 많은 신도를 힌두교에 빼앗겼다. 여기에 10세기 이후 이슬람 세력이 인도에 침입하면서 불교 사원과 승단을 파괴하고 약탈하는 일이 벌어졌는데, 이는 인도에서 불교의 쇠락을 가속화했다.

# 082 고대 인도에 존재했던 그리스 왕국

기원전 323년 알렉산드로스 대왕이 죽자 그가 정복한 거대한 영토는 부하 장군들에 의해 분할되었다. 이 중 오늘날 아프가니스탄 지역의 박트리아에서는 기원전 256년경 그리스계 총독이던 디오도토스 1세(Diodotus I, 재위 기원전 256~239)가 박트리아 왕국을 세웠다.

이후 기원전 180년 무렵 박트리아 왕 데메트리오스 1세(Demetrius I, 재위 기원전 200~180)는 인도 서북부로 원정을 떠났다. 그런데 그사이 신하인 에우크라티데스 1세(Eucratides I, 재위 기원전 170~145)가 반란을 일으켜 박트리아를 장악했다. 그러자 적지에서 고립된 데메트리오스 1세는 인도 북서부에 새로운 국가인 인도-그리스 왕국을 세웠다. 인도-그리스 왕국은 약 30명의 왕이 통치하며 기원전 180년부터 기원후 10년까지 약 190년간 존속했다.

그리스 지리학자 스트라보(Strabo)의 기록에 따르면, 알렉산드로스 이후 일부 그리스인들은 갠지스강 동쪽의 숭가 제국 수도인 파탈리푸트라(오늘날 인도의 파트나)까지 진출했으며, 일시적이나마 인도 동부 지역이 그리스인의 지배를 받았다고 한다. 그는 또 그리스인들이 사라오스투스(Saraostus)와 시게르디스(Sigerdis)라는 해안 지역을 점령했다고 기술했는데, 이 두 지명은 오늘날 인도 서부 해안 지역으로 추정된다. 또한 그는 그리스인들이 바르후트(Bharhut)와 비디사(Vidisa)까지 진출했다고 했는데, 이는 인도 중부의 보팔 인근 지역을 가리킨다.

기원전 1세기의 역사학자 아폴로도로스(Apollodorus)는 "그리스인들이 인도의 주인이 되었으며 많은 종족이 그들에게 제압당했다."라고 말했다. 그는 데메트리오스 1세와 그의 후계자인 메난드로스 1세가 히말라야 인근까지 영토를 확장해 알렉산드로스보다 더 넓은 지역을 지배했다고 서술했다.

250년경 편찬된 《요가 푸라나(Yuga Purana)》에는 570개의 탑과 64개의 문을 가진 대도시 파탈리푸트라가 그리스인들의 공격을 받아 성벽이 파괴되었다고 기록되어 있다. 고대 산스크리트 극문학 작품인 《말라비카그니미트람(Malavikagnimitram)》에는 숭가 제국(기원전 185~75)의 왕 바수미트라(Vasumitra, 재위 기원전 131~124)가 그리스군과 벌인 전투가 묘사되어 있다.

메난드로스 1세 치하에서 인도-그리스 왕국은 전성기를 누렸다. 그는 갠지스강을 따라 원정에 나서 인도 북부의 도시인 마투라를 함락시키고, 석가모니가 설법했던 도시 사케타(Saketa)와 힌두교 성지인 바라나시를 점령했다. 또한 숭가 제국의 수도인 파탈리푸트라와 부처가 보리수 아래에서 깨달음을 얻은 성지인 가야(Gaya) 인근 고라타기리(Gorathagiri)와 바라바르(Barabar) 언덕에까지 진격했다고 전해진다.

메난드로스 1세는 불교 승려들과 토론하며 불교 사상에 큰 관심을 보였고, 마침내 불교로 개종했다고 전해진다. 이를 바탕으로 편찬된 불교 문헌이 바로 '밀린다(메난드로스) 왕의 문답'이라는 뜻의 《밀린다팡하》다.

기원전 125년, 인도-그리스 왕국의 뿌리인 박트리아 왕국은 동방에서 쳐들어온 유목민족인 월지족에게 멸망했다. 이어 기원전 80년 스키타이족의 침략과 기원전 70년 월지족의 침략으로 인도-그리스 왕국 역시 쇠퇴했다.

스트라토 2세(Strato II, 재위 기원전 25~기원후 10)를 끝으로 인도-그리스 왕국의 왕명은 더 이상 전해지지 않는다. 다만 사타바하나 왕국의 왕 가우타미푸트라 사타카르니(Gautamiputra Satakarni, 재위 78~102)가 국경을 침범한 그리스인을 물리쳤다는 기록이 남아 있다.

이후 월지족이 세운 쿠샨 제국(30~375)의 카니슈카(Kanishka, 재위 78~151) 왕이 인도 북부를 정복했는데, 이때 인도에 남아 있던 그리스계 인구는 쿠샨 제국에 흡수된 것으로 추정된다.

# 083 눈부시게 화려했던
## 솜나트 사원

인도양과 맞닿은 인도 서부 구자라트 지역에 있는 솜나트(Somnath) 사원은 먼 옛날부터 파괴의 신 시바를 비롯한 인도의 신들을 숭배해온 성스러운 사원이다.

솜나트 사원이 정확히 언제 세워졌는지는 불확실하지만, 문헌상으로는 기원전 649년의 기록에서 처음 언급된다. 따라서 지금으로부터 약 2600년 전부터 이 지역에 시바를 숭배하는 사원이 존재했던 것으로 추정된다.

솜나트 사원에 얽힌 전설에 따르면, 달의 신 소마는 저주를 받아 광채를 잃었으나 사원 인근을 흐르는 사라스바티강에서 목욕한 뒤 빛을 되찾았다고 한다.

솜나트 사원은 티크 나무로 만든 56개의 기둥이 커다란 지붕을 떠받치는 구조였고, 지붕에는 황금빛으로 장식된 14개의 둥근 장식구가 설치되어 있었다. 사원 중심부에는 시바의 상징인 링가가 안치되어 있었는데, 이 링가는 시바를 상징하는 가장 중요한 성물로, 수천 년 전부터 숭배의 대상이 되어왔다.

링가 주변에는 황금과 은으로 제작한 여러 신의 조각상이 링가에 복종하는 자세로 놓여 있었다. 또한 각 조각상 위에는 온갖 보석이 박힌 화려한

등불이 매달려 있었고, 사원 내에는 180킬로그램에 달하는 커다란 종이 쇠사슬에 매달려 있었다.

솜나트 사원에서는 1000명의 브라만이 시바를 비롯한 신들에게 바치는 희생제의를 집전했다. 1만 개의 마을에서 모아 보낸 헌금은 사원의 보수와 유지 및 성직자들의 생활에 쓰였다. 또한 350명의 아름다운 여성 무용수와 300명의 음악가가 신들에게 춤과 음악을 바쳤으며, 사원에 거주하는 300명의 자원봉사자가 사원에 참배하러 오는 순례자들을 도둑의 위협으로부터 지켜주었다.

또한 사원에서 기르는 말들은 링가와 신들의 조각상을 씻어내기 위해 800킬로미터나 떨어진 갠지스강에서 신선한 물을 실어 날랐다. 그뿐만 아니라 링가와 신상들을 화려하게 장식하기 위해 인도 북부 카슈미르에서 꽃들을 채집해 왔다.

그러나 솜나트 사원의 아름다움과 풍요로움은 역설적으로 외세의 침탈을 불러왔다. 대표적 침략자가 가즈니(Ghazni) 왕국의 술탄 마흐무드(Abu al-Qasim Mahmud ibn Sabuktigin, 재위 998~1030)였다. 오늘날 아프가니스탄에 해당하는 가즈니 왕국은 튀르크계 이슬람 군벌이 지배하던 국가로, 마흐무드는 인도의 부를 탐내어 여러 차례 인도 원정을 감행했다. 그는 신실한 이슬람교도로서 힌두교 신들을 우상으로 여겼으며, 그런 우상을 섬기는 솜나트 사원을 파괴해야 할 대상으로 여겼다.

마흐무드는 이미 1018년에 12만 명의 군대를 이끌고 마투라의 크리슈나 사원을 공격해 황금 조각상 5점과 16.5파운드(약 7.5킬로그램)의 사파이어를 약탈했다. 이후 1026년 그는 인도에서 가장 중요한 힌두교 사원 중 하나인 솜나트 사원을 공격했다. 힌두교도들은 죽을 힘을 다해 저항했지만 마흐무드의 공격이 시작된 지 이틀 만에 사원은 함락되었고, 당시 5만 명에 달하는 힌두교도가 학살되었다.

마흐무드는 파괴된 링가의 파편과 함께 솜나트 사원의 문을 가즈니로 가져갔다. 이 문은 훗날 인도를 지배하던 영국이 아프가니스탄을 침공했을 때 회수하여, 인도가 영국으로부터 독립한 뒤인 1951년에 복원한 솜나트 사원에 되돌려주었다.

# 084  400년 넘게 포르투갈의
## 식민지였던 고아시

1510년부터 1961년까지 인도 서부의 항구 도시인 고아(Goa)는 포르투갈의 식민지였다. 물론 인도 정부가 포르투갈에 아무 대가 없이 넘긴 것은 아니고, 포르투갈이 해군을 보내 고아를 무력으로 점령하고 강제로 빼앗은 것이었다. 유럽 서남부 끝자락의 작은 나라 포르투갈이 왜 머나먼 인도에까지 군대를 보냈던 것일까? 그 이유를 알려면 15세기 대항해 시대로 거슬러 올라가야 한다.

포르투갈은 16세기까지 인구가 100만 명밖에 안 되는 작은 나라였다. 유럽 본토에서 벌어지는 패권 다툼에 본격적으로 끼어들기 어려웠던 포르투갈은 대신 해외 식민지 개척에 온 힘을 쏟았다.

당시 유럽에서는 동방에서 들여오는 향신료가 인기를 끌며 비싼 값에 거래되었는데, 이 향신료를 가져오는 무역로는 대부분 이슬람 세력이 장악하고 있었다. 그래서 포르투갈을 비롯한 유럽의 기독교 국가들은 이슬람 세력에 비싼 값을 치르고 향신료를 사야 하는 현실에 불만을 품고 새로운 무역로를 개척하려 했다. 이 임무를 가장 먼저 수행한 나라가 바로 해양 항해에 유리한 위치에 있던 포르투갈이었다.

이때는 아직 지중해와 홍해를 연결하는 수에즈 운하(1869년 개통)가 존재하지 않았기 때문에 유럽에서 아시아로 가려면 아프리카 대륙 남단을 돌아서 가야 했다. 이 항로 개척에 처음 나선 인물이 포르투갈의 항해자 바르톨로메우 디아스(Bartholomeu Dias)였다. 그는 1488년 아프리카 남단에 도착해이 지역을 '희망봉'이라 명명했다. 이후 1498년 포르투갈 왕실의 후원을받은 바스쿠 다가마(Vasco da Gama)는 4척의 군함을 이끌고 희망봉을 돌아인도 서해안의 캘리컷에 도착했다.

그러나 포르투갈과 인도의 첫 만남은 평화롭지 못했다. 이미 인도에는이슬람 세력이 먼저 진출해 있었는데, 이들은 포르투갈인들을 적대시하며인도의 통치자들에게 포르투갈을 헐뜯는 말을 늘어놓았다. 게다가 포르투갈이 가져온 교역품은 질 낮은 옷감이 대부분이었는데, 이를 본 인도의 통치자들은 "우리나라에서 이런 형편없는 옷감은 거지도 안 입는다! 당신들과 교역할 필요가 없으니 돌아가라!"라고 비웃었다.

그러나 인도인들이 간과한 사실이 있었다. 포르투갈은 비록 상품의 질은 떨어질지언정 군사력에서는 현저히 우세했다. 일단 포르투갈로 돌아갔던 바스쿠 다가마는 1502년 15척의 군함을 이끌고 인도로 돌아와 캘리컷에 포격을 퍼부어 많은 주민을 죽였다. 또 메카 순례를 마치고 돌아오던 인도 무슬림 상인의 배를 습격해 약탈하고 침몰시키는 잔혹한 행위를 저질렀다.

마침내 1510년 11월 25일 포르투갈은 인도 서부의 항구 도시 고아를 점령했다. 작전을 이끈 사람은 아폰수 드 알부케르크(Afonso de Albuquerque)였다. 그는 포르투갈의 동방 침략사에서 빼놓을 수 없는 인물로, 인도와 동남아시아 각지를 무력으로 점령한 이른바 '포함 외교'의 선구자였다. 포르투갈에서는 그를 '포르투갈의 마르스', '동방의 카이사르', '바다의 사자'라고불렀다.

알부케르크는 23척의 전함과 약 1200명의 군사를 이끌고 고아를 공격했고, 당시 고아를 지키던 9000여 명의 이슬람교도 수비대 중 약 6000명이 전사한 끝에 도시는 함락되었다. 알부케르크는 종교적 열정이 강한 인물로, 점령 직후 도시 내 이슬람교도 관료를 모두 추방했다.

점령 초기에 포르투갈은 현지 민심을 얻기 위해 세금을 깎아주었지만 오래가지 못했다. 포르투갈인들은 힌두교에 대해 전혀 몰랐기에 힌두교를 미신으로 간주해 탄압하고 기독교를 강요했다. 1540년에는 포르투갈 국왕 주앙 3세(João III, 재위 1521~1557)의 명령으로 고아의 힌두교 사원이 대거 철거되었고, 1560년에는 고아에 종교재판소가 설치되어 힌두교와 이슬람교 신자들을 박해했다.

이러한 포르투갈의 억압적인 식민 지배는 1961년 인도 정부가 대규모 정규군을 동원해 고아를 점령하고 포르투갈 세력을 추방할 때까지 무려 400년 넘게 이어졌다.

# 085 델리의 대량학살자, 나디르 샤

오늘날 인도에서는 대량학살을 일컬을 때 '나디르샤히(Nadirshahi)'라는 말을 사용한다. 이 말은 1739년 인도의 델리를 침공해 끔찍한 학살을 자행한 페르시아의 정복자 나디르 샤(Nadir Shah, 1688~1747)의 이름에서 유래했다. 페르시아인인 나디르 샤가 왜 인도에 쳐들어갔는지 이해하려면, 먼저 당시 인도와 아프가니스탄, 이란의 정세를 알아야 한다.

18세기 초 아프가니스탄은 약 200년간 오늘날의 이란에 있던 사파비(Safavid) 왕조의 지배를 받고 있었다. 그러나 당시 사파비 왕조는 궁정의 사치와 군대의 부패로 이미 몰락의 길을 걷고 있었다. 또한 수니파 이슬람을 믿는 아프가니스탄 주민들에게 시아파 이슬람을 강요하고 세금을 과도하게 부과해 원성을 샀다.

참다못한 아프가니스탄의 길자이족(Ghilzai) 족장 미르 와이스(Mir Wais)는 1709년 부족민들을 이끌고 사파비 왕조에 맞서 반란을 일으켰다. 사파비 왕 후사인(Husayn)은 3만 명의 군대를 보내 반란을 진압하려 했지만, 칸다하르에서 벌어진 전투에서 겨우 700명만 살아 돌아올 정도로 참패했다.

1715년 미르 와이스가 사망하자 그의 아들 마흐무드(Mahmud Hotak)가 새로운 지도자가 되었다. 마흐무드는 2만 명의 기병을 이끌고 사파비 영토로 진격했다. 사파비 왕조는 4만 2000명의 병력과 24문의 대포로 이루어진 군대를 보냈지만, 굴나바드(Golnabad) 전투에서 길자이족 기병에게 격파당해 5000명이 전사했다.

이후 길자이족은 사파비 왕조의 수도 이스파한을 6개월간 포위해 10만 명 넘는 주민이 굶주림과 돌림병으로 목숨을 잃게 했다. 1722년 9월 마침내 성이 함락되자 후사인과 귀족들은 항복했으나 대부분 학살당했다. 그러나 마흐무드는 지나친 폭정으로 1725년 측근들에게 암살당했고, 사촌 아슈라프(Ashraf Hotak)가 새 지도자가 되었으나 당시 왕조 내부는 마흐무드의 폭정으로 이미 큰 혼란에 빠진 상태였다.

이 혼란기에 사파비 왕조의 부흥을 외치며 등장한 인물이 나디르 샤였다. 그는 아프샤르(Afshar)족 출신으로, 호라산 지방의 다르가즈라는 시골에서 태어났다. 나디르 샤는 호라산에서 활동한 무장 지도자 바바 알리 베그(Baba Ali Beg)의 사위가 되어 그 지역 정권을 이어받았다. 나디르 샤는 5000명의 병력을 모아 아프가니스탄 서부 헤라트 인근의 압달리(Abdali)족을 제압하고 군대에 편입시켰다. 이후 1730년 이스파한으로 진격해 아슈라프를 격파하고, 달아난 그를 잡아 처형했다.

한편 1722년 마흐무드가 이스파한을 점령할 당시 사파비 왕자 타마스프(Tahmasp Mirza)는 병사 600명을 이끌고 탈출해 카즈빈으로 도망쳤는데, 이후 나디르 샤는 그를 허수아비 군주로 옹립했다. 그러나 1732년 나디르 샤는 타마스프를 폐위하고 스스로 왕위에 올랐다.

1739년 나디르 샤는 무굴 제국의 부유함에 눈을 돌려 인도로 침공했다. 그는 무굴 제국의 수도 델리를 공격해 무자비한 학살과 약탈을 저질렀는데, 이로 인해 2만 명에서 20만 명에 이르는 주민이 학살당한 것으로 추정된다. 이때 나디르 샤는 무굴 황제의 공작 옥좌와 '빛의 산'이라 불리는 거대한 다이아몬드 코이누르(Koh-i-Noor) 등을 탈취했다.

나디르 샤는 용맹한 장군이었지만 나라를 다스리는 일에는 서툴렀다. 계속된 원정으로 인한 조세 부담을 견디다 못해 백성들이 곳곳에서 반란을 일으켰다. 이를 진압하기 위해 출정한 나디르 샤는 쿠찬에 주둔하던 도중 병사들과 장교들이 반란을 일으킬 것으로 의심해 대대적으로 숙청을 시도하다가 이튿날 자신의 막사에서 목이 잘린 채로 발견되었다. 그의 죽음 이후 군대는 와해하여 아프가니스탄과 튀르크계 전사들은 전리품을 챙겨 뿔뿔이 흩어졌다.

나디르 샤는 전쟁 말고는 인생의 즐거움을 모르는 인물이었다. 한 율법 학자가 "천국에는 전쟁이 없고 평화만 있다."라고 하자 "그런 지루한 곳에 무엇하러 가야 하나?"라고 응수할 만큼 그는 유명한 전쟁광이었다.

한편 코이누르 다이아몬드는 나디르 샤가 죽은 뒤 시크 왕국의 소유가 되었다가 이후 영국 동인도 회사가 빼앗아 빅토리아 여왕에게 바쳤다. 코이누르는 오늘날까지 영국 국왕의 왕관에 장식되어 있다.

# 086 인도를 영국 식민지로 만든 아싸예 전투

인도는 광대한 영토와 인구를 가졌으나 영국이라는 훨씬 작은 나라에 약 200년 동안 지배를 받았다. 그 이유는 크게 두 가지였다. 첫째, 인도는 수많은 지역 세력으로 분열되어 서로 싸우고 견제하느라 하나로 뭉쳐 영국에 저항하지 못했다. 둘째, 영국군이 조직력이나 장비, 전술 면에서 인도의 군대보다 우위에 있었다.

이를 단적으로 보여주는 사례가 1803년 9월 23일에 벌어진 아싸예 (Assaye) 전투다. 이 전투에서 약 9500명의 영국군은 무려 7만 명이 넘는 인도의 마라타 군대와 정면 대결해 승리를 거두었다.

마라타족은 인도 남부 데칸고원의 토착 민족으로, 1674년 뛰어난 지도자인 시바지의 등장으로 마라타 제국을 건설했다. 무굴 제국의 황제 아우랑제브는 이를 위협으로 여기고 대규모 정벌에 나섰지만, 마라타족의 게릴라전에 휘말려 별다른 성과를 거두지 못했다. 결국 아우랑제브의 사망 이후 무굴 제국은 쇠퇴의 길을 걷게 되었다.

1720년부터 마라타 제국의 실권은 왕실이 아닌 페슈와 (재상)에게 넘어갔으며, 18세기 후반에는 여러 지방 영주들 간의 내분이 심화했다. 특히 그왈리오르의 다울라트 라오 신디아 (Daulat Rao Sindhia, 1779~1827)와 인도르의 야슈완트 라오 홀카르(Yashwant Rao Holkar, 1776~1811) 간의 대립이 치열했다.

그러던 와중 1802년 마라타 제국의 중요 도시인 푸나에서 벌어진 전투에서 홀카르가 신디아와 페슈와 바지 라오 2세(Baji Rao II, 1775~1851)의 연합군을 크게 이겼다. 그러자 바지 라오 2세는 영국 동인도 회사의 보호를 요청하며 바세인(Bassein) 조약을 체결했다. 이에 따라 영국은 마라타 영토에 주둔할 수 있게 되었고, 마라타 외교는 영국의 감독을 받았다. 신디아와 홀카르는 이에 격렬히 반발했으나 내분이 끝나지 않은 터라 영국에 제대로 항거할 수 없었다.

당시 인도에 주둔하고 있던 영국군의 사령관은 아서 웰즐리 장군이었는데, 그는 1815년 워털루 전투에서 나폴레옹의 프랑스군을 격파한 명장이었다. 1803년 9월 23일 웰즐리는 약 9500명의 병력을 이끌고 아싸예에서 마라타군과 격돌했다. 마라타군은 약 2만 명의 보병, 4만 명의 기병, 유럽식으로 훈련한 1만 800명의 병력으로 이루어진 총 7만 800명에 달하는 대군이었다. 영국군은 수적으로 압도적인 열세에 있었지만, 웰즐리의 뛰어난 전술과 훈련된 보병의 전투력, 마라타 측의 내부 불화 등이 어우러져 승리를 거둘 수 있었다. 웰즐리는 훗날 "내가 참가한 모든 전투 중 아싸예 전투가 가장 위대한 성과였다."라고 회고하기도 했다.

반면 아싸예 전투에서 수적으로 훨씬 열세인 영국군에게 참패한 마라타 제국은 지휘관들 사이의 내분이 더욱 심해지고 국가의 위신과 군대의 사기가 크게 떨어져 사실상 붕괴 직전의 위태로운 상황에 놓였다. 아싸예 전투에서 패배한 지 얼마 안 되어 신디아는 1803년 12월 30일, 홀카르는 1805년 12월 24일 각각 영국과 조약을 체결하고 항복했다.

1817년 푸나에서 일어난 마라타족의 반란은 1817년 11월 21일 마히드푸르(Mahidpur) 전투에서 가푸르 칸(Gafur Khan)이 영국군과 내통하는 바람에 결국 실패하고 말았다. 이 패배로 마라타족은 저항할 힘을 잃었고, 1818년

대부분의 마라타 지도자가 존 맬컴(John Malcolm)에게 항복했다.

영국의 총독 헤이스팅스(Francis Rawdon-Hastings)는 마라타 제국의 최고 지도자 자리인 페슈와를 폐지하고, 마라타 제국의 남은 영토인 마하라슈트라 지역을 동인도 회사령으로 병합했다. 이로써 마라타 제국은 모든 영토를 잃어버리고 역사 속으로 사라졌다.

# 087 영국군도 감탄한 용맹한 시크 군대

현재 인도에는 힌두교와 이슬람교 외에도 시크교를 믿는 사람이 상당수 있다. 시크교는 15세기 말 인도 서북부 펀자브 지역에서 활동한 철학자 나나크가 창시한 종교로, 한때 독자적인 왕국을 세우고 영국에 맞서 싸웠다.

시크교는 인도의 토착 종교인 힌두교와 10세기부터 인도에 들어온 외래 종교인 이슬람교의 요소를 수용하면서도 독자적인 교리와 정체성을 바탕으로 형성된 종교였다. 시크교가 창시될 무렵 인도는 무굴 제국의 지배를 받고 있었는데, 무굴 제국의 4대 황제 자한기르(Jahangir, 재위 1605~1627)가 반란을 일으킨 아들 쿠스라우(Khusrau)를 도운 시크교 5대 구루 아르잔(Arjan Dev)을 처형하면서 시크교에 대한 탄압이 시작되었다. 이후 시크교도들은 자신들의 종교와 공동체를 지키기 위해 정치적·군사적 조직을 갖추고 독자적인 국가를 세우려는 움직임을 보였다.

란지트 싱(Ranjit Singh, 1780~1839)은 '펀자브의 사자'로 불리며 12세의 나이에 시크교도의 지도자로 부상했다. 그는 강력한 무기와 우수한 군사 조직을 바탕으로 시크 군대의 전력을 크게 강화했다. 1799년 7월 란지트 싱이 이끄는 시크 군대는 펀자브의 수도 라호르를 점령했고, 1801년에는 자신을 펀자브의 마하라자로 선포하며 시크 왕국을 세웠다. 그는 국가 체제를 정비하고 독자적인 화폐를 발행했으며, 주변의 군소 세력을 복속시켜 나가며 영토를 확장했다. 그리고 1802년 란지트 싱은 인도 북부의 전략적 요충지인 암리차르를 점령하며 위세를 떨쳤다.

란지트 싱은 18세기부터 점차 인도에 들어와 세력을 넓혀가던 영국을 견제하기 위해 영국의 적인 프랑스와 협력하려 했고, 프랑스 기술자들을 초빙해 시크 군대에 현대식 무기와 포병 체계를 도입했다. 그 결과 1828년 까지 시크 군대는 중포 130문과 선회포 280문 등 최신 무기를 갖추었다. 시크 군대의 대포는 매우 크고 무거워서 코끼리가 운반하기도 했다.

시크 군대에는 전통적 기병대인 고르추라 사르다르(Ghorchurra Sardar)가 포함되어 있었다. 이들은 전신과 말을 철제 사슬로 만든 갑옷으로 보호한 채 긴 창을 들고 돌격하는 중기병으로, 영국군으로부터도 '세계 최고의 기 병대'라는 평가를 받았다고 전해진다.

1839년 6월 란지트 싱이 사망한 뒤 시크 왕국 내부에서는 시크교도 귀 족 가문인 신단왈리아(Sindhanwalia)와 힌두교도 귀족 가문인 도그라(Dogra) 사이에 권력 다툼이 벌어졌다. 왕권을 장악한 도그라 가문은 점차 영향력 을 확대했으나 왕국 내부의 불안정은 심화했다. 이러한 상황을 이용해 동 인도 회사는 펀자브로의 군사 개입을 결정했다.

1845년 12월 10일 벵골 군단(Bengal Army)에 소속된 영국군 1만 명이 펀 자브와 영국 영토 사이의 경계선인 수틀레즈강을 건넜다. 12월 18일 영국 군은 무드키 마을 근처에서 약 2만 명 규모의 시크군과 충돌해 승리했다. 이어 12월 21일부터 22일까지 펀자브의 페로제샤 마을에서 벌어진 전투에 서도 약 1만 8000명의 영국군이 3만 명에 달하는 시크군을 상대로 승리를 거두었다.

1846년 2월 10일 소브라온(Sobraon) 전투에서 영국군은 시크군의 방어 진지를 무너뜨리기 위해 35문의 공성포를 동원해 2시간 동안 포격을 퍼부었다. 방어선은 큰 피해를 봤고, 약 1만 명의 시크 병사들이 백병전에 나섰으나 영국군의 총탄과 포격에 대부분 전사했다. 전투에서 승리한 영국군은 시크 왕국의 보물인 코이누르 다이아몬드를 빼앗아 빅토리아 여왕에게 바쳤다.

1848년 9월 14일 시크교도들은 셰르 싱(Sher Singh)을 중심으로 반란을 일으켰다. 제2차 시크 전쟁으로 불리는 이 반란은 1849년 2월 21일 구지라트 전투에서 영국군의 승리로 마무리되었다. 그해 4월 2일 펀자브는 공식적으로 영국령에 편입되었고, 마침내 시크 왕국은 멸망하고 말았다.

비록 패배했지만 시크 병사들의 용맹함은 영국인들 사이에서도 높이 평가받았다. 전투에 참여했던 한 영국인은 시크 전사들에 대해 "그들은 악마처럼 거칠고 사납게 싸웠다. 나는 그렇게 용감한 전사들을 본 적이 없었다. 그들은 총검 앞으로 망설임 없이 뛰어들었고, 방금 쏘아 뜨겁게 달아오른 총을 맨손으로 움켜쥐었다."라고 회상했다.

# 088 세포이가 반란을 일으킨 이유

1857년 5월 10일에 시작되어 1858년 11월 1일에 끝난 세포이 항쟁은 당시 인도 대부분을 지배하던 영국 동인도 회사에 소속된 인도인 용병인 세포이들이 일으킨 무장 반란이었다.

이 반란의 원인에 대해 통상적으로 알려진 바에 따르면, 세포이들에게 지급된 새로운 소총의 탄약통에 소와 돼지의 기름이 칠해진 일이 발단이 되었다고 한다. 당시 세포이들 중 다수가 힌두교도나 이슬람교도였는데, 힌두교에서는 소를 신성하게 여기고 이슬람교에서는 돼지를 부정한 동물로 여겼다. 따라서 그들의 종교를 모욕하는 것으로 받아들여 세포이들이 반란을 일으켰다는 설명이다. 실제로 인도 총독 헨리 로런스(Henry Lawrence)에 따르면, 반란을 진압한 뒤 세포이들을 심문한 결과 상당수가 탄약통 문제가 반란의 주요 원인이라고 진술했다고 한다.

하지만 이러한 통설에 회의적인 시각도 존재한다. 세포이 항쟁에 가담한 병사들조차 문제의 탄약통을 이후에도 별다른 저항 없이 사용했기 때문이다. 즉 탄약통 문제는 반란의 계기였을 뿐 유일한 원인으로 보기에는 무리가 있다. 당시 인도는 영국의 지배하에 여러 사회적 변화가 진행 중이었고, 이에 대한 인도인들의 누적된 불만이 세포이 항쟁을 통해 분출되었다는 해석이 더 타당하다. 예컨대 동인도 회사는 인도의 여러 소왕국의 영토를 점차 병합하며 회사령으로 편입하는 정책을 추진했는데, 이는 왕족과 귀족의 불만을 야기했다.

이러한 정책에 반발해 세포이 항쟁에 참여한 대표적 인물이 '인도의 잔다르크'로 불리는 잔시 왕국의 왕비 락슈미 바이였다. 그녀는 동인도 회사가 자신의 양아들 다모다르 라오가 선왕 강가다르 라오의 친자가 아니라는 이유로 왕위 계승을 부정하고 잔시 왕국을 회사령으로 강제 편입하자 격렬히 반발했다. 1854년 3월 락슈미 바이는 영국군 6만 명에 의해 왕궁에서 쫓겨났다. 이후 1857년 세포이 항쟁이 발발하자 가뜩이나 영국에 강한 불만을 품고 있던 그는 항쟁에 적극 가담했다.

또한 동인도 회사는 인도에서 더 많은 세금을 거둬들이기 위해 인도인 지주들에게 조상 대대로 땅을 소유했다는 사실을 증명하는 문서를 제출하라고 요구했다. 하지만 당시 인도의 많은 지주가 그러한 문서를 가지고 있지 않았고, 동인도 회사는 그들을 불법 점유자로 간주해 토지를 몰수했다. 이로 인해 땅을 잃은 이들이 커다란 불만을 품었고, 일부는 농민들을 선동해 세포이 항쟁에 동참시켰다. 실제로 마투라의 데비 싱(Devi Singh)과 미루트의 카담 싱(Kadam Singh)은 자신들이 거느린 농민들을 설득해 하룻밤 만에 항쟁에 동참하도록 만들었다.

한편 19세기 초부터 영국의 기독교 선교사들이 인도로 들어와 기독교를 전파하고 힌두교의 오랜 관습인 사티(Sati, 과부의 분신자살)를 폐지하려 하자 힌두교도들은 이를 자신들의 종교에 대한 공격으로 받아들였다. 그들은 "영국이 우리의 땅을 빼앗더니 이제는 우리의 종교까지 없애려 한다."라며 세포이 항쟁에 참여했다.

이처럼 세포이 항쟁은 단지 탄약통 문제에서 비롯된 것이 아니라 영국의 억압과 횡포에 대한 인도 사회 전반의 축적된 불만이 폭발한 결과였다.

다만 당시 항쟁에 인도인 모두가 참여한 것은 아니었다. 일부는 중립을 유지하거나 심지어 영국에 협력해 항쟁을 진압하기도 했다. 대표적으로 시크교도들은 영국군에 복무하며 세포이 항쟁을 진압하는 데 협력했다. 이는 세포이 항쟁에 참여한 인도인들이 무굴 제국의 마지막 황제인 바하두르 샤 2세(Bahadur Shah II, 재위 1837~1857)를 상징적 지도자로 추대하며 무굴 제국의 부흥을 외쳤기 때문인데, 과거 무굴 제국에 탄압당했던 시크교도들은 이에 반감을 품고 차라리 영국에 협력하는 편을 택한 것이었다.

# 089 도적 떼가 된 농부들, 핀다리

보통 농부라고 하면 땅을 일구고 작물을 재배하는 평화로운 모습을 떠올리기 마련이다. 그러나 세계사를 살펴보면, 땅을 잃고 쫓겨나거나 방황하는 농민들이 도적 떼가 되어 약탈에 나서는 사례를 종종 볼 수 있다. 19세기 초 인도 대륙을 휩쓸며 약탈을 일삼은 기마 집단 핀다리(Pindari)도 그와 같은 경우였다.

핀다리가 생겨난 배경을 이해하려면 우선 근대 인도의 역사를 살펴봐야 한다. 16세기 지금의 아프가니스탄 지역에서 쳐들어와 인도 대부분을 장악한 무굴 제국은 시바지가 세운 마라타 제국을 굴복시키려 무리한 원정을 감행했다. 그러나 마라타 제국의 게릴라전에 고전하다가 별다른 성과 없이 아우랑제브가 사망하면서 무굴 제국은 사실상 붕괴되었다. 이후 마라타 제국은 무굴 제국의 영토를 야금야금 잠식해 나갔다.

그러나 인도 전역을 장악할 것 같던 마라타 제국은 1761년 1월 14일 델리 북쪽 파니파트 평원에서 벌어진 전투에서 아프가니스탄 출신의 아흐마드 샤 두라니(Ahmad Shah Durrani)가 이끄는 두라니 제국군에 참패하면서 기세가 꺾였다.

그 결과 인도는 통일되지 못한 채 마라타 제국을 비롯한 수많은 지역 세력으로 분열되었고, 18세기 중반부터 인도에 본격적으로 진출한 영국 동인도 회사는 이 틈을 타 차츰 세력을 넓혀갔다. 영국은 1775년부터 마라타 제국과 세 차례에 걸쳐 전쟁을 벌였으며, 특히 1803년 9월 23일 벌어진 아싸예 전투에서 마라타군을 크게 무찔러 커다란 영토를 획득했다.

그러나 마라타 세력이 영국에 완전히 굴복한 것은 아니었다. 마라타군에서 이탈한 일부 병사들과 무장 집단은 자신들을 '핀다리'라 부르면서 말을 타고 각지를 떠돌며 농촌을 약탈하고 농민을 납치했다. 납치당한 농민들도 핀다리에 가담하고 생계를 위해 스스로 핀다리에 합류하는 이들도 생겨나면서 핀다리의 규모는 빠르게 커졌다.

핀다리는 유목민처럼 말을 타고 무리를 지어 이동하면서 약탈로 생계를 이어갔다. 이들은 1804년 마술리파탐(Masulipatam) 해안에서 339개 마을을 습격해 682명을 죽이고 3600명을 고문해 막대한 재산을 약탈했다. 또 1808년과 1809년에는 구자라트, 1812년에는 미르자푸르(Mirzapur) 지역을 약탈했다.

약탈의 성공에 힘입어 1814년경에는 핀다리의 수가 3만 명에 달했다. 이들은 급기야 1816년 동인도 회사령 영토까지 침입해 약탈을 저질렀다. 이에 영국은 핀다리를 가만히 내버려두면 식민지의 세수와 치안에 위협이 된다고 판단해 이들을 토벌하기로 했다. 인도 총독 헤이스팅스는 벵골에서 북쪽과 동쪽으로, 구자라트에서 서쪽으로, 데칸에서 남쪽으로 핀다리를 포위 섬멸하는 작전을 세웠다. 이 작전을 위해 1만 3000명의 영국군과 10만 7000명의 인도인 용병(세포이)을 비롯한 총 12만 명의 병력과 300문의 대포가 동원되었다. 영국군은 신속하고 정확하게 작전을 수행해 1818년 1월까지 핀다리를 말와(Malwa)와 주변 지역에서 몰아냈다.

핀다리 지도자 중 한 명인 카림 칸(Karim Khan)은 다른 지도자들과 연합해 영국군에 맞서 싸우자고 제안했으나 치투(Chitu)가 이를 거부하면서 핀다리는 각개격파당할 수밖에 없었다. 결국 게릴라전을 펼치던 카림 칸은 1819년 2월 15일 영국 장군 존 맬컴에게 항복했다. 그리고 같은 해 2월 말까지 대부분의 핀다리 지도자들도 영국군에 항복했다. 치투는 추종자들에게 버림받은 채 정글로 도망쳤다가 호랑이에게 물려 죽었다. 이로써 핀다리는 역사 속으로 완전히 사라졌다.

2010년에 개봉한 인도 영화 《비르(Veer)》는 이러한 핀다리를 모티프로 삼은 작품이다. '용감한 자'를 뜻하는 이름을 가진 주인공 비르는 핀다리 우두머리 프리트비의 아들로, 영국과 마다브가르(Madhavgarh)의 왕에 맞서 싸우다 최후를 맞는다.

# 090  무장투쟁을 선택한
인도의 독립운동가들

　인도는 1757년 플라시(Plassey) 전투 이후 1947년까지 약 190년 동안 영국의 식민 지배를 받았다. 이를 두고 국내 일부 지식인들은 3.1 운동을 거론하면서 "조선인들은 일제의 식민 지배에 맞서 열렬히 투쟁했지만, 인도인들은 간디(Mahatma Gandhi)가 나서기 전까지는 독립을 위해 싸운 적이 없다."라고 평가절하하기도 한다.

　그러나 이러한 주장은 인도인의 치열한 투쟁과 독립 의지에 대한 무지에서 비롯된 망언일 뿐이다. 마이소르 왕국의 티푸 술탄 같은 인도의 여러 소왕국 군주들은 일찍이 영국의 식민 지배 야욕을 간파하고 이에 맞서 격렬히 싸웠다. 1857년에는 영국군에 복무하던 인도 병사들이 대규모로 반란을 일으킨 세포이 항쟁이 발생했다. 이외에도 19세기 말과 20세기 초에 이르기까지 무장투쟁을 통해 영국의 지배를 종식하고 인도의 독립을 쟁취하려는 시도는 계속되었다.

　19세기 말 러시아에서 본격적으로 확산한 사회주의 사상은 같은 시기 인도에도 전파되었다. 특히 제국주의 지배를 타파하고 민족 해방을 실현해야 한다는 급진적 무장투쟁 계열의 사회주의 사상은 영국 식민 지배에 신음하던 인도 사회에 큰 반향을 일으켰다. 이에 영향을 받은 인도의 독립운동가들은 인도에 파견된 영국인 군인과 관리들을 암살하는 방식의 무장투쟁을 전개했다.

1897년 인도 푸나에서는 무장투쟁 노선을 따르던 차페카르(Chapekar) 형제가 영국인 관리 월터 랜드(Walter Charles Rand)와 군인 찰스 에이어스트(Charles Egerton Ayerst)를 총으로 사살했다.

벵골 지역에서는 인도 국민회의의 급진파 지도자인 오로빈도 고시(Aurobindo Ghose)와 그의 동생 바린드라 쿠마르 고시(Barindra Kumar Ghose)를 중심으로 무장투쟁 운동이 활발히 전개되었다. 오로빈도는 영국 관리와 군인을 제거하려면 폭탄이 필수라고 판단해 젊은 추종자들을 미국과 영국, 러시아 등지로 보내 폭탄 제조 기술을 습득하도록 했다. 특히 러시아로 간 인도 청년들은 현지 사회주의자들과 접촉해 폭탄 제조 기술을 익혔으며, 관련 서적까지 구해 인도로 들여왔다.

오늘날에도 인도에서는 사회주의 세력이 꽤 활발하게 활동 중인데, 이는 인도 정치가 러시아 사회주의로부터 적지 않은 영향을 받았기 때문이다. 이런 배경에서 인도와 러시아는 정치적으로도 긴밀한 관계에 있다.

러시아에서 배워온 폭탄 제조 기술은 1904년 본격적으로 활용되기 시작했다. 봄베이의 사바르카르(Vinayak Damodar Savarkar)는 '청년 인도(Abhinav Bharat)'라는 단체를 조직해 영국인 관리와 군인을 암살하는 활동을 전개했다. 푸나에서는 세금을 징수하던 영국인 관리가 청년 인도 단원의 총에 맞았고, 영국군 대령은 폭탄 공격을 받아 중상을 입었다. 아서 잭슨(Arthur Mason Tippetts Jackson) 판사는 나시크에서 청년 인도 단원인 18세의 카네레(Anant Laxman Kanhere)에게 암살되었다.

1908년에는 19세의 프라풀라 차키(Prafulla Chaki)가 벵골에서 더글러스 킹스퍼드(Douglas Kingsford) 판사에게 폭탄을 던졌다. 비록 암살에는 실패했으나 이 역시 인도인들의 높은 독립 의지를 보여준 사건이었다. 또한

1909년 7월 1일 영국 런던에서는 인도인 유학생 마단 랄 딩그라(Madan Lal Dhingra)가 영국 유학생들을 감시하던 관리인 커즌 와일리(Curzon Wyllie)를 총으로 사살하는 사건이 발생했다.

이러한 무장투쟁에도 불구하고 영국의 식민 지배가 계속되자 외국의 군사력을 빌려서라도 영국을 몰아내려는 시도도 나타났다. 대표적인 인물이 수바스 찬드라 보스(Subhas Chandra Bose, 1897~1945)였다. 1942년 일본이 인도와 인접한 미얀마를 점령하자 그는 일본의 지원을 받아 영국에 맞서 싸울 계획을 세우고, 1943년 '자유 인도 임시정부'를 수립해 일본과 협력했다. 자유 인도 임시정부에는 약 4만 명의 인도 병사가 참여했다.

그러나 자유 인도 임시정부는 1944년 일본의 인도 침공 계획인 임팔(Imphal) 작전에 참여했다가 큰 피해를 봤다. 1945년 일본이 패망하자 찬드라 보스는 소련으로 망명하려다 대만에서 비행기 추락으로 사망했다.

무장투쟁을 이끈 찬드라 보스나 평화적인 저항을 중시한 간디 모두 인도의 독립을 위해 헌신한 인물들이었다. 단지 그들은 독립을 위한 방법에서 서로 다른 길을 선택했을 뿐이었다.

# 091 일본의 인도 침략 야욕

일본이 인도를 침략하려 했다고? 제목을 보고 무슨 터무니없는 소리냐고 생각할 사람도 많을 것이다. 일본은 인도에서 수천 킬로미터나 떨어져 있고, 그 사이에 대륙과 바다, 수많은 섬이 가로막고 있는데 무슨 수로 인도까지 쳐들어간단 말인가? 그러나 현실에서는 그런 터무니없는 일이 얼마든지 일어나곤 한다. 일본의 인도 침략 시도는 공상이 아니라 실제로 벌어진 역사적 사건이다.

일본이 인도 침략 의도를 처음으로 드러낸 것은 1592년 임진왜란을 일으킨 도요토미 히데요시(豊臣秀吉) 때였다. 흔히 도요토미가 조선을 정복하려고 임진왜란을 일으킨 줄로 알고 있으나 그의 야망은 조선에 국한되지 않았다. 그의 진짜 목표는 조선을 단숨에 점령한 다음 그 여세를 몰아 명나라를 정복하고, 나아가 인도까지 군대를 진출시키는 것이었다. 실제로 도요토미는 1591년 인도 고아의 포르투갈 총독에게 "나에게 조공을 바치고 복종하라. 안 그러면 고아에 침공하겠다."라는 내용의 협박 편지를 보낸 바 있다. 임진왜란이 일어나기 불과 1년 전의 일이다.

도요토미의 계획은 조선과 명나라 연합군, 특히 이순신이 이끄는 수군에 의해 좌절되었다. 그렇다고 인도까지 쳐들어가겠다는 도요토미의 야망을 단순한 과대망상으로 단정할 수는 없다. 도요토미의 발상은 훗날 일본 제국주의 시대에 다시 거론되었다.

일본 근대화의 상징으로 평가받는 사상가 후쿠자와 유키치(福澤諭吉, 1835~1901)는 1882년과 1883년에 쓴 글에서 인도의 식민지화 가능성을 언급하며 다음과 같이 주장했다.

"인도인을 지배하는 데 있어 영국인처럼 하고, 그 영국까지도 지배해 동방의 권세를 우리 손에 쥐자고 마음속으로 다짐했다. … 지금 세계는 먹는 자는 문명국이며, 먹히는 자는 미개국이다. 일본도 문명국이 되어 먹잇감을 찾아야 한다."

그로부터 60여 년이 지난 1944년, 일본은 실제로 인도를 침략하기 위해 임팔 작전을 벌였다. 일본은 1910년 조선을 병합하고, 1931년 만주 사변을 일으켜 만주를 점령한 뒤 괴뢰국인 만주국을 수립했다. 이어 1937년 중일 전쟁을 일으켜 중국 동부와 남부를 침공했으며, 1942년까지 '남방 작전'이라는 이름 아래 베트남, 라오스, 캄보디아, 태국, 미얀마 등을 점령했다. 그리고 그 여세를 몰아 인도로 진격하려 한 것이다.

임팔 작전 당시 일본군 사령관 무타구치 렌야(牟田口廉也)는 "델리의 붉은 성벽이 보이는 곳까지 진격하겠다."라고 호언장담했다. 하지만 작전은 일본군의 열악한 보급 상황과 영국군의 강력한 방어에 가로막혀 실패로 끝났다. 그렇지만 일본이 인도 침공을 실제로 시도했다는 점은 분명한 사실이다.

그렇다면 인도인들은 일본의 침공 의도를 몰랐을까? 그렇지 않았다. 인도의 대표적인 독립운동가 간디는 1942년 3월 인도를 방문한 영국 국방장관 스태퍼드 크립스(Stafford Cripps)에게 "영국이 인도의 독립을 승인한다면 인도는 자발적으로 일본의 침략에 맞서 싸울 준비가 되어 있다."라고 말했다.

물론 인도 내에는 일본의 힘을 빌려서라도 영국에 맞서려는 흐름도 있었다. 찬드라 보스는 무력투쟁을 위해 일본과 협력했지만, 그의 목표는 인도의 독립이었지 영국 대신에 일본의 지배를 받아들이려는 것은 아니었다.

그러므로 일본이 인도를 본격적으로 침공했다면, 잔혹한 일본군에 맞서 인도에서도 격렬한 저항과 대규모 유혈 사태가 벌어졌을 가능성이 크다.

# 092 인도에 빈번히 일어났던 대기근

오늘날 인도는 14억 명이 넘는 인구로, 중국을 제치고 세계에서 인구가 가장 많은 나라다. 그러나 인도는 역사적으로 잦은 기근에 시달리며 수많은 사람이 굶주림으로 목숨을 잃는 일이 많았다. 예컨대 1630년에서 1632년까지 인도 서부의 구자라트 지역에서 발생한 기근으로 약 300만 명이 사망했으며, 1702년부터 1704년까지 인도 남부의 데칸 지역에서 발생한 기근으로 약 200만 명이 사망했다. 또한 1942년에서 1944년까지 인도 동부 벵골 지역에서는 약 300만 명이 굶주림으로 사망하는 대기근이 발생했다. 이들 기근은 각기 봉건 왕조 치하 또는 영국 식민지 시기에 발생한 것으로, 당시 통치 체제가 제대로 기능을 하지 못한 결과라고 볼 수도 있다.

그렇다면 영국에서 독립한 이후 인도는 기근 문제를 해결했을까? 일부 지역에서는 여전히 기근이나 식량 부족 문제가 반복되었다. 예컨대 1965년 비하르주에서는 심각한 가뭄으로 수만 명이 사망한 것으로 기록되며, 1974년과 1975년에도 홍수와 가뭄이 연달아 발생하면서 많은 인구가 식량 부족과 영양실조에 시달렸다.

최근 수십 년간 경제 성장을 이루었지만 인도는 여전히 영양실조 문제에서 자유롭지 못하다. 2011년 6월 1일 자 《이코노미스트》 보도에 따르면 하루 평균 약 4600명, 연간 약 170만 명의 어린이가 사망하는데 이 중 상당수가 영양실조 때문이라고 한다.

넓은 국토와 비옥한 토지, 풍부한 노동력을 갖추고 있음에도 기근과 굶주림이 반복되는 데는 다음과 같은 구조적 요인이 있다.

첫째, 식량 자체는 부족하지 않지만 분배가 제대로 이루어지지 않아 부유층과 빈곤층 간의 격차가 크다. 인도 지방 관리들의 부정부패는 매우 심각해서 정부의 보조금이나 배급 식량을 굶주린 사람들에게 제대로 전달하지 않는 일이 많다.

둘째, 굶주리는 인도인들 대부분이 너무 가난해서 기근이 닥쳤을 때 식량을 살 구매력이 없다. 막상 인도 각 지역의 곡물 창고에는 온갖 곡물이 쌓여 있는데도 굶주리는 사람은 돈이 없어서 곡물이 가득 찬 창고를 보면서 굶어 죽는 비극을 겪게 된다.

셋째, 인도 사회에 남아 있는 신분 차별적 카스트 제도의 여파로, 불가촉천민 같은 하위 계층은 기근 시 제대로 도움을 받지 못하고 굶주린 상태로 방치되는 경우가 많다.

넷째, 일부 지역에서는 무리한 개간으로 토지의 염분이 증가해 식량 생산에 차질을 빚기도 한다. 이는 고대 메소포타미아에서도 나타난 일로, 원래 메소포타미아 지역은 비옥한 초승달이라고 불릴 만큼 땅이 기름져서 농사가 잘 되었으나 오랫동안 같은 장소에서 개간을 하다 보니 나중에는 하얀 소금 덩어리가 눈에 보일 만큼 토지에 염분이 쌓여 농사를 짓지 못하는 불모지가 되었다.

다섯째, 인도 정부는 기근 문제를 국제사회에 알리기를 꺼리고, 이를 축소하거나 은폐하려는 경향이 있다.

이처럼 인도의 기근은 단순한 자연재해가 아니라 정치·경제·사회 구조 전반에 걸친 복합적 원인에서 비롯된 문제라고 할 수 있다.

# 093 종교 때문에 분단된 인도와 파키스탄

본래 인도는 고대 아리아인의 신앙인 베다 종교를 믿던 나라였다. 이 베다 종교는 카스트라 불리는 신분 차별 제도를 옹호했다. 제사장 계급인 브라만과 귀족 계급인 크샤트리아가 지배층이 되고, 평민인 바이샤와 노비인 수드라는 브라만과 크샤트리아를 섬기는 피지배층이 되어야 하며, 이러한 계급은 신들이 만든 신성한 관습이니 결코 인간이 거역해서는 안 된다는 논리였다. 이 베다 종교의 교리를 계승한 종교가 힌두교이며, 힌두교는 불교와의 경쟁에서 우위를 점해 7세기까지 인도 전역에서 유력한 종교로 자리 잡았다.

그러던 중 8세기에 접어들면서 아라비아반도에서 일어난 이슬람교 세력이 인도 서북부 펀자브 지방에 진입했다. 10세기 말부터 인도 북부는 아프가니스탄에 거점을 둔 튀르크계 이슬람 왕조인 가즈나 왕조의 침공을 받았고, 결국 이슬람 세력의 지배를 받게 되었다. 이후 델리 술탄국과 노예 왕조, 로디 술탄국 등이 차례로 등장하며 이슬람 국가들이 계속 인도 북부를 통치했다. 1526년에는 튀르크계 군벌 바부르가 세운 무굴 제국이 인도의 대부분 지역을 정복했다.

정치적으로는 이슬람 세력이 지배했지만, 여전히 인도 주민 대다수는 힌두교를 믿었다. 18세기에 들어 무굴 제국은 왕위 계승 분쟁과 힌두교도의 반란 등으로 쇠약해졌고, 수도 델리를 제외한 지역에서는 사실상 통제력을 상실했다. 인도는 수많은 봉건 제후들이 각축하는 내전 상태에 빠졌다.

이러한 혼란을 틈타 서구 열강, 특히 영국이 인도에 손을 뻗었다. 영국은 분열된 인도 제후국들을 하나씩 정복해가면서 19세기 중반 인도 전역을 장악했다. 영국은 인도에서 힌두교와 이슬람교 사이의 갈등을 의도적으로 조장하고 이를 교묘하게 이용해 통치의 정당성을 확보했다. 그렇게 하면 인도인들의 분노와 증오심이 영국이 아닌 서로 다른 종교로 향할 것이기 때문이었다.

이러한 분열 통치 전략은 실제로 효과를 보았다. 1906년 '전인도 무슬림 연맹'이 창설되었는데, 이 단체는 힌두교도의 수적 우세 속에서 이슬람교도가 불이익을 받고 있다고 주장하며 이슬람교도 공동체를 보호하기 위해 영국과 협력하는 노선을 택했다. 그리고 이들이 주축이 되어 인도가 영국에서 독립한다고 해도 힌두교도와 함께 살 수 없으며 이슬람교도만의 독립 국가를 세워야 한다는 분리주의 운동을 전개했다. 그 결과 탄생한 국가가 파키스탄이다.

한편 두 차례 세계대전을 겪으며 막대한 자원과 인력을 소모한 영국은 세계 각지의 방대한 식민지를 유지할 능력을 상실했다. 결국 1947년 8월 15일 영국은 인도의 독립을 승인했다.

그러나 종교 갈등은 인도의 통합을 가로막았다. 간디는 힌두교와 이슬람교의 화합을 바랐으나 이슬람교 지도자들은 힌두교도가 다수인 국가에서 겪게 될 불이익을 우려하며 분리 독립을 주장했다. 그리하여 인도 독립을 앞두고 인도 전역에서는 힌두교도와 이슬람교도 사이의 폭력 사태가 벌어졌고, 간디는 이를 막기 위해 노력했으나 힌두교 극단주의자에게 암살당하고 말았다. 결국 인도는 하나의 국가로 독립하지 못하고, 힌두교 중심의 인도와 이슬람교 중심의 파키스탄으로 분리되어 독립하게 되었다.

일각에서는 인도와 파키스탄의 분리 독립이 영국의 전략이었다고 주장한다. 두 나라가 하나로 뭉쳐 독립하면 광대한 영토와 인구를 바탕으로 영국에 도전할 수 있는 강국이 될지도 모르기에 이를 저지하고자 영국이 분열을 조장하고 분쟁을 유도했다는 것이다. 또한 두 나라 사이의 갈등이 계속되면 영국이 슬그머니 끼어들어 중재자 역할을 하면서 이권을 챙길 수도 있기에 영국으로서는 여러모로 손해 보는 일이 아니었다는 해석도 존재한다.

# 094 피로 얼룩진 인도와 파키스탄의 탄생

2002~2003년 SBS에서 방영한 드라마 〈야인시대〉로 널리 알려진 김두한은 자서전 《피로 물들인 건국 전야》에서 자신이 직접 1000여 명의 공산주의자를 죽였다고 주장했다. 그대로 믿기는 어려운 내용이지만, 1945년 해방 직후 한반도가 좌우익 세력 간의 격렬한 충돌로 매우 혼란스러웠다는 점은 분명하다.

인도와 파키스탄도 독립 직후 비슷한 양상의 폭력 사태를 겪었다. 수많은 명상 서적에 묘사된 지극히 평화로운 인도의 이미지와 달리 파키스탄의 분리 독립은 결코 평화롭지 못했다. 파키스탄의 탄생은 처음부터 끔찍한 유혈 사태와 폭력으로 얼룩졌다.

힌두교를 주로 믿는 인도와 이슬람교를 믿는 파키스탄으로 분리되었지만, 그렇다고 인도와 파키스탄에 각각 힌두교와 이슬람교를 믿는 사람들만 산 것은 아니었다. 당시 인도에는 약 1억 명의 이슬람교도가 살고 있었고, 파키스탄에도 상당수 힌두교도가 살고 있었다.

인도에 거주하던 이슬람교도와 파키스탄에 거주하던 힌두교도는 자신들이 소수인 지역에서 계속 살아가기에는 불안하다고 판단해 이주를 감행했다. 인도와 파키스탄의 접경 지역인 펀자브를 중심으로 1000만 명 넘는 인구가 반대편 국가로 거주지를 옮겼다.

하지만 그 과정에서 끔찍한 유혈 사태가 대규모로 발생했다. 열차나 도보로 이동하던 난민 행렬은 곧잘 무장 폭도의 습격을 받았고, 그 과정에서 수많은 사람이 희생되었다. 특히 여성과 어린이도 피해를 입은 참혹한 사건이 다수 발생했다.

폭력 사태는 보복의 악순환 속에서 격화되었다. 한 지역에서 이슬람교도가 공격당하면 다른 지역에서는 힌두교도가 보복당하는 일이 반복되었고, 마을 단위의 공격과 학살이 이어졌다. 일부 지역에서는 신앙 고백을 강요하거나 종교를 이유로 살해하는 사례도 보고되었다.

살육을 피해 가까스로 살아남은 사람들은 각각 인도와 파키스탄으로 피신해 자신들이 겪은 만행을 적나라하게 폭로했고, 이는 양측의 분노와 적개심을 더욱 부채질했다. 이로 인해 미처 피신하지 못하고 아직 남아 있던 양국의 소수 종교인들은 폭행과 방화, 살인과 약탈을 당해야 했다.

건국 초기부터 벌어진 잔인무도한 유혈 사태는 인도와 파키스탄에 서로에 대한 불신과 증오의 벽을 남겼다. 불과 얼마 전까지만 해도 하나의 나라였던 인도와 파키스탄은 그렇게 해서 확고하게 분리된 정체성을 지니게 되었다.

비슷한 일이 1945년 해방 직후의 한반도에서도 일어났다. 얼마 전까지 하나의 나라로 자유롭게 왕래가 가능했던 남한과 북한은 1950년 발발한 한국 전쟁을 거치며 서로에 대한 거대한 불신과 증오의 벽을 쌓아갔다. 아이러니하게도 인도와 파키스탄, 남한과 북한 모두 상대를 향한 극심한 증오가 각자의 국가 정체성을 강화하는 요인이 된 셈이다.

# 095 사이클론 때문에 독립한 방글라데시

　인도의 동쪽에 국경을 맞댄 방글라데시는 원래 파키스탄의 동부 지역, 즉 동파키스탄이었다. 파키스탄과 지리적으로 멀리 떨어져 있는데도 왜 방글라데시가 파키스탄의 일부였으며, 어떤 경로를 거쳐 독립하게 된 것일까?

　벵골 지역에 위치한 방글라데시는 주민 대부분이 이슬람교를 믿었다. 그래서 1947년 인도와의 분리 독립 당시 파키스탄의 일부로 편입되었다. 그러나 파키스탄 본토인 서파키스탄과 동파키스탄은 언어, 문화, 경제 조건 등 여러 면에서 큰 차이를 보였다.

　동파키스탄은 서파키스탄보다 인구가 많았지만 정부 예산 등에서 차별을 받아왔다. 국가 예산의 상당 부분이 서파키스탄에 집중되어서 동파키스탄은 사회 인프라가 뒤떨어지고 많은 사람이 빈곤과 실업에 시달렸다.

　그러던 와중인 1970년 11월 12일 동파키스탄에 대형 사이클론과 홍수가 발생해 30만 명이나 사망하는 대참사가 벌어졌다. 파키스탄 정부의 미흡하고 뒤늦은 대응 탓에 피해 규모가 커졌다는 비판이 일었고, 중앙 정부가 동부 지역을 소홀히 여긴다는 인식이 동파키스탄 주민들 사이에서 확산했다.

　분노한 동파키스탄 주민들은 자치권 확대와 군사 독재 정권 퇴진을 요구하며 대규모 반정부 시위를 벌였다. 파키스탄 중앙 정부는 이 시위를 내버려두었다가는 분리 독립 요구로 번질 수 있겠다고 판단해 긴급히 군대를 투입하여 강경 진압에 나섰다. 하지만 파키스탄 군대의 과도하고 난폭한 진압이 오히려 민심을 악화해 더 많은 주민이 반정부 시위에 가담했다. 결국 시위는 무장 독립운동으로 확산해 1971년 방글라데시 독립 전쟁으로 이어졌다. 그해 3월 26일 시작된 전쟁은 12월 16일까지 계속되었다.

한편 인도는 대규모 난민 유입과 인도적 명분을 내세워 군사 개입을 준비했다. 물론 인도의 개입에는 인도적 명분뿐 아니라 전략적 고려도 있었다. 동파키스탄이 독립하면 파키스탄은 영토와 인구가 줄어들어 전략적으로 약화할 수 있으니 결국 인도에 유리하다고 판단했기 때문이다.

이에 파키스탄이 1971년 12월 3일 인도를 공격해 제3차 인도-파키스탄 전쟁이 발발했다. 인도는 군사적 우위를 바탕으로 반격에 나섰고, 고전을 면치 못하던 파키스탄군이 12월 16일 항복함으로써 전쟁은 종결되었다. 이로써 방글라데시는 독립 국가로 탄생했다.

하지만 방글라데시 독립 전쟁은 대규모 인명 피해와 끔찍한 폭력 사태로 얼룩진 참극이었다. 파키스탄군의 민간인 학살과 인권 유린이 국제적으로 문제시되었고, 방글라데시 민병대도 파키스탄에 협력한다는 혐의를 받은 민간인을 처형하는 등 보복성 학살을 했다. 이 전쟁으로 인한 사망자를 100만~300만 명으로 추산한다.

방글라데시의 독립 과정은 결코 평화롭지 못했다. 새로운 나라의 탄생에는 언제나 피가 따르는 법일까?

# 096 허황옥 설화는
## 허구가 아니었다?

인도는 한국에서 멀리 떨어져 있어서 흔히들 한국 역사와는 별로 관련이 없다고 생각한다. 하지만 이는 사실과 다를 수 있다.

고려 시대 승려 일연이 쓴 《삼국유사》에는 기원후 48년경 인도 아유타국(阿踰陀國)의 공주 허황옥(許黃玉)이 배를 타고 지금의 경상남도에 있던 금관가야에 와서 김수로왕과 결혼해 왕후에 올랐으며, 둘 사이에서 태어난 아이들이 이후 왕위를 계승했다는 내용이 실려 있다. 이에 대해 학자들은 불교 승려인 일연이 한국 고대사를 불교식으로 윤색한 서술이어서 신빙성이 떨어진다며 역사적 사실로 받아들이지 않는다. 이렇게 생각하는 데에는 인도와 한반도 사이의 지리적 거리도 한몫한다. 그 옛날에 마땅한 교통수단도 없이 머나먼 바닷길을 건너 인도에서 한반도까지 오는 일은 불가능에 가까워 보이기 때문이다.

그런데 21세기 들어 유전학 같은 과학기술이 역사 연구에 도입되면서 그러한 선입견이 도전받았다. 2004년 춘천에서 열린 한국유전체학회에서 서울대 의대 서정선 교수와 한림대 의대 김종일 교수는 경상남도 김해 예안리 고분에서 출토된 가야 왕족으로 추정되는 유골의 미토콘드리아 DNA를 분석한 결과 일부 유전자가 인도인의 DNA 염기서열과 유사하다고 발표했다. 미토콘드리아 DNA는 모계를 통해 유전되므로, 이는 고대 가야 왕족 가운데 인도계 여성의 혈통을 지닌 인물이 있었음을 시사한다.

또 중앙대 음대 전인평 교수는 '가야의 악성'이라 불리는 우륵이 만든 곡과 가야금의 뿌리에 고대 인도 음악이 있다고 주장했다. 우륵이 만든 곡들이 고대 인도 문헌《나티야 샤스트라(Natya Shastra)》에 나오는 인도의 전통 음계 라가(Raga)와 구조적으로 유사하고, 가야금도 인도의 전통 악기인 시타르에서 유래했다는 것이다.

아울러 언어학자인 강길운 교수는 1992년에 발표한 논문 〈고대사의 비교언어학적 연구 ─ 가야어와 드라비다어의 비교〉에서 가야라는 이름이 인도 남부의 드라비다어로 '물고기'를 뜻하며, 물고기 문양이 가야 유적지와 인도 남부의 힌두교 사원에서 공통으로 발견된다는 점을 들어 허황옥 이야기가 단순한 신화가 아닐 수 있다고 주장했다.

선문대 이거룡 교수도 2016년 11월 4일 동명대에서 열린 학술대회에서 고대 인도 남부 판디야(Pandya) 왕국의 상징이 두 마리 물고기였다는 점과 금관가야의 영토였던 낙동강 남부 지역에 '신어산'이나 '만어산'처럼 물고기와 관련한 지명이 많다는 사실을 연결해 고대 인도 문화가 가야에 전파되었을 가능성을 제기했다.

이러한 주장들은 과학적으로 검증되거나 역사적 사실로 확정되지는 않았지만, 허황옥 설화를 단순한 전설로 보기보다는 고대의 문화적 교류 가능성을 보여주는 상징적 이야기로 해석할 여지를 열어둔다. 어쩌면 우리가 고유하게 여겨온 전통문화가 인도에서 일부 유래했을 수도 있으며, 그 흔적이 허황옥 설화에 상징적으로 담겨 있는지도 모른다. 다시 말해 허황옥으로 대표되는 인도인 집단이 한반도 남부에 정착해 살았고, 그들을 통해 인도 문화가 한반도에 전파되었다고 상상해볼 수도 있지 않을까?

# 8

# 사후 세계

# 097 인도 신화의 저승, 야마의 세계

　베다 종교와 힌두교를 비롯한 인도 신화의 세계관에서는 사람이 죽으면 죽음과 저승의 신인 야마가 다스리는 사후 세계로 간다. 이 세계는 야말로카(Yamaloka)로 불리며, 지하에 있는 장소로 묘사된다.

　시대에 따라 야마가 다스리는 사후 세계에 대한 관념은 조금씩 달라졌다. 먼저 베다 종교 시대의 전승을 살펴보면, 야마의 세계 남쪽에는 지옥이 존재하는데 지옥의 수는 전승에 따라 7개에서 28개로 다양하다. 이 지옥은 죄를 지은 자가 벌을 받는 장소다. 예컨대 폭력을 일삼은 자는 끓는 기름에 던져지고, 동물을 학대한 자는 몸이 찢기는 형벌을 받는다. 종교 간 갈등을 부추긴 사제는 불의 강에서 사나운 물고기에게 잡아먹히는 형벌을 받으며, 브라만을 살해한 자는 극심한 열기로 고통받는다. 카스트 규범을 어기고 다른 계급과 결혼한 자는 뜨겁게 달군 사람 형상의 금속상을 끌어안는 형벌을 받는다.

　인도에서 브라만을 해치는 일은 베다 시대부터 큰 죄악으로 여겨졌다. 베다 종교와 힌두교 전설에 종종 나오듯이 브라만 사제를 해치거나 죽이면 설령 신이라 해도 저주나 재앙을 피할 수 없었다. 인드라조차 브라만 사제 비스바루파를 죽였을 때 무서운 결과를 맞이해야 했고, 그 죄를 씻기 위해 고행에 나서야 했다.

이는 같은 인도·유럽어족에 속하는 켈트족 신화에서도 비슷하게 나타난다. 켈트족 신화에서도 사제 계급인 드루이드를 죽이는 일은 온갖 저주와 재앙을 받는 가장 큰 죄악으로 간주된다. 그래서 드루이드는 부족들 사이에 전쟁이 벌어지는 와중에도 전혀 신변의 위협을 느끼지 않고 부족들 사이를 오갈 수 있었다.

힌두교 세계관에서는 카스트 제도를 신성한 질서로 보기 때문에 각자 자신의 카스트에 속한 이들과 결혼해야 한다고 믿는다. 카스트 간의 결혼, 특히 하층 카스트 남성과 상층 카스트 여성의 결혼은 신성모독에 가까운 죄악으로 간주되어 가족이나 마을 사람들에게 명예살인이나 폭력의 대상이 되기도 했다.

한 가지 흥미로운 점은 모기를 죽인 자는 사후에 잠들지 못하는 고통에 시달린다는 것이다. 이는 먼 옛날 모든 동물이 인간을 절멸시키려 할 때 모기만이 반대해 사람들이 살아남을 수 있었다는 민간전승 때문이다.

이렇게 지옥에서 형벌을 받은 죄인은 이후 뱀이나 곤충 같은 존재로 환생한다. 그 밖에 아주 극악무도하거나 종교적 규범을 전면 거부한 자는 아무것도 없는 암흑 공간에 유폐된다.

반면 사제에게 시주하거나 자신의 의무를 성실히 수행한 자, 고행을 충실히 한 자 등 선행을 한 이들은 야마의 세계 동남쪽 또는 신들의 세계로 향한다. 그들은 하늘의 별이 되거나 다시 인간으로 환생하며, 가장 훌륭한 삶을 산 이들은 브라만 성자들이 머무는 영원한 낙원에 이른다고 한다.

힌두교가 정립되면서 야마의 세계는 더욱 정교하게 묘사되었다. 죽은 자는 모두 야마 앞에서 심판을 받으며, 이때 야마의 서기인 치트라굽타(Chitragupta)가 생전의 행적을 기록한 문서를 큰 소리로 낭독한다. 이 심판에 따라 천국으로 가거나 인간으로 환생하기도 하고, 지옥에 떨어져 온갖 고통을 받은 뒤 짐승으로 태어나기도 한다.

　다만 힌두교에서는 비슈누나 시바 같은 주요 신을 열렬히 숭배한 자는 야마의 심판을 피해 갈 수도 있다고 믿는다.

# 098 카르마와 환생

힌두교의 사후 세계관에서 중요한 두 요소는 카르마(Karma)와 환생이다. 한자로 '업보'라고 번역되는 카르마는 과거에 자신이 한 선한 행동은 선한 결과를, 악한 행동은 악한 결과를 낳는다는 인과의 원리를 뜻한다. 두 번째 요소인 환생은 카르마에 따른 결과로서 죽음 이후에 새로운 삶을 살게 되는 것을 의미한다. 사람은 생전에 한 행동에 따라 더 나은 환경에서 다시 태어나거나 더 나쁜 환경에서 다시 태어난다고 여겨진다.

카르마 개념은 후기 베다 문헌인 우파니샤드에서 처음 체계적으로 등장한다. 《브리하다라냐카 우파니샤드(Brihadaranyaka Upanishad)》에서 힌두교 철학자 야즈나발키야(Yajnavalkya)는 "사람이 좋은 행동을 하면 그의 운명은 좋게 변하고, 나쁜 행동을 하면 나쁘게 변한다. 죽고 나서 그의 운명은 살아생전의 행동에 좌우된다."라고 말한다.

힌두교의 가르침에 따르면 지금 이 순간의 생각과 말과 행동은 모두 카르마에 포함되며, 따라서 긍정적인 카르마를 쌓으려면 항상 올바른 삶을 살아야 한다. 이러한 윤리적 가르침은 석가모니도 강조한 바 있다. 그는 제자들에게 "언제나 올바른 생각과 말과 행동만 하고, 헛되고 망령된 생각과 말과 행동은 하지 말라."라고 가르쳤다.

힌두교 교리에서는 타인에게 불친절하게 대하면 파파(papa)라는 나쁜 열매를 맺고, 친절하게 대하면 푸냐(punya)라는 좋은 열매를 맺는다고 본다. 이러한 선행과 악행의 결과가 쌓여 각자의 카르마를 형성한다.

또한 힌두교에서는 옳고 그름을 판단할 수 있는 존재만이 카르마를 쌓을 수 있다고 본다. 따라서 동물이나 어린아이처럼 판단력이 미숙한 존재는 카르마를 만들지 않으며, 그들의 행위는 미래 운명에 영향을 주지 않는다고 여긴다.

환생은 힌두교에서 '삼사라(Samsara)'라고 하며, 태어남과 죽음의 순환을 뜻한다. 이 개념은 베다의 후기 문헌에서 비로소 나타나며, 초기 베다 종교에서는 환생이 중심 사상이 아니었다. 환생을 보다 중요하게 여긴 종교는 자이나교로, 이들은 사람이 죽으면 영혼이 곧바로 새로운 육체로 태어나고 어디에서 어떤 존재로 태어날지는 살아생전 쌓은 카르마에 따라 결정된다고 보았다.

자이나교에서는 금욕을 통해 욕망의 지배에서 벗어나면 윤회의 고통에서 해탈할 수 있다고 가르쳤다. 이 사상은 비슷한 시기에 등장한 불교에도 영향을 끼쳤다.

대부분의 힌두교 종파에서는 영원한 천국이나 지옥의 존재를 인정하지 않는다. 아무리 큰 죄를 지어 지옥에 떨어진 사람이라도 카르마의 결과가 소멸하면 다시 인간이나 동물로 환생하고 천상에 사는 신들조차 그들의 푸냐가 소멸하면 지상에서 환생한다고 여긴다. 이러한 환생의 과정은 우주가 브라흐마에 의해 창조되기 전에도 존재했고, 우주가 끝난 뒤에도 계속된다고 한다.

# 9

# 세상의 끝

# 099  세상의 종말, 칼리 유가

인도 신화에서 세상의 종말은 '칼리 유가'라도 불린다. 푸라나 문헌에서 현자 브리구의 후손인 마르칸데야는 칼리 유가에 대해 다음과 같이 상세히 묘사한다.

"통치자들은 세금을 불공정하게 매기고 불의한 통치를 할 것이다. 통치자들은 더 이상 백성을 보호할 의무를 다하지 않을 것이며, 오히려 세상에 위협이 될 것이다. 밀과 보리 같은 식량이 부족해져 많은 사람이 그러한 식량이 남아 있는 나라를 찾아 떠날 것이다.

탐욕과 분노가 사회를 휩쓸고, 사람들은 공개적으로 서로 적개심을 드러낼 것이며, 정의를 모르는 무지가 가득할 것이다. 매일같이 종교, 진실성, 청결, 관용, 자비심, 체력, 기억력이 줄어들 것이다. 사람들은 살인을 긍정적으로 여기며 그에 대해 아무런 죄책감도 느끼지 못할 것이다.

성욕은 사회적으로 용인되고, 성행위는 삶의 중심 요구 사항으로 간주될 것이다. 죄악은 급격히 증가하고 미덕은 쇠퇴할 것이다. 사람들은 술과 약물에 중독될 것이다.

지혜로운 이들은 존중받지 못하고, 제자들은 다칠 것이다. 그들의 가르침은 모욕당할 것이며, 성욕에 사로잡힌 이들이 사람들의 마음을 지배할 것이다. 모든 인간은 신의 은총을 가르침으로 삼지 않고 돈벌이 수단으로 삼을 것이다.

사람들은 오직 성적인 쾌락만을 추구하며 더 이상 결혼하거나 함께 살지 않을 것이다. 날씨와 환경은 시간이 흐를수록 악화하며 예측 불가능한 홍수와 지진이 빈번하게 발생할 것이다. 칼리 유가가 끝날 무렵에는 인간의 평균 수명이 50세에 불과할 것이다.

거짓된 사상들이 세상에 널리 퍼질 것이다. 강력한 자들이 가난한 사람들을 지배할 것이다. 수많은 질병이 창궐할 것이다."

칼리 유가에 대한 다른 묘사들도 있다. 비슈누가 인간의 모습으로 현현한 크리슈나는 칼리 유가가 이상적인 가치관을 지닌 이들에게 극심한 고난의 시대가 될 것이라고 예언했다. 그리고 칼리 유가가 끝날 무렵 비슈누의 열 번째 화신인 칼키가 백마를 타고 나타나 어둠의 세력과 싸운다. 세상은 악을 없애기 위해 대격변을 겪고, 파괴의 신 시바는 우주를 파괴한다. 이후 창조의 신 브라흐마가 새로운 우주를 창조하고, 죄악에 물들지 않은 순수한 생명체들만이 존재하는 새로운 시대가 시작된다고 전해진다.

그런데 마르칸데야가 언급한 내용들은 소름이 끼칠 만큼 현대 사회의 모습과 많이 닮아 있다. "통치자들은 세금을 불공정하게 매기고 불의한 통치를 할 것"이라는 구절은 오늘날 여러 나라에서 부유층의 세금은 줄어드는 반면 서민층의 부담은 늘어나는 조세 불평등 현상과 닮았다. "사람들은 공개적으로 서로 적개심을 드러낼 것"이라는 구절은 난민 수용, 분리 독립, 인종 차별 등을 두고 벌어지는 증오의 확대를 떠올리게 한다.

또한 "더 이상 결혼하거나 함께 살지 않을 것"이라는 구절은 현대 사회에서 증가하는 독신자와 1인 가구를 연상시키며 "날씨와 환경은 시간이 흐를수록 악화하며 예측 불가능한 홍수와 지진이 빈번하게 발생할 것"이라는 구절은 이상 기후 현상과 기후 재난을 떠올리게 한다. "강력한 자들이 가난한 사람들을 지배할 것"이라는 구절은 세계 주요 국가 지도자들 가운데 강력한 권위주의적 통치 성향을 보이는 이들이 다수인 현실과 비슷하다. 또 "수많은 질병이 창궐할 것"이라는 구절은 2020년 발생해 세계를 공포로 몰아넣은 신종 코로나바이러스의 유행을 가리키는 듯하다.

이렇게 보면 지금이야말로 칼리 유가의 시대가 아닌가 하는 생각이 들기도 한다.

# 100 종말의 시대를
## 지배하는 칼리

힌두교에서 말하는 종말의 시대인 칼리 유가는 아수라인 칼리(Kali)의 이름에서 유래한 것으로, 말 그대로 칼리가 지배하는 시대다.

칼리는 살육의 여신 칼리와 이름은 같지만 전혀 다른 존재다. 남성 악신인 칼리의 이름에는 '고통, 상처, 혼란, 경악'이라는 의미가 담겨 있다. 힌두교 신화에서 칼리는 비슈누의 열 번째 화신인 칼키의 적대자로 등장한다.

칼리가 지배하는 칼리 유가는 도덕이 사라지고 분노와 증오, 탐욕이 만연한 시대를 의미하는데, 이는 칼리의 사악한 본성이 세계를 타락시키기 때문이다. 힌두교 종말론에서는 비슈누가 칼키로 현현해 칼리와 대결하고, 그를 물리친 뒤 타락한 세계를 멸망시킨다. 그런 다음 악으로 더럽혀지지 않은 깨끗하고 새로운 세계가 창조된다.

칼리에 관한 신화는 힌두교의 다양한 문헌에 등장하는데, 그 내용은 문헌에 따라 조금씩 다르다. 일부 전승에서는 칼리가 본래 하늘에 사는 정령 간다르바였으나 다마얀티(Damayanti) 공주가 자신을 선택하지 않자 분노해 그녀의 남편 날라(Nala)를 도박으로 몰락시켰고, 그 죄로 신들에게 벌을 받아 두리오다나로 환생했다고 한다.

반면 《칼키 푸라나(Kalki Purana)》와 《바가바타 푸라나》에서는 칼리를 본래부터 완전히 사악한 악마로 묘사한다. 《칼키 푸라나》에 따르면 칼리는 검은 몸과 큰 혀를 가진 악마로, 끔찍한 악취를 풍기며 도박과 술, 성매매, 도살, 황금이 넘쳐나는 곳에 산다.

또한 《칼키 푸라나》에서 칼리는 창조의 신 브라흐마의 자손이다. 브라흐마의 등에서 태어난 부조리의 화신 아다르마(Adharma)가 그의 증조부이고, 아다르마는 거짓의 화신 미티야(Mithya)와의 사이에서 칼리의 조상을 낳았다. 칼리의 부모는 분노의 화신 크로다(Krodha)와 그의 누이이자 아내인 힘사(Himsa)다. 이처럼 칼리의 혈통은 죄와 부조리로 가득 차 있는데, 이들이 인간의 모습으로 지상에 태어나면 칼리 유가가 시작된다고 한다.

칼리 유가가 시작되면 인간은 신을 섬기지 않고 제사도 중단하며 신의 이름조차 잊게 된다. 이에 비슈누는 칼키로 현현해 칼리와 그의 부하 아수라들을 물리친다. 그중 칼키와 대결할 강력한 적은 코카(Koka)와 비코카(Vikoka)라는 쌍둥이 악마다.

《바가바타 푸라나》에서는 칼리를 개의 얼굴, 돌출된 송곳니, 뾰족한 귀, 덥수룩한 녹색 머리카락을 지닌 갈색 피부의 아수라로 묘사하며, 붉은 천을 두르고 황금과 보석으로 치장한 모습으로 등장시킨다. 또 비슈누의 화신 크리슈나가 세상을 떠난 날, 힌두교의 가르침을 훼손하려는 존재로 칼리가 나타났다고 한다.

《바가바타 푸라나》에는 파리크시트 황제와 칼리의 이야기도 실려 있다. 판다바 형제 중 셋째인 아르주나의 손자 파리크시트는 군대를 이끌고 세상의 악에 맞서 싸우던 중 수드라 계급의 남자가 몽둥이로 수소와 암소 한 쌍을 때리는 모습을 보고는 격분해 그를 꾸짖었다. 이 남자가 바로 칼리였으며, 수소와 암소는 각각 법의 신 다르마와 대지의 여신 부미의 화신이었다. 수소는 이미 다리 세 개가 부러져 남은 하나로 간신히 서 있었는데, 이는 다르마의 네 가지 속성인 긴축, 청결, 자비, 진실 중에서 진실만이 간신히 유지되고 있음을 상징한다.

　파리크시트는 칼리를 처형하려 했지만, 칼리가 발 앞에 엎드려 살려달라고 애원하자 동점심을 느껴 죽이지 않고 도박장이나 술집, 도살장 같은 곳에만 머무르도록 허락했다. 이런 이유로 힌두교 원리주의자들은 소 도살을 칼리와 관련한 사악한 행위로 여겨 강하게 반대한다.

처음 이 원고를 쓸 때는 무척 쉬운 작업이 될 것으로 예상했다. 예전에 인도와 관련하여 써놓은 자료가 꽤 있었고, 인도의 신화와 관련하여 국내에 나온 개설서가 꽤 많았기 때문이다. 그러나 이러한 생각은 터무니없는 오만이자 착각이었다.

인도의 신화는 단순한 듯해도 막상 파고들면 들수록 깊고 방대했다. 그래서 집필 중반에 이르자 거의 자포자기할 지경에 이르렀다. 인도의 신화라는 거대한 주제에 도전해서 무사히 이 원고를 마칠 수 있겠는가 하는 의구심마저 들 지경이었다.

《유럽의 판타지 백과사전》과 《일본의 판타지 백과사전》을 쓸 때는 비교적 쉽고 편했다. 그러나 《인도의 판타지 백과사전》은 잘 쓰려고 노력하면 할수록 어렵고 힘들었다. 생소한 인도의 신과 사람 이름, 낯선 문화에 적응하는 것도 만만찮은 일이었는데, 이 신과 저 신이 같은 존재인지 아닌지 여러 자료를 분석학소 살피는 것도 어려운 일이었다. 무엇보다 인도 신화의 분량이 너무 방대하여 예전 책과 달리 집필 과정에 들어가는 시간과 공력이 실로 어마어마했다.

설상가상으로 이 원고를 쓸 때 어깨와 척추 쪽에 통증이 심하여 정형외

과를 세 번이나 찾아 고통스러운 치료를 받기도 했다. 우여곡절 끝에 원고가 완성되었으니, 여기까지 나를 이끌고 도와주신 출판사 관계자 분들께 이 자리를 빌려 진심으로 감사드린다.

앞으로 판타지 백과사전 시리즈는 한국, 중국, 유럽, 일본, 인도를 제외한 지역과 나라만 남았다. 그 모두를 통칭해 '제3세계'라고 불러도 괜찮을지 모르겠다. 이 용어가 특정 국가나 지역을 빈곤 혹은 낙후 상태로 단정 짓는 뉘앙스를 풍겨 자칫 경멸적인 의미로 이해될 수도 있기 때문이다. 좋은 답을 찾길 바라며 독자 여러분 앞에 내놓을 마지막 편으로 판타지 백과사전 시리즈의 대미를 장식하도록 최선을 다하겠다.

## 참고 자료

### 도서 자료

C.라자고파라차리 지음, 허정 옮김, 《라마야나》, 한얼미디어, 2005.

R. K. 나라얀 편저, 김석희 옮김, 《라마야나》, 아시아, 2012.

가쓰라 노리오 지음, 이만옥 옮김, 《이슬람 환상세계》, 들녘, 2002.

고원 지음, 《알라가 아니면 칼을 받아라》, 동서문화사, 2002.

김형준 엮음, 《이야기 인도 신화》, 청아출판사, 1994.

김희영 지음, 《이야기 일본사》, 청아출판사, 2020.

나렌드라 자다브 지음, 강수정 옮김, 《신도 버린 사람들》, 김영사, 2007.

노마 로어 굿리치 지음, 윤후남 옮김, 《중세의 신화》, 크리스천다이제스트, 2002.

니얼 퍼거슨 지음, 김종원 옮김, 《제국》, 민음사, 2006.

다치가와 무사시 지음, 김구산 옮김, 《여신들의 인도》, 동문선, 1993.

다케루베 노부아키 외 지음, 임희선 옮김, 《판타지의 마족들》, 들녘, 2000.

도현신 지음, 《라이벌 국가들의 세계사》, 시대의창, 2019.

_____, 《르네상스의 어둠》, 생각비행, 2016.

_____, 《어메이징 세계사》, 서해문집, 2012.

_____, 《전장을 지배한 무기전, 전세를 뒤바꾼 보급전》, 시대의창, 2016.

_____, 《전쟁이 요리한 음식의 역사》, 시대의창, 2017.

_____, 《지도에서 사라진 나라들》, 서해문집, 2019.

_____, 《지도에서 사라진 사람들》, 서해문집, 2013.

_____, 《지도에서 사라진 종교들》, 서해문집, 2016.

래리 고닉 지음, 이희재 옮김, 《세상에서 가장 재미있는 세계사 1~4》, 궁리, 2006~2007.

류징청 지음, 이원길 옮김, 《중국을 말한다 8》, 신원문화사, 2008.

마빈 해리스 지음, 김찬호 옮김, 《작은 인간》, 민음사, 1995.

_____, 박종렬 옮김, 《문화의 수수께끼》, 한길사, 2017.

_____, 서진영 옮김, 《음식문화의 수수께끼》, 한길사, 2018.

_____,정도영 옮김,《식인과 제왕》, 한길사, 2000.

마이클 우드 지음, 남경태 옮김,《알렉산드로스, 침략자 혹은 제왕》, 랜덤하우스 코리아, 2002.

마이클 조던 지음, 강창헌 옮김,《신 백과사전》, 보누스, 2014.

발레리 베린스탱 지음, 변지현 옮김,《무굴 제국: 인도 이슬람 왕조》, 시공사, 1998.

발미키 지음, 주해신 옮김,《라마야나》, 민족사, 1994.

베로니카 이온스 지음, 임웅 옮김,《인도신화》, 범우사, 2004.

스와미 하르쉬아난다 지음, 김석진 옮김,《인도의 여신과 남신》, 남명문화사, 1987.

스테판 태너 지음, 김성준·김주식·류재현 옮김,《아프가니스탄》, 한국해양전략 연구소, 2010.

야스카와 주노스케 지음, 이향철 옮김,《후쿠자와 유키치의 아시아 침략사상을 묻는다》, 역사비평사, 2011.

엘라르트 후고 마이어 지음, 송전 옮김,《게르만 신화 연구 1, 2》, 나남, 2017.

요스다 아츠히코 외 지음, 하선미 옮김,《세계의 신화 전설》, 혜원출판사, 2010.

위야사 지음/ 박경숙 옮김,《마하바라따 1~8》, 새물결, 2012~2017.

유재원 지음,《그리스 신화의 세계 1》, 현대문학북스, 1998.

_____,《그리스 신화의 세계 2》, 현대문학북스, 1999.

유흥태 지음,《페르시아의 종교》, 살림, 2010.

이우혁 엮음,《퇴마록 해설집》, 들녘, 1995.

임정 지음,《뉴라이트》, 필맥, 2009.

장 피에르 랑젤리에 지음, 이상빈 옮김,《서기 천년의 영웅들》, 아테네, 2008.

정병조 지음,《인도사》, 대한교과서, 2005.

조길태 지음,《영국의 인도 통치 정책》, 민음사, 2004.

_____,《인도민족주의 운동사》, 신서원, 2006.

_____,《인도사》, 민음사, 2000.

_____,《인도와 파키스탄》, 민음사, 2009.

크리슈나 다르마 지음, 박종인 옮김,《마하 바라타 1~4》, 나들목, 2008.

타임라이프 지음, 권민정 옮김,《거인》, 분홍개구리, 2004.

톰 홀랜드 지음, 이순호 옮김,《이슬람제국의 탄생》, 책과함께, 2015.

## 언론 기사

중앙일보, 〈인도기근…사람은 굶고 소는 살찌고…〉, 《중앙일보》, 1974.11.05.
강양구, 〈"민주주의 부족이 굶주림의 근원"〉, 《프레시안》, 2003.10.30.
김창훈, 〈소련은 어떻게 악마가 되었나〉, 《프레시안》, 2019.06.22. /
이병한, 〈강간하고 또 강간하고…1947 '지옥열차'〉, 《프레시안》, 2016.06.28.
게오르크 블루메, 〈9% 성장률도 못 막은 죽음〉, 《이코노미 인사이트》,
2011.05.01.
주경철, 〈창고엔 식량 남아도는데…3억명 굶주리는 인도〉, 《한국경제》,
2011.07.08.
이재형, 〈부대사가 양무제에게〉, 《법보신문》, 2014.02.07.
주영미, 〈가야 물고기 숭배, 불교 남래설 증거〉, 《법보신문》, 2016.11.14.
김정남, 〈"허왕후는 인도 남부에서 왔다"〉, 《주간경향》, 2005.08.16.
이은정, 〈"김수로왕 부인 인도인 가능성 매우 커"〉, 《경향신문》, 2004.08.18.

## 인터넷 사이트 자료

영어 위키피디아, https://en.wikipedia.org/wiki/Main_Page

# 인도의 판타지 백과사전

초판 1쇄 인쇄 ㅣ 2025년 5월 26일
초판 1쇄 발행 ㅣ 2025년 6월 2일

지은이  도현신
책임편집  손성실
편집  조성우
디자인  권월화
일러스트  신병근
펴낸곳  생각비행
등록일  2010년 3월 29일 ㅣ 등록번호 제2010-000092호
주소  서울시 마포구 월드컵북로 132, 402호
전화  02) 3141-0485
팩스  02) 3141-0486
이메일  ideas0419@hanmail.net
블로그  ideas0419.com

ⓒ 도현신, 2025
ISBN 979-11-92745-54-1  03380